Joseph Fadelle
Das Todesurteil

€ 5,-

Joseph Fadelle

Das Todesurteil

Als ich Christ wurde im Irak

Titel der Originalausgabe: Le prix à payer
© 2010 by Les Éditions de l'Œuvre
Lektorat: Marjolaine de Latour
Lektoratsassistenz: Aymeric Pourbaix

Für die deutsche Ausgabe:
© 2011 by Sankt Ulrich Verlag GmbH, Augsburg
Aus dem Französischen übersetzt von Gabriele Stein

Hinweis:
Einige Namen wurden aus Sicherheitsgründen geändert.

2. Auflage 2016

© 2015 fe-medienverlags gmbh
Hauptstraße 22, 88353 Kißlegg
www.fe-medien.de

Titelbild: © AlxeyPnferov / istockphoto.com
Umschlaggestaltung: Manuel Kimmerle

ISBN 978-3-86357-140-5

Druck: CPI, Ebner & Spiegel, Ulm
Printed in Germany

INHALT

„Was kann uns scheiden von der Liebe Christi? Bedrängnis oder Not oder Verfolgung, Hunger oder Kälte, Gefahr oder Schwert? In der Schrift steht: Um deinetwillen sind wir den ganzen Tag dem Tod ausgesetzt; wir werden behandelt wie Schafe, die man zum Schlachten bestimmt hat. Doch all das überwinden wir durch den, der uns geliebt hat. Denn ich bin gewiß: Weder Tod noch Leben, weder Engel noch Mächte, weder Gegenwärtiges noch Zukünftiges, weder Gewalten der Höhe oder Tiefe noch irgendeine andere Kreatur können uns scheiden von der Liebe Gottes, die in Christus Jesus ist, unserem Herrn."

Brief des hl. Apostels Paulus an die Römer (8,35–39)

Amman, 22. Dezember 2000

– Deine Krankheit ist Christus, und es gibt kein Mittel dagegen. Du wirst nie mehr gesund werden …

Mein Onkel Karim zieht einen Revolver und zielt auf meine Brust. Mir stockt der Atem. Hinter ihm stehen vier meiner Brüder und sehen mich herausfordernd an. Wir sind allein in diesem Wüstental.

Nicht einmal jetzt kann ich es glauben. Nein! Ich kann und ich will nicht glauben, daß die Mitglieder meiner eigenen Familie und gerade dieser Onkel, dem ich in der Vergangenheit so manchen Gefallen getan habe, ernsthaft die Absicht haben, mich zu töten. Wie konnte es soweit kommen, daß sie mich derart hassen, ihr eigen Fleisch und Blut, mich, mit dem sie als Kinder gespielt haben, der an derselben Brust getrunken hat wie sie? Ich verstehe es einfach nicht …

Und ich verstehe auch nicht, daß ausgerechnet mein geliebter Onkel Karim mich jetzt bedroht. Wie oft habe ich ihm aus der Klemme geholfen, ihm beigestanden gegen meinen strengen Vater, den Chef des Familienclans …

Warum? Warum kann meine Familie mein neues Leben nicht einfach akzeptieren? Warum will sie um jeden Preis, daß ich wieder einer von ihnen werde?

Nach und nach begreife ich es, und mich schaudert: Sie sind zu allem bereit, um mich zurückzuholen, mich, den Erben und Liebling des Stamms Moussaoui. Das Vorspiel zu dieser unglaublichen Szene kommt mir wieder ins Gedächtnis …

– Dein Vater ist krank, hatte Karim als erstes gesagt, er besteht darauf, daß du zurückkommst. Er läßt dir sagen, daß er die Vergangenheit vergessen will, alles, was passiert ist …

Im Namen meines Vaters hatten meine Brüder nicht mit Versprechungen gegeizt. Ein einfaches kleines „Ja", und ich würde alles wiederbekommen: Haus, Autos, Einkünfte … Im Gegenzug vergesse ich das Schlimme, das sie mir angetan haben!

Als ob ich das jemals vergessen könnte … Und außerdem geht es gar nicht nur ums Vergessen: Es geht um meinen Glauben!

– Ich kann nicht in den Irak zurückkommen, ich bin getauft.

– Getauft? Was ist das …?

Ich bin Christ geworden, mein Leben hat sich verändert. Ich kann nicht mehr zurück. Ich heiße nicht mehr Mohammed. Mein alter Name bedeutet mir nichts mehr. Aber ich sehe genau, daß sie gar nicht verstehen, was ich ihnen zu sagen versuche. Sie halten das Ganze schlicht für ein Problem, das sich mit Geld regeln läßt. Sie müssen lediglich das Angebot erhöhen. Doch mit jedem neuen Anlauf rennen sie gegen eine Wand: Ich weigere mich, wieder ein Muslim zu werden. Für sie bin ich ein Abtrünniger.

Seit drei Stunden diskutieren wir jetzt schon am Rand dieser Wüstenstraße. Wir sind keinen Schritt weitergekommen, jeder beharrt auf seiner Position. Die Fragen, die von allen Seiten auf mich einprasseln, sind entnervend.

Plötzlich ändert sich der Ton. Die Aggressivität ist beinahe mit Händen zu greifen, wird bedrohlich:

– Wenn du nicht freiwillig mit uns kommst, töten wir dich. Dann wird deine Leiche überführt. Und deine Frau und deine Kinder werden hier verhungern; die kommen schon von alleine zurück.

Für einen kurzen Augenblick vergesse ich meine bedrohliche Lage und verkneife mir ein kleines, trauriges Lächeln: Wie könnte dieser irakische Schiit auch nur eine Sekunde lang auf die Idee kommen, daß eine arabische Frau sich durchschlägt und ihren Lebensunterhalt selbst verdient, ohne Mann?

Die Argumente sind ihm ausgegangen. Der Blick meines Onkels Karim wird haßerfüllt, seine Züge verhärten sich.

– Die haben dich einer Gehirnwäsche unterzogen, sagt er frostig.

Ich fühle genau, daß auch er am Ende ist, er hat keine Lust mehr zu diskutieren. Eine solche Krankheit erfordert eine Radikalkur: das islamische Gesetz, die Scharia.

– Du kennst unser Gesetz, du weißt, daß es eine Fatwa gegen dich gibt. Diese Fatwa befiehlt, dich zu töten, wenn du nicht bereit bist, wieder ein guter Muslim zu werden wie wir, wie früher!

Mir wird übel. Mein Magen verknotet sich noch ein bißchen mehr. Ich weiß, was passieren wird. Durch die Erwähnung dieses Todesurteils verpflichtet sich Karim, bis zum Äußersten zu gehen, weil er sonst selbst als Ungläubiger oder, schlimmer noch, als Renegat dastehen wird. Meine letzte Hoffnung hat sich gerade in Luft aufgelöst. Angesichts des Unausweichlichen fange ich an zu schreien:

– Wenn du mich umbringen willst, dann tu es doch! Ihr seid mit Waffen gekommen, mit Gewalt, dabei will ich einfach nur vernünftig mit euch reden. Lest den Koran und das Evangelium, und dann können wir wirklich diskutieren... Du hast doch sowieso nicht den Mumm, auf mich zu schießen!

Aus Zorn und Angst habe ich zu schnell gesprochen. Was nutzt mir diese Provokation, diese letzte Dreistigkeit, die ein zum Tode Verurteilter seinem Exekutionskommando entgegenschleudert? Vielleicht habe ich gedacht, daß sie es in einem fremden Land nicht wagen würden, mit einem Schuß auf sich aufmerksam zu machen und womöglich eine Verhaftung zu riskieren.

Der Knall ist ohrenbetäubend und hallt unendlich vervielfacht von den Talwänden wider ... Wie um alles in der Welt hat Karim danebenschießen können? In meinem Inneren meine ich eine Frauenstimme zu hören, sie flüstert: *„Ehrouh* – Flieh!"* Ohne lange zu überlegen, mache ich auf dem Absatz kehrt und renne los, als wäre der Teufel hinter mir her.

In vollem Lauf pfeifen mir die Kugeln um die Ohren. Sie schießen zu mehreren auf mich, und sie wollen mich ganz offensichtlich töten, denn ihre Geschosse verfehlen mich nur knapp. Die Sekunden kommen mir vor wie Jahrhunderte. Dann bin ich endlich so weit von ihnen weg, daß ich ihre Stimmen nicht mehr höre.

Ich renne weiter, beherrscht von einem einzigen Gedanken: Das hier ist die letzte Minute meines Lebens. Deshalb spüre ich zunächst auch keinen Schmerz. Ich sehe nur, daß mein Fuß mit unvorstellbarer Kraft in die Luft geschleudert wird. Als ich begreife, was geschehen ist, liege ich schon am Boden, im Schlamm, und spüre, daß etwas Heißes, Flüssiges über mein Bein läuft. Ob es Blut oder Schlamm ist, vermag ich nicht zu sagen, denn ich bin sowieso völlig durchnäßt. Mein letzter Gedanke gilt der Stille, die plötzlich eingetreten ist. Seit ich zu Boden gegangen bin, schweigen die Waffen. Dann verliere ich das Bewußtsein.

I. Konversion

Massoud

Basra, Irak, Anfang 1987

Es ist kalt. Ich habe das große Haus meiner Familie in Bagdad südwärts verlassen und bin fest entschlossen, so schnell wie möglich wieder von hier zu verschwinden: aus dieser Kaserne, in der mich nichts hält – außer der Willkür der Kriegsadministration.

Ich bin 23 Jahre alt und habe nicht die geringste Lust, drei Jahre für einen Hungerlohn unter der Fahne zu dienen: schon gar nicht für das Regime von Saddam, das sich gerade einen mörderischen Konflikt mit der jungen islamischen Republik Iran liefert. Vor meiner Abreise hat mein Vater, Fadel-Ali, mir noch einige beruhigende Anweisungen mit auf den Weg gegeben: „Du machst dir ein Bild von der Lage, und dann kommst du zurück und erstattest mir Bericht. Wenn in der Region gekämpft wird, sorge ich dafür, daß du freigestellt wirst."

Ich bin durchaus empfänglich für diese väterliche Fürsorge – nicht zuletzt, weil ich miterlebt habe, wie mein Vater auf die Nachricht vom Tod meines großen Bruders Azhar reagiert hat, der bei einem iranischen Bombardement ums Leben gekommen war. Mein Vater war am Boden zerstört, ein gebrochener Mann. Und dabei hatte er extra Geld dafür bezahlt, daß man meinen Bruder an einem ungefährlichen Posten stationierte.

Nach dieser Tragödie hat er Himmel und Hölle in Bewegung gesetzt, um mir ein ähnliches Schicksal zu ersparen:

mir, seinem Augapfel, seinem designierten Nachfolger, den er unter seinen zahlreichen Nachkommen auserwählt hat, um als Stammesoberhaupt in seine Fußstapfen zu treten. Einige Jahre lang hat das ganz gut funktioniert. Dank seiner weitgespannten Beziehungen hatte mein Vater mir als erstes gefälschte Papiere besorgt und mein Geburtsdatum um zwei Jahre nach oben korrigiert, um die verhängnisvolle Einberufung wenigstens noch etwas hinauszuschieben.

Doch auch nachdem ich offiziell 18 Jahre alt geworden war, wurde ich nicht eingezogen, denn mein Vater erkaufte sich das Stillschweigen der Garnisonskommandanten mit einem schönen Haus, das er aus seiner eigenen Tasche bezahlte! Und um dem Ganzen die Krone aufzusetzen, sicherte er sich die Unterstützung eines Verwaltungsbeamten, der mich Monat für Monat mit den berühmten Passierscheinen versorgte – der einzigen Rettung, wenn man in eine Polizeikontrolle geriet. Denn seit vor sechs Jahren der Krieg begonnen hatte, galt jeder junge Mann, der sich frei und ohne Uniform in den Straßen bewegte, als potentieller Deserteur!

Eines Tages jedoch werden alle diese Bemühungen meines Vaters durch den Eifer und die Willenskraft eines neuen Wehrdienstbeauftragten zunichte gemacht, der es sich in den Kopf gesetzt hatte, gegen Betrug und Bestechung zu kämpfen.

Mein Vater, der nie um Ideen verlegen ist, willigt also ein, mich in den Süden gehen zu lassen, nach Basra. Nicht ohne Hintergedanken: Er will sich über die Stammeszugehörigkeit des dortigen Kommandanten informieren, eine neue Vereinbarung aushandeln und mich ausmustern lassen.

Bei meiner Abreise fühle ich mich daher sehr sicher und bin ganz durchdrungen von dem Bewußtsein der Macht, die meine Familie im ganzen Land besitzt. Ich habe nur ein paar Dinge für eine kurze Reise von vielleicht zwei oder drei Tagen eingepackt – genug für eine Stippvisite in dieser Region in der Nähe des Persischen Golfs.

Nachdem ich im Camp angekommen bin, werde ich von Büro zu Büro geführt und erfahre schließlich, daß ich einem Infanterieregiment zugewiesen worden bin, das etwa zwanzig Kilometer vom Schatt al-Arab, dem Grenzfluß zum Iran, entfernt liegt. Die Kaserne dient als Munitionslager und Durchgangsstation für die, die von der Front kommen. Ich befinde mich also nicht mitten im Kampfgebiet.

Es ist schon dunkel, als ich endlich den Kommandanten treffe. Für die Rückfahrt ist es zu spät, also beschließe ich, mein etwas außergewöhnliches Bittgesuch auf den nächsten Tag zu verschieben. Wenn meine Militärkarriere statt der vom Regime vorgesehenen drei Jahre nur eine kurze Nacht dauert, bin ich immer noch privilegiert. Wobei ich dieses Privileg angesichts meiner sozialen Stellung als völlig normal und angemessen betrachte... Also gönne ich mir ein paar Stunden lang den Nervenkitzel des Soldatenlebens. Vielleicht schnappe ich ja auf diese Weise die eine oder andere epische Frontgeschichte auf, die ich dann zu Hause zum Besten geben kann.

Auf Befehl des Kommandanten bittet der Quartiermeister mich, ihm zu folgen, und bringt mich in demselben Zimmer unter wie einen gewissen Massoud.

Auf dem Weg dorthin erkundige ich mich nach dem Mann, der für eine Nacht mein Stubenkamerad sein wird.

– Ein braver Mann, antwortet er. Landwirt, 44 Jahre alt. Er ist Christ ...

Bei diesen Worten bleibe ich wie vom Blitz getroffen stehen. Ich spüre, wie mir das Blut aus dem Gesicht weicht. Eine plötzliche Schwäche befällt mich, und ich lasse meine Sachen und das Bettzeug fallen, das ich unter dem Arm trage. Zuerst bin ich nur verblüfft, dann packt mich panische Angst. Ich verliere die Nerven und schreie los wie ein Verrückter:

– Was? Aber das ist unmöglich! Was soll das? Bring mich sofort zurück zum Kommandanten! Glaubst du etwa, daß ich die Nacht mit einem Christen verbringe, ich, ein Moussaoui?

Ich bin so entsetzt, daß ich keinen klaren Gedanken fassen kann. Bei mir zu Hause gelten die Christen als unreine Parias; sie sind weniger als nichts, und jeder Kontakt zu ihnen ist unbedingt zu vermeiden. Im Koran, den ich seit frühester Kindheit Tag für Tag rezitiere, sind sie Ketzer, die drei Götter anbeten.

„Christenfresse" ist eines der schlimmsten Schimpfwörter, die ich kenne. Wenn man einen Feind so nennt, riskiert man sein Leben. Ich weiß das, weil mein Vater einmal einen Streit geschlichtet hat, der mit dieser Beleidigung begonnen hatte.

Obwohl mein Ausbruch ihn aus der Fassung gebracht haben muß, findet der Soldat beruhigende Worte:

– Der Kommandant ist ein junger Mann, noch unerfahren. Er wird für deine Beschwerde kein Verständnis haben, und du riskierst eine Abfuhr. Also nimm jetzt für die eine Nacht das Zimmer, wie vorgesehen. Morgen finden wir eine andere Lösung.

Meine Gefühle sind noch immer in Aufruhr, aber ich gewinne ein wenig meine Beherrschung zurück. Trotzdem ist es ein Alptraum. Ich habe Angst, von diesem Christen berührt zu werden, mit ihm sprechen oder sogar mit ihm gemeinsam essen zu müssen. Ich hätte mir nie vorgestellt, daß ich einmal in eine solche Lage geraten würde …

Als ich mit gesenktem Kopf und zitternden Beinen die kleine Stube betrete, stehe ich direkt vor einem Mann im besten Alter, der einen recht friedfertigen Eindruck macht.

– Woher kommst du?, fragt er mich freundlich. Er ist offenbar neugierig auf seinen neuen Stubenkameraden.

Die Frage bringt mich zurück auf bekanntes Terrain; hier fühle ich mich sicher. Etwas mutiger geworden, hebe ich den Blick und sehe meinem Gegenüber direkt und stolz in die Augen:

– Ich bin ein al-Sayyid al-Moussaoui aus Bagdad, meine Familie stammt in direkter Linie vom Propheten ab, erkläre ich in eisigem Ton, um den sozialen Unterschied, der uns definitiv trennt, gleich von Anfang an deutlich zu machen.

Das ist ein bißchen anmaßend, denn offiziell darf ich den Adelstitel Sayyid gar nicht tragen. Saddam – der nicht aus einer adligen Familie stammt – hat es verboten, nachdem er im Irak die Macht ergriffen hatte.

Doch meine Worte, die unser Gespräch im Keim ersticken sollten, scheinen ihre Wirkung zu tun. Massoud antwortet nicht. Schweigend rückt er sein Bett ein wenig ab. Nachdem er das erledigt hat, erklärt er mir, daß er Allergiker sei und wir daher nicht zusammen essen könnten.

Durch diese Maßnahmen ein wenig aufgeheitert, schlage ich mein Lager für die Nacht auf, behalte den Unbekannten aber im Blick. Alles in allem, so denke ich, als ich mich auf meiner Matratze ausstrecke, scheint er nicht so übel zu sein, dieser Massoud, er wirkt sogar recht gut erzogen. Vielleicht hat Allah ihn mir geschickt, damit ich ihn zum Islam bekehre ...

Man kann mich nicht als besonders gläubig bezeichnen, aber ich bin ein praktizierender Muslim. Und jeder gute Muslim hat die Pflicht, die Ungläubigen zu bekehren, um den himmlischen Lohn zu erhalten, der den Tapferen verheißen ist: betörende Frauen, außerdem Milch und Honig im Überfluß ... Um ehrlich zu sein: Es ist gar nicht so sehr die Belohnung, die mich interessiert, sondern die Achtung meiner Familie, die ich mir auf diese Weise erwerben könnte.

Schon im Halbschlaf konstatiere ich erstaunt, daß dieser mir völlig neue Wunsch, jemanden zu bekehren, mich mit wirklicher Befriedigung erfüllt – und auch mit einer gewissen Sicherheit, was den Rest der Nacht betrifft.

Am nächsten Morgen halten wir unser Küchengeschirr in dem kleinen Raum ebenso säuberlich getrennt wie unsere Betten. Denn in dieser Kaserne gibt es keine Kantine; jeder muß sich selbst um sein Essen kümmern.

Während der zwei folgenden Tage beobachte ich diesen Massoud argwöhnisch, ohne ihn allerdings bei irgendeinem Fauxpas zu erwischen. Nicht einmal sein Geruch stört mich, was mich überrascht, denn darüber bestand bei uns zu Hause nicht der geringste Zweifel: Christen erkennt man daran, daß sie schlecht riechen ...

Das Verhalten dieses Mannes jedoch bestätigt kein einziges meiner Vorurteile. Ich bin verwirrt, verunsichert. Nach und nach schwindet die anfängliche Angst, und an ihre Stelle tritt, zunächst noch zaghaft, ein anderes Gefühl: Ich werde neugierig auf diesen Christen – schließlich ist es das erste Mal, das mir einer aus Fleisch und Blut begegnet!

Mein Interesse wächst und wird noch verstärkt durch irgend etwas Faszinierendes, das von seiner Persönlichkeit ausgeht. Nach einer Weile bin ich, was Massouds friedfertige Absichten angeht, definitiv beruhigt und erkühne mich sogar, einige Worte mit ihm zu wechseln.

Da mein Vater große Ländereien besitzt, sprechen wir über Landwirtschaft; auch er besitzt große Territorien im Norden des Landes. Ohne es zu wollen, bin ich beeindruckt von den Kenntnissen dieses erfahrenen Mannes. Ich selbst hatte mit 14 Jahren auf eigenen Wunsch die Schule verlassen: Sie schränkte meine Freiheit zu sehr ein, und außerdem sah ich keinen Sinn darin, weil ich ja ohnehin die Nachfolge meines Vaters antreten würde ...

Dennoch erkenne ich einen gebildeten Mann, wenn ich ihm begegne. Je länger ich Massoud zuhöre, desto bewußter wird mir, daß er sich mit einer gewählten Gewandtheit ausdrückt, die ich nicht besitze. Bei ihm finde ich das wieder, was mich an den zahlreichen Romanen meiner Jugendzeit fasziniert hatte: die Fähigkeit, Geschichten zu erzählen und meine Phantasie anzuregen ...

Kurz gesagt, ich verfalle, ohne mich wirklich dagegen zu wehren, dem Charme dieses gebildeten Mannes, und ich beneide ihn um seine Ausdrucksweise. Er hat mich in seinen Bann gezogen, und ich habe nicht mehr die geringste Lust, zum Kommandanten zu gehen und ihn um eine andere Stube zu bitten. Ich habe ein neues Ziel: Ich will Massouds Geheimnis entdecken und es mir zu eigen machen. Und als Gegenleistung unterweise ich ihn im muslimischen Glauben.

Im Grunde ist das Leben bei der Armee ziemlich ruhig und läßt mir reichlich freie Zeit. Ein paarmal muß ich Wache schieben, vor allem nachts, aber im großen und ganzen gibt man mir nicht viel zu tun. Abgesehen von dem Auftrag, das Waffendepot aufzuräumen, der uns zwei oder drei Stunden pro Tag beschäftigt, verbringen Massoud und ich die meiste Zeit des Tages zu zweit, ohne uns unter die anderen Soldaten zu mischen.

Und ich bin glücklich über diese Zeit, denn ich lerne die Diskussionen mit meinem Stubenkameraden immer mehr zu schätzen. Natürlich vermeiden wir für den Augenblick noch alle Reizthemen wie etwa die Religion. Aber ich werde schon noch Gelegenheit haben, ihn von der Überlegenheit des Islams zu überzeugen ...

Bei einem dieser Gespräche erfahre ich zufällig, daß Massoud 1943 geboren ist. Er hätte also gar nicht eingezogen werden dürfen, denn er ist zu alt, um zu den Rekruten zu gehören, die Jahr für Jahr einberufen werden, um Saddam Husseins Eroberungshunger zu stillen. Während er darauf wartet, daß die Verwaltung ihren Irrtum erkennt – was lange dauern kann –, denkt er voller Ungeduld und Sehnsucht an seine vier Kinder: Er hat sie in der Obhut von Christen aus seinem Dorf gelassen, das in der Nähe von Mosul liegt.

Ich für meinen Teil empfinde wie meine ganze Familie auch nicht mehr Sympathie als er für dieses eiserne Regime, das die Schiiten verachtet. Obwohl mein Vater, wie alle Adligen, im Grunde seines Herzens eher gemäßigt ist. Sein Rang als Patriarch bringt es mit sich, daß er trotz ihrer uralten Feindschaft ebensooft mit seinen schiitischen Brüdern wie mit den Sunniten Geschäfte macht.

Doch das ist nicht alles. Noch ehe der Sunnit Saddam Hussein alle Macht an sich riß, hatte die Baath-Partei beinahe zwanzig Jahre lang geherrscht, und diese Zeit war von Terror und der Eliminierung politischer Gegner geprägt gewesen. Das hat meine Familie nie akzeptiert.

Stolz erkläre ich Massoud, daß ich einer reichen Adelsdynastie, den al-Moussaoui, angehöre, die im Libanon, im Iran und im Irak ansässig ist.* Über meinen Vater stamme ich in direkter Linie vom Imam Moussa al-Kazemi ab; sein Name bedeutet: „der seinen Zorn zu zügeln vermag". Er ist ein Nachkomme von Ali, Mohammeds jungem Cousin und Schwiegersohn. Für die Schiiten ist Ali ebenso wichtig wie der Prophet selbst.

Allerdings hat sich die Last dieser vornehmen Abkunft schon sehr früh auf meine Schultern gesenkt – seit mein Vater mich dazu bestimmt hat, ihm nachzufolgen, wenn er einmal zu alt sein würde, um weiter an der Spitze des Clans zu stehen. Er hat mich ausgesucht, obwohl ich nicht der Älteste bin: Vermutlich hält er mich für den bravsten und gehorsamsten seiner sechs Söhne ... Jedenfalls hat mir mein Vater, der mit seinen Verwandten ebenso streng ist wie mit sich selbst, von diesem Moment an deutlich zu verstehen gegeben, daß ich mich seiner Wahl als würdig erweisen und Vorbild sein muß, so wie er.

Deshalb erinnere ich mich nicht daran, eine glückliche, unbeschwerte Kindheit mit Spielen, Lachen und dummen Streichen gehabt zu haben ... Sie war eher von Pflichten geprägt, schon bald auch von der Gesellschaft der Erwachsenen im großen Versammlungsraum neben dem Haus, und damit auch von einer gewissen Langeweile.

Dennoch bringt meine Situation als Lieblingssohn einige Privilegien mit sich, auf die ich um nichts in der Welt verzichten würde. Niemand, der sich innerhalb der Stammesgemeinschaft mit einem Gesuch an meinen Vater wenden will, kann auf meine Vermittlerrolle verzichten: Alle haben Angst vor ihm, ja, sie wagen es nicht einmal, ihm ins Gesicht zu sehen. Und in der Tat ist sich mein Vater seiner Rolle in der Gesellschaft durchaus bewußt und gibt sich immer sehr ernst und autoritär, ohne sich jemals auch nur ansatzweise gehenzulassen.

---

* Ayatollah Khomeini im Iran und Scheich Nasrallah im Libanon sind Angehörige der Familie Moussaoui.

Darin unterscheidet er sich von seinem eigenen Vater: Mein Großvater väterlicherseits besaß zwar dasselbe Machtbewußtsein, doch er war ein Spieler, der das Leben in vollen Zügen genoß. Er starb mit 109 Jahren und hat noch auf dem Sterbebett zum vierten Mal geheiratet, während man ihm die rissigen Lippen mit Wasser benetzte und sein Sohn ihm aus dem Koran vorlas!

Meinem Vater hat er diese Lebenslust, mit der er das Herz seiner Enkel gewann, nicht vererbt. Dennoch ist Fadel-Ali al-Moussaoui in meinen Augen kein unzugänglicher Mensch. Ich spüre, daß er mich sehr liebt; er ist mir gegenüber sehr aufmerksam und geizt nicht mit Ratschlägen, um mir seine Geschäfte zu erklären und mich anzulernen. Im Gegenzug bemühe ich mich, ihm zu gleichen und immer gut informiert zu sein.

Zudem ist mein Vater sehr auf sein Ansehen bedacht und pflegt sein Erscheinungsbild als würdiges Stammesoberhaupt. Er trägt eine weiße Kufiya, die mit der schwarzen Kordel der Schiiten befestigt ist, die orientalische Tunika und einen halblangen Bart, weil Rasieren Sünde ist.

Denn bei den Moussaoui muß man sich den Anschein einer frommen Familie geben, auch wenn wir die Religion im Grunde nur sehr formell praktizieren. Natürlich lese ich täglich in meinem Zimmer den Koran, aber für mich ist das eher ein „Beten-Spielen": Man tut nur so, als ob … Mein Gebet erfordert keine echte innere Anteilnahme, ja nicht einmal ein tieferes Textverständnis.

In unserem großen, eingeschossigen Haus, das über ein rundes Dutzend Zimmer verfügt, genieße ich ebenfalls eine gewisse Ehrenstellung – vor allem, wenn wir uns zu Tisch setzen. Niemand ißt, solange ich nicht da bin, auch wenn ich mich verspäte, was mir von seiten meiner Brüder kein geringes Maß an Eifersucht einträgt. Meine Schwestern essen ohnehin nicht mit uns zusammen …

Meine Mutter, Hamidia El-Hashimi, die ebenfalls vom Propheten abstammt, ist die vierte Frau meines Vaters. Von den anderen drei Frauen hat er sich getrennt, weil sie ihm keine Kinder geboren haben. Doch mit seiner derzeitigen Frau, meiner Mutter, hat er das Versäumte nachgeholt: Sie hat ihm eine prächtige Kinderschar geschenkt, die ihn mit tiefem Stolz erfüllt: zwanzig Sprößlinge, zehn Jungen und zehn Mädchen, die Fehlgeburten gar nicht mitgezählt!

Und trotz der Erschöpfung, die diese wiederholten Schwangerschaften mit sich bringen, hält Hamidia die Zügel des Familienhaushalts fest in der Hand. Geschickt hat sie sich im Inneren die Macht gesichert, die sie nach außen hin, in der muslimischen Gesellschaft, nicht besitzt. Sie überwacht Küche und Wäsche und führt ein strenges, zuweilen auch gewalttätiges Regiment über ihre sieben Schwiegertöchter und ledigen Schwestern, die ab und an auch Schläge einstecken müssen.

Die Männer, meine Brüder, entgehen dieser Autorität, denn ihr Geschlecht gibt ihnen Macht über alle Frauen einschließlich der Mutter. Abgesehen von dem Respekt, den natürlich jeder von uns der Frau entgegenbringt, die ihn neun Monate in ihrem Leib getragen und zur Welt gebracht hat. Auch ihr gegenüber nutze ich meine privilegierte Stellung schamlos aus. Noch heute läuft mir das Wasser im Mund zusammen, wenn ich an die fünf köstlichen Brote denke, die ich meine Mutter einmal eigens für mich habe backen lassen.

In der *Madrasa*, der Koranschule, war ich bis zu meinem 14. Lebensjahr der Klassenbeste – zumindest, wenn man den Beteuerungen der offiziellen Gutachten Glauben schenkt. Es ist jedoch keineswegs sicher, daß deren Urteil immer absolut gerecht und unvoreingenommen gewesen ist, denn auch hier hat mein Vater die Hand im Spiel: Er ist einer der großen finanziellen Wohltäter der Schule! Der Direktor hat mich sogar höchstpersönlich eingeschrieben, eine außergewöhnliche Gunst, die ich meinem besonderen Status und dem Ansehen der al-Moussaoui zu verdanken habe.

Anfangs mochte ich die Schule sehr; sie war der einzige Ort, an dem ich als Kind mit anderen Kindern spielen konnte. Doch als ich dreizehn oder vierzehn war, empfand ich die Schule nur noch als Zeitverschwendung: Sie schränkte meine Freiheit ein und war für meine Zukunft ohnehin wertlos. In einem kriegführenden Land wie dem Irak werden Militärlaufbahnen vom Regime eher gefördert als die schulische Bildung. Und wer weiter zur Schule geht, sollte wenigstens Sunnit oder Mitglied der Baath-Partei sein, um Chancen auf einen Posten in der öffentlichen Verwaltung zu haben. Ich bin weder das eine noch das andere, und deshalb verlasse ich mich bei meinem gesellschaftlichen Aufstieg lieber auf die väterliche Gunst als auf die Bildung.

Trotzdem ist meine Ausbildung zum künftigen Stammesoberhaupt alles andere als intensiv. Ich verbringe Stunden in dem riesigen Empfangssaal, in dem mein Vater seine Geschäftsverhandlungen führt, wenn er nicht gerade im Land herumreist, um Konflikte zwischen den Stämmen zu schlichten. Für meine Brüder und mich besteht die Arbeit also im wesentlichen in einer Art Bereitschaftsdienst: Die Leute sollen zu jeder Tages- und Nachtzeit kommen und um Rat fragen dürfen.

Zwischen zwei Besuchen trinken meine Brüder und ich Kaffee im großen Saal und führen endlose Diskussionen über den Regen und das schöne Wetter, während die Landarbeiter meines Vaters im Schweiß ihres Angesichts den Boden beackern. Manchmal reißt mein Vater uns gezielt aus unserem Müßiggang heraus und nimmt uns mit auf eine seiner Reisen. Bei solchen Gelegenheiten fühle ich mich wie eines der einflußreichsten Mitglieder einer Regierungsdelegation.

Doch das kommt nicht häufig vor, und so habe ich viel Freizeit. Die möglichen Aktivitäten sind nicht gerade zahlreich: Wir haben einen einzigen Fernsehsender, den von Saddam Hussein, denn das Regime hat Satelliten verboten. Also flüchte ich mich in die Lektüre, ich verschlinge alles, was mir in die Hände fällt, um meine Neugier zu befriedigen: Romane, in denen ein Imam die Hauptrolle spielt, Bücher über Geschichte und Medizin und sogar Gedichte …

Was mich bei Massoud am meisten erstaunt, ist seine Fähigkeit, mir, wenn ich ihm meine Geschichte erzähle, ungewöhnlich aufmerksam und wohlwollend zuzuhören – und das, obwohl ich erst 25 Jahre alt bin und alles in allem nur wenig erlebt habe. Zwar bin ich fest von der Überlegenheit meines Stammes überzeugt, doch von der gelassenen Selbstsicherheit dieses Mannes, die er vermutlich seinem Alter und seiner Bildung verdankt, bin ich weit entfernt.

Drei Tage später erhält Massoud einen Auftrag und ist den ganzen Tag unterwegs. Ich bleibe alleine zurück und drehe wie ein Tiger im Käfig meine Runden in unserer kleinen, fensterlosen Stube. Ich habe nichts zu tun, und ich habe kein Ziel. Nach einer Weile beginne ich, mit den Augen die Ecke meines Kameraden zu inspizieren und entdecke auf einem Regalbrett ein kleines Buch. Ich gehe näher heran, um es in die Hand zu nehmen, und lese einen geheimnisvollen und vielversprechenden Titel: *Die Wunder Jesu*. Auf dem Einband ist das Foto eines lächelnden Mannes zu sehen, den ein strahlendes Licht umgibt. Ich kenne diesen Jesus nicht, aber ich hoffe auf eine gute Lektüre, die mich ein bißchen ablenkt, und so nehme ich das Buch mit auf mein Bett und schlage es auf. Meine Vorbehalte gegenüber dem, wofür Massoud steht, vergesse ich dabei vorübergehend.

In den Büchern, die ich bisher gelesen habe, war nie von Wundern und auch nicht von einem Jesus die Rede. Nicht einmal im Koran oder im Leben Mohammeds erinnere ich mich etwas über solche Phänomene gelesen zu haben. Und so fegt meine Neugier ohne Zögern sämtliche Skrupel hinweg, die die Geschichte von einer Hochzeitsfeier in Kana in Galiläa, bei der der Wein in Strömen floß, eigentlich in mir hätten wecken müssen.

Als guter Muslim – und ich bin ein guter Muslim! – hätte ich das Buch eigentlich sofort wieder zuklappen müssen, um nicht von der Unreinheit dieses berauschenden Getränks befleckt zu werden. Doch dieser Gedanke kommt mir nicht einmal ansatzweise in den Sinn, so sehr nimmt mich die Intensität meiner Lektüre gefangen. Mehr noch als die Ereignisse selbst ist es die Persönlichkeit dieses Jesus, die mich anzieht, mich fasziniert und mich, ohne daß ich wüßte, weshalb, mit einer wohltuenden Freude erfüllt.

Als Massoud am Abend zurückkommt, wage ich es nicht, ihn auf das Buch anzusprechen. Ich will ihm nicht zu nahe treten, aber vor allem habe ich ein unbestimmtes Schuldgefühl, denn noch vor wenigen Tagen war ich derjenige, der am liebsten eine dicke Trennmauer zwischen uns beiden errichtet hätte.

Kommt Zeit, kommt Rat, oder, anders formuliert: Meine Neugier wächst über Nacht ins Unerträgliche. Am nächsten Morgen brenne ich darauf, mit Massoud über diesen Jesus zu sprechen, der mir keine Ruhe läßt. Etwas verlegen gestehe ich ihm meinen „Übergriff". Er sieht mich mit einem offenen Lächeln an, und ich erkenne nicht den leisesten Funken von Ironie oder Triumph in seinen Augen.

Durch diese stillschweigende Ermutigung kühner geworden, traue ich mich, ihm die Frage zu stellen, die mich seit gestern umtreibt:

– Wer ist dieser Jesus aus deinem Buch?

– Das ist Issa ibn Maryam, der Sohn der Maria …

Diese Antwort kommt völlig unerwartet und ist mir unverständlich. Issa kenne ich, er kommt im Koran vor und ist einer der Propheten vor Mohammed. Aber ich wußte nichts davon, daß er noch einen anderen Namen hatte, und schon gar nicht, daß dieser Jesus/Issa solche außergewöhnlichen Wunder vollbracht hatte.

– Das ist normal, antwortet Massoud achselzuckend, sechshundert Jahre lang hieß er Jesus, und dann kam der Islam und machte Issa daraus …

Etwas aus der Fassung gebracht, ergreife ich dennoch die Gelegenheit, mich etwas genauer nach der Religion meines Waffengefährten zu erkundigen, um ihn von der Überlegenheit des Islams überzeugen zu können.

– Sag mal, Massoud, haben die Christen ein Buch wie den Koran?

Ich stelle diese Frage nicht ohne Hintergedanken. Wenn die Antwort negativ ausfällt, wird dieser Mann viel leichter zu bekehren sein, denn dann hat er dem Koran, der Mohammed von Allah eingegebenen Offenbarung, nichts entgegenzusetzen.

– Natürlich, erwidert er zu meiner großen Enttäuschung, wir Christen haben die Bibel, die sogar aus zwei Büchern besteht, dem Alten und dem Neuen Testament.

Die Sache scheint schwieriger als gedacht! Doch in meinem missionarischen Eifer lasse ich mich von einer solchen Kleinigkeit natürlich nicht abschrecken. Ich denke einige Augenblicke lang nach und komme zu dem Schluß, daß ich mich nur über dieses Buch der Christen zu informieren brauche, um anschließend alle Hindernisse aus dem Weg zu räumen, die Massoud jetzt noch davon abhalten, den unbestreitbaren Wert des Islams anzuerkennen. Doch wieder erhält meine Begeisterung eine kalte Dusche.

– Im Moment gebe ich dir die Bibel noch nicht, wenigstens nicht sofort, macht Massoud einen Rückzieher. Ich will dir zuerst eine Frage stellen, eine einzige, und du sollst sie ehrlich beantworten.

Schrecklich enttäuscht von seiner mangelnden Kooperationsbereitschaft willige ich ein, ohne ein Wort zu sagen, nur mit einer leichten Kopfbewegung.

– Hast du den Koran gelesen?

– Natürlich, beteuere ich entrüstet, hältst du mich für einen Ungläubigen, für einen schlechten Muslim?

– Aber hast du ihn wirklich gelesen?, fragt Massoud weiter, mit sanfter Hartnäckigkeit.

– Und ob ich ihn gelesen habe, ich lese ihn sogar jedes Jahr ganz, jeden Ramadan! Der Koran hat dreißig Teile, und der Ramadan dauert dreißig Tage...

– Und du hast den Sinn verstanden, jedes Wort und jeden Vers?

Die Frage dringt wie ein spitzer Dorn in mein Inneres ein und bringt mich aus dem Konzept. Verwirrt erröte ich und finde keine Antwort. Er hat einen wunden Punkt berührt. Denn die Imame haben mir immer gesagt, daß es nur auf die Lektüre ankommt: Wer den Koran von Anfang bis Ende liest, wird am Tag des Gerichts seinen Lohn erhalten. Das Textverständnis ist nicht so wichtig. Schon das Entziffern eines einzigen Buchstabens bringt uns in der Frömmigkeit voran: Dafür werden einem zehn Sünden vergeben, auch wenn man den Sinn des ganzen Wortes nicht versteht. Eine beruhigende Rechnung – ums Paradies muß ein Muslim sich wirklich keine Sorgen machen! Die Auslegung des Korans jedenfalls, so gaben mir die Geistlichen anstelle einer Erklärung mit auf den Weg, sei eine sehr komplizierte Angelegenheit, und deshalb betrieben die Imame sehr anspruchsvolle linguistische Studien. Damals hatte diese Argumentation der Kleriker meine Neugierde befriedigt – und ich hatte zudem eine perfide Legitimation für meine sehr oberflächliche religiöse Praxis. Also suchte ich gar nicht weiter nach Antworten, die meine bequeme kleine Frömmigkeit womöglich erschüttert hätten.

Als ich stumm bleibe, nutzt Massoud seinen Vorteil und macht mir einen Vorschlag:

– Wenn du willst, daß ich dir das Evangelium bringe, dann ist das in Ordnung, aber ich stelle eine kleine Bedingung: Du wirst zuerst den Koran noch einmal lesen und versuchen, ihn wirklich mit deinem Verstand zu begreifen. Und sei ehrlich dabei, betrüge dich nicht selbst …

Einen solchen Vorschlag hatte ich ganz sicher nicht erwartet, als ich Massoud gegenüber das Thema Religion anschnitt. Er hat mich in die Enge getrieben und mich außerdem in die Pflicht genommen: Wenn ich weiterhin versuchen will, ihn zu bekehren, muß ich noch einmal von vorne beginnen und meinen eigenen Glauben vorbehaltlos überprüfen! Sei's drum, die Herausforderung nehme ich an! Er hat mich in meinem Stolz getroffen, und ich bin davon überzeugt, ihn von der Größe des Korans überzeugen zu können, *Inschallah!*

Gleich darauf wird mir zu meinem Ärger bewußt, daß ich in meinem Ungestüm ein kleines Detail vergessen habe … Da ich anfangs nur mit einem Aufenthalt von wenigen Tagen gerechnet hatte, hatte ich mir, als ich von Bagdad aus aufbrach, nicht die Mühe gemacht, das Exemplar des Korans einzupacken, das ich in meinem Zimmer habe. Ich werde mich also bis zu meinem nächsten Urlaub gedulden müssen, also noch exakt achtundzwanzig Tage. Allah ist geduldig!

Dennoch bleibe ich nicht untätig. Um meinen Eroberungsdrang wachzuhalten und den gewaltigen Berg an Arbeit, der mich erwartet, wenigstens schon ein Stückweit abzutragen, bestürme ich Massoud mit Fragen über die Christen und ihre Gebräuche. So werde ich, wenn ich wieder zu Hause bin, schneller die richtigen Antworten finden, um ihn zu überzeugen.

Massoud allerdings antwortet immer sehr vorsichtig und einsilbig, wenn ich ihn in dieser Weise verfolge und dränge, mir von seiner Religion zu erzählen – fast, als fühle er sich unbehaglich und in der Defensive. Kein einziges Mal geht er aus sich heraus und spricht über seinen persönlichen Glauben. Und merkwürdigerweise habe ich den Eindruck, als ob er die Welt der Christen von außen betrachte, obwohl er doch dazugehört: Seine Beschreibungen sind präzise, aber gleichzeitig mechanisch und irgendwie unterkühlt.

Etwas voreilig ziehe ich aus dieser seltsamen Reaktion den Schluß, daß seine Religion nicht wirklich überzeugend ist und daß er das weiß. Das Ziel, das ich mir gesteckt habe, rückt in greifbare Nähe…

Andererseits muß ich zu meiner Überraschung feststellen, daß meine Kenntnisse über das Christentum reichlich ungenau oder, besser gesagt, völlig falsch sind und eher auf Gerüchten beruhen. Zum Beispiel hatte ich im großen Empfangssaal meines Vaters einmal jemanden sagen hören, daß die Kirchen keine Gebetsräume seien wie die Moschee, sondern daß die Christen dort ausschweifende Orgien feierten.

Geduldig erklärt mir Massoud daraufhin, daß in den Kirchen Messen gefeiert würden; dabei würden Priester Brot und Wein konsekrieren, und das Ganze nenne man Eucharistie. Das alles ist mir letztlich relativ gleichgültig. An dem, was Massoud sagt, scheint mir jedenfalls aus der Sicht des Korans und des Islams nicht Schockierendes zu sein – aber vielleicht ist er auch einfach nur geschickt.

Etwas anderes jedoch prägt sich mir ein und erstaunt mich zutiefst, und das ist die Tatsache, daß die Priester bei den Christen keine Frauen haben dürfen. Das erscheint mir unglaublich und im Grunde für einen Mann, ob er nun Geistlicher ist oder nicht, völlig unmöglich. Denn im Islam ist die Ehe eine Pflicht, und der Begriff, den man dafür verwendet, *Nikah*, bezeichnet wörtlich übersetzt den Geschlechtsakt.

Diese christliche Religion ist jedenfalls äußerst seltsam, und es scheint mir dringend an der Zeit, diesen sympathischen Mann vor dem Irrglauben zu retten, dem er verfallen ist!

Als ich zum ersten Mal Urlaub bekomme und nach Bagdad zurückkehre, nutze ich die sieben Tage, die mir vergönnt sind, um meinen Aktionsplan auszuarbeiten. Ich beginne mit dem, was eigentlich am Ende stehen sollte: Ich kaufe ein Pferd, um den Neubekehrten, wie es Brauch ist, in die Gemeinschaft aufzunehmen. Ich sehe es förmlich vor mir, wie ich im Triumph heimkehre und das Tier am Zügel führe; im Sattel Massoud, weißgekleidet wie die Könige – was für eine Kriegstrophäe!

Trotz dieser Vorfreude erzähle ich niemandem etwas von meinen Plänen. Alle denken, daß ich irgendeine Überraschung vorbereite, aber keiner traut sich zu fragen. Für den Rest der Woche isoliere ich mich, so gut ich kann. Nur ab und zu lasse ich mich im großen Gemeinschaftsraum blicken und vernachlässige die Angelegenheiten meines Vaters, der ohnehin auf Reisen ist. Bei den Mahlzeiten, die ich so schnell wie möglich hinter mich bringe, habe ich nur einen Gedanken im Kopf: so rasch es geht wieder in mein Zimmer zurückzukehren, ohne mich groß um meine Umgebung zu kümmern. Und die anderen, meine Brüder, respektieren meine Isolation.

Also habe ich Zeit genug, mich gründlich mit dem Koran zu befassen und den Text, wie ich es Massoud versprochen habe, eingehend und ehrlich zu studieren. Dabei jedoch bin ich zum ersten Mal in meinem Leben allein mit mir selbst und ohne

Ausflüchte und Ablenkung gezwungen, mich wirklich mit dem auseinanderzusetzen, was einen großen Teil meiner Identität ausmacht: dem Islam.

Und genau da fangen die Probleme an. Ich hätte mißtrauisch sein und auf den Rat hören müssen, den der Koran in einem seiner Verse erteilt: daß man das, was den Glauben erschüttern könnte, nicht vertiefen soll. Doch mein Stolz war stärker gewesen: Ich hatte Massouds Herausforderung angenommen. Und außerdem hatte ich auf die Kraft meiner Religion vertraut.

Als ich die erste Seite des heiligen Textes aufschlage, zweifle ich keine Sekunde lang daran, daß ich diese Schriftreise unbeschadet überstehen werde. Die Eröffnungsverse der *Al-Fātiha*, die den Koran einleiten, bilden keine besondere Schwierigkeit. Das ist das bekannteste aller Gebete und wird täglich von Millionen Muslimen gebetet.

Doch schon mit der zweiten Sure, die *Al-Baqara* oder „Die Kuh" genannt wird, werden die Dinge kompliziert. Verwirrt stolpere ich über beinahe jeden Vers, wodurch sich meine Lektüre äußerst schwierig und langsam gestaltet. Ich kann zum Beispiel nicht verstehen, warum Allah sich Vers für Vers dazu herabläßt, die Regeln für Erbangelegenheiten, Verspätungen und andere verfahrenstechnische Details zu klären, die für mein Empfinden keinerlei religiöse Bedeutung haben.

Ein anderer Punkt bereitet mir ebenfalls Schwierigkeiten: Ich begreife nicht, warum der Koran mit solcher Hartnäckigkeit die Überlegenheit und Macht der Männer über die Frauen betont, die, weil sie nur halb soviel Hirn besitzen wie die Männer, die meiste Zeit als minderwertig und manchmal, wenn sie ihre Regel haben, auch als unrein bezeichnet werden.

Mir wird bewußt, daß ich jahrelang in einer zweigeteilten Welt gelebt habe – und im übrigen auch sehr gut damit zurechtgekommen bin. Aber ich hatte nicht geahnt, daß all das direkt aus dem Koran und seinen Vorschriften abgeleitet ist. Und in den Tiefen meines Gewissens regt sich die Frage, was das alles mit Liebe zu tun hat …

Wie im 34. Vers der Sure über die Frauen, *An-Nisā*, der vorschreibt, „diejenigen [Frauen], von denen ihr Widerspenstigkeit befürchtet", zu ermahnen, sich „in den Schlafgemächern" von ihnen fernzuhalten und sie nötigenfalls auch zu schlagen ...

Ich will wissen, woran ich bin, und nutze meine Urlaubstage, um Scheich Ali Ayatla aufzusuchen, einen Freund der Familie, der zudem Ayatollah, das heißt ein Gelehrter des schiitischen Klerus ist und als Islamexperte gilt. Ich lege ihm jenen anderen schwerverdaulichen Vers vor, der die Frauen zum Eigentum der Männer erklärt: „Eure Frauen sind für euch ein Saatfeld. Geht zu eurem Saatfeld, wo immer ihr wollt" (Sure 2,223). Was im Prinzip bedeutet, daß die Männer alles mit ihren Frauen tun dürfen, auch in sexueller Hinsicht.

Um ehrlich zu sein, hat mich die Antwort des Scheichs nicht überzeugt. Für ihn und für die anderen Imame, die sich mit dieser Frage befaßt haben, bedeutet der Vers, daß ein Mann überall, außer in der Moschee, immer, außer während des Ramadans, und auf jede beliebige Weise Sex haben kann ...

Angesichts meiner skeptischen Miene rät mir der Ayatollah, der mich gernhat, mich in das Leben Mohammeds zu vertiefen und ihn danach wieder aufzusuchen. Das, so sagt er, wird mir helfen, den Koran besser zu verstehen. Doch auch diese Lektüre ist für mich eher desillusionierend, denn dort erfahre ich zum Beispiel, daß Mohammed sich mit einem siebenjährigen Mädchen verheiratet hat, Aischa; oder daß er seine eigene Schwiegertochter, nachdem er seinen Adoptivsohn Zaid mit ihr verheiratet hatte, zu seiner siebten Ehefrau gemacht hat. Doch für meinen Imam ist das lediglich die Erklärung dafür, daß der Koran die Adoption verboten hat. Ich für meinen Teil empfinde diese Methode als reichlich merkwürdig: Man zeigt, was richtig und was falsch ist, indem man den Propheten Mohammed abwechselnd als gutes und als schlechtes Beispiel nimmt!

Kurzum, nach einigen Tagen intensiven Nachdenkens werden das Verhalten und das Leben des Propheten für mich zu einer Quelle der Scham: All diese problematischen Verse können doch unmöglich von Allah stammen. Ich komme sogar zu dem Schluß, daß es Blasphemie ist, so etwas zu denken. Dennoch stelle ich die Suren des Korans insgesamt nicht in Frage. Ich sage mir, daß alles übrige doch ganz sicher mit meiner Vorstellung von einem wohltätigen und barmherzigen Gott übereinstimmen wird.

Zurück in Basra nehme ich das Soldatenleben wieder auf und vertiefe mich weiter in meine kritische Koranlektüre, ohne jedoch Massoud von meinen Zweifeln zu berichte. Er seinerseits stellt mir nicht allzu viele Fragen. Und das ist sehr gut so.

Unser Alltagsleben ist spartanisch. Wir kochen auf einem Ölofen unsere separaten Mahlzeiten; manchmal essen wir zusammen, aber ohne über Religion zu sprechen. Als hätten wir eine stillschweigende Vereinbarung – er vermutlich aus Taktgefühl, ich eher, weil ich mich ein bißchen davor fürchte –, dieses Thema nicht anzuschneiden.

Es sind die kleinen Begebenheiten des Lebens, die unsere Gespräche würzen, insbesondere die Schikanen unseres Vorgesetzten, die ich nur schwer ertrage, weil er aus viel einfacheren Verhältnissen stammt als ich.

Innerlich bin ich erschüttert, weil meine Suche nach überzeugenden Glaubensgewißheiten vergeblich geblieben ist. In den darauffolgenden Wochen bin ich zunehmend niedergeschlagen; nach und nach lösen sich die Fundamente und heiligen Dinge des Islams, die bisher meine Zuflucht gewesen waren, in nichts auf, und jedesmal ziehe ich mich ein Stückchen weiter in mich selbst zurück.

Mir wird bewußt, daß mein bisheriges Leben sehr stark vom Koran strukturiert gewesen ist. Der heilige Text des Islams überzeugt mich nicht mehr, ja, ich bin nicht einmal mehr sicher, daß er wirklich Allahs Wort ist, und so gerät mein ganzes Dasein mehr und mehr aus den Fugen.

Wo ist der Stolz auf meinen Namen, auf meine Familie und auf meine ruhmreiche Abstammung? Worauf soll ich mein Leben gründen, wenn mir der Stützpfeiler des Islams abhanden kommt? An wen soll ich glauben? Ich habe jeglichen Antrieb verloren und bin dem Zweifel ausgeliefert wie ein Verirrter in der Wüste: Ich habe keine Ahnung, welchem Weg ich folgen soll.

Wie ein Ertrinkender an einen Strohhalm klammere ich mich an den Gedanken, daß der Koran arrangiert und überarbeitet worden ist... Ich fühle eine namenlose Furcht und mein Magen krampft sich zusammen, wenn ich darüber nachdenke, was aus meinem Leben geworden ist.

Nicht einmal das Leben des Propheten Mohammed, das mir bis dato wie der Gipfel des Ruhms und der Klugheit erschienen war, vermag mich nun noch zu trösten. In meiner Traurigkeit sehe ich darin nur noch eine Anhäufung von Ehebrüchen und Diebstählen. Wie kann dieser Mann ein Mann Gottes sein? Wie kann ich ihm ähneln wollen, ihm, der doch genau das Gegenteil von dem tat, was er selbst predigte? Wie konnte er von einer Frau, die ihren Mann verloren hat, verlangen, bis zu ihrer Wiederverheiratung drei Monate und zehn Tage verstreichen zu lassen, und selbst eine Frau noch am selben Tag heiraten, an dem sie ihren Mann verloren hatte – der überdies mit sechshundert anderen auf Anordnung des Propheten ermordet worden war ...?

Was mich in diesem gedanklichen Sumpf noch ein wenig zu beruhigen vermag, ist die Tatsache, daß ich trotz allem weiter an Allah und seine Güte glaube, die größer ist als alle meine Zweifel, größer als der Koran selbst und größer als Mohammed ...

Passend zu meiner Stimmung kommt es inzwischen recht häufig vor, daß ich abends längere Zeit damit zubringe, diese großartige Landschaft mit ihren kristallklaren Flüssen, dem ebenso klaren Himmel, den Wüstenbergen und den dazwischenliegenden sandigen Tälern zu betrachten. Wenn ich die Sonne untergehen sehe, kann ich mir ohne weiteres vorstellen, daß die Legende wahr ist, wonach der Garten Eden hier, im Schatt al-Arab, gelegen haben soll ...

Und der Anblick dieser wilden und reinen Schönheit lindert einen Moment lang meine Traurigkeit, denn dann scheint es mir undenkbar, daß eine so wunderbare Natur keinen Schöpfer haben soll.

Nach drei oder vier Monaten des Nachdenkens muß ich mir – nicht ohne Bitterkeit – schließlich eingestehen, daß mein Glauben durch diese kritische Prüfung erheblich erschüttert worden ist. Zwar bin ich noch immer fest davon überzeugt, daß Allah existiert, doch ich bin inzwischen ebenso überzeugt davon, daß keine Religion an die Wahrheit dieses unermeßlichen und göttlichen Seins heranreichen kann.

Unter diesen Umständen habe ich natürlich nicht mehr die geringste Chance, Massoud zu überzeugen, geschweige denn, ihn zum Islam zu bekehren. Und ich habe auch keine große Lust, ihn an meinen Schlußfolgerungen teilhaben zu lassen: Das wäre eine Niederlage für mich. Allein die Vorstellung, zugeben zu müssen, daß ich all meine so selbstsicher zur Schau gestellte Gewißheit verloren habe, versetzt mich in Panik. Als würdiger Sproß der Moussaoui habe ich genau wie mein Vater entsetzliche Angst, das Gesicht zu verlieren.

Noch schlimmer als den Verlust meiner Ehre empfinde ich in diesem Augenblick aber die Scham darüber, mich so geirrt zu haben, so hartnäckig an etwas festgehalten und geglaubt zu haben, das mir heute wie Täuschung und Blendwerk vorkommt. Irgendein Zauber hat mich verhext, aus dessen Fallstricken ich mich nur mühsam zu befreien vermag.

Um mich aus diesem völligen Schiffbruch meiner Eigenliebe zu retten, klammere ich mich an die einzige Hoffnung, die mir noch bleibt: Massoud zu derselben Schlußfolgerung zu bringen, wie ich sie gezogen habe. Wenn es mir gelingt, ihn davon zu überzeugen, so sage ich mir, daß auch seine Religion nur eine Täuschung ist, dann herrscht wieder Gleichheit zwischen uns, und dann kann ich in aller Seelenruhe mit ihm über meine Zweifel am Islam sprechen.

Ich sehe keinen anderen Weg, mir die Sympathie und Wertschätzung dieses Mannes zu bewahren, der mir im Lauf der Zeit so ans Herz gewachsen ist. Allerdings habe ich nicht die geringste Ahnung, wie genau ich meinen Entschluß in die Tat umsetzen soll. Denn meine Kenntnisse über das Christentum sind reichlich oberflächlich; vor allem aber hege ich in meinem Inneren ein tiefes Mißtrauen gegenüber dieser Religion. Auch wenn sich mein Glaube an den Koran in nichts aufgelöst hat, ist das Christentum in meinen Augen diesem Nichts noch immer unterlegen. Wie aber soll ich Massoud von der Nichtigkeit seines Glaubens überzeugen, ohne ihm wehzutun?

DER RUF

Mai 1987

Am Morgen erwache ich ausnahmsweise gutgelaunt. Ich fühle mich wie von einer langwierigen Krankheit genesen – jenem seelischen Siechtum, das mich die vergangenen Wochen hindurch niedergedrückt hatte.

Glücklich atme ich die Frühlingsluft, die zu meiner frohen Stimmung paßt, obwohl man die trockene Hitze des Sommers bereits ahnt; noch ist sie aber durchaus zu ertragen.

Was mich so fröhlich stimmt, ist die Tatsache, daß ich mich vielleicht zum allerersten Mal in meinem Leben an einen meiner Träume erinnere. Das ist mir in meiner ganzen Kindheit nicht passiert: Immer habe ich meine Brüder und Schwestern beneidet, die regelmäßig am Morgen mit den extravagantesten Träumen aufwarten konnten – Eintagssternen, an denen ich keinen Anteil hatte. Fasziniert von den Wundern der Phantasie hingen wir an ihren Lippen und sogen ihre Worte gierig in uns ein.

Die Sache machte mir so zu schaffen, daß ich damit sogar zu einem Arzt ging, um mich zu vergewissern, daß ich normal war!

Doch an diesem Morgen erhalte ich endlich meine Genugtuung für all die Jahre geschwisterlicher Demütigung: Heute bin ich endlich auch einmal in der Lage, einen Traum zu erzählen – und was für einen! Wären doch meine Brüder da, um dieses außergewöhnliche Ereignis mitzuerleben ...

In meinem Traum also – ich erinnere mich ganz deutlich – stehe ich am Ufer eines Baches. Er ist nicht sehr breit, gerade mal einen Meter. Am anderen Ufer steht jemand, um die vierzig, eher groß und bekleidet mit einem beigefarbenen Gewand, nach orientalischer Art aus einem Stück gewebt und ohne Kragen. Und ich fühle, wie mich irgend etwas an diesem Mann unwiderstehlich anzieht: Ich muß den Bach überqueren, um zu ihm zu gelangen.

Doch als ich durch den Bach waten will, werde ich plötzlich hochgehoben und hänge einige Minuten lang – die mir wie eine Ewigkeit vorkommen – in der Luft. Mich packt sogar ein leichtes Entsetzen, weil ich plötzlich Angst habe, nie mehr heruntergelassen zu werden ...

Als hätte er mein wachsendes Unbehagen gespürt, streckt der Mann gegenüber mir seine Hand entgegen, um mir über den Bach zu helfen und mich neben sich aufs feste Land zu holen. Dabei kann ich mir in aller Ruhe sein Gesicht ansehen: blaugraue Augen, ein spärlicher Bart und halblange Haare. Er ist so schön, daß es mir den Atem verschlägt.

Der Mann sieht mich mit unendlicher Zärtlichkeit an und spricht mit beruhigender und einladender Stimme einen einzigen, rätselhaften Satz: „Um den Bach zu überqueren, mußt du das Brot des Lebens essen."

Als ich am Morgen aufwache, hat sich mir dieser Satz, so unverständlich er ist, mit aller Deutlichkeit in mein Gedächtnis eingeprägt, auch wenn der Zauber des Traums sich nach und nach verflüchtigt. Doch mit einem Lächeln auf den Lippen und in einer geradezu kindlichen Freude, endlich einen Traum ganz für mich allein zu haben, verspüre ich gar nicht das Bedürfnis, den Sinn dieser geheimnisvollen Worte zu verstehen. Dieser Traum ist mein Schatz – mehr brauche ich nicht, um glücklich zu sein. Über seine wirkliche Bedeutung denke ich nicht nach.

Als ich die Augen aufschlage, bin ich nicht mehr allein auf der Stube. Massoud ist aus dem Urlaub zurückgekehrt und begrüßt mich mit einem Blick und seinem ruhigen Lächeln. Dann hält er mir mit seiner rissigen Bauernhand ein Buch entgegen: „Da, das Evangelium", sagt er einfach. Fünf Monate nachdem ich ihn darum gebeten habe, hat er also endlich an mich gedacht!

Gleich darauf sagt er, wie um meiner Kritik zuvorzukommen:
– Laß dich nicht irritieren, es enthält vier verschiedene Versionen des Lebens Christi. Die vier Evangelien beschreiben das Ereignis auf vier verschiedene Weisen.

Er hat schon recht: Einer wie ich, der sich nicht auskennt und als Muslim obendrein an die Einzigkeit des Korans gewöhnt ist, könnte an diesen vier verschiedenen Versionen gleich von vorneherein Anstoß nehmen. Doch an diesem Morgen bin ich viel zu ausgelassen, um mir darüber Gedanken zu machen oder mich an solchen Kleinigkeiten aufzuhalten. Außerdem hat der Koran seine Glaubwürdigkeit ja bereits verloren … Also schlage ich das Buch der Christen ungeduldig auf – auf der Seite mit der Überschrift „Evangelium nach Johannes".
– Fang lieber woanders an, mit dem Matthäusevangelium zum Beispiel. Das ist als Einstieg einfacher, rät mir Massoud, der mir über die Schulter sieht.

Welcher geheimnisvolle Plan mag mich daran gehindert haben, seinem Rat zu folgen, als ich dieses Buch der Christen mit auf meine Matratze nehme? Trotz, Starrsinn, der Wille, mich vor allem auf dem Gebiet der Religion nicht ganz unter die Anweisungen eines Christen zu beugen? Ich bleibe dabei und beginne meine Lektüre mit der letzten Version, der des besagten Johannes. Sie nimmt mich völlig gefangen; ich vergesse das Mittagessen und merke gar nicht, wie die Stunden vergehen.

Im sechsten Kapitel halte ich verblüfft mitten im Satz inne. Mein Innerstes gerät in Aufruhr. Eine Sekunde lang glaube ich, eine Halluzination zu haben, und lese den letzten Satz noch einmal, Wort für Wort. Es gibt keinen Zweifel, ich habe mich nicht getäuscht ...

Da stehen – ein Wunder? – exakt dieselben Worte, „das Brot des Lebens", die ich erst wenige Stunden zuvor in meinem Traum gehört habe.

Jetzt will ich es genau wissen und lese den ganzen Abschnitt noch einmal langsam und gründlich. Nachdem er für die Menschenmenge Brot vermehrt hat, wendet Jesus sich an seine Jünger und sagt zu ihnen: „Ich bin das Brot des Lebens; wer zu mir kommt, wird nie mehr hungern ..."

In diesem Augenblick geschieht in mir etwas Außergewöhnliches, eine Art Implosion, die alles mit sich reißt, und dazu ein warmes Glücksgefühl ...

Als hätte schlagartig ein neues Licht mein ganzes Leben erhellt und ihm Sinn gegeben. So stelle ich mir einen Blitzschlag vor, doch es ist mehr als das!

Ich fühle mich, als wäre ich betrunken, und spüre gleichzeitig in meinem Herzen eine unerhörte Kraft, eine beinahe heftige Leidenschaft oder sogar Liebe zu diesem Jesus Christus, von dem die Evangelien erzählen.

Im selben Augenblick begreife ich, daß mein Traum in der vorigen Nacht mehr war als ein Traum: Es war ein Ruf, das spüre ich jetzt ganz deutlich, oder eine persönliche Botschaft, die mir mit diesen Worten überbracht worden ist. Von wem, weiß ich nicht genau, ich vermag nicht zu sagen, was dieser Mann für mich bedeutet oder was der Sinn von alledem ist.

Ich weiß nur eins: Da ist diese Freude, die das Ereignis mir geschenkt hat. Ich bin mir sicher, daß mein Leben von nun an nicht mehr so sein wird wie früher.

In den folgenden Tagen kann ich nur an eines denken: dieses Gefühl der Trunkenheit zu verlängern, ihm durch die komplette Lektüre aller vier Evangelien neue Nahrung zu geben.

Ich will alles über diesen Jesus wissen, mich von seiner Lebensweise inspirieren lassen, alle seine Worte in mich aufnehmen, mich empören über das, was die Leute von ihm sagen ...

Zum ersten Mal habe ich den Eindruck, daß mein Argwohn gegenüber dem Christentum Risse bekommt. Diese Religion, die ich für minderwertig gehalten hatte, erscheint mir nun in einem anderen Licht. Ich habe das vage Gefühl, daß sich in ihr eine reine Quelle der Liebe und der Freiheit verbirgt – Wohltaten, die ich aus meiner bisherigen religiösen Praxis nicht kannte.

Verglichen mit den islamischen Vorschriften und formellen Verpflichtungen wie der der fünf Gebetszeiten am Tag klingen die Worte des Vaterunsers aus dem Evangelium in meinem Kopf und in meinem Herzen wie ein lindernder Balsam. Wenn Allah wie ein Vater spricht, der seine Kinder liebt, wenn er sogar den Sündern vergibt, dann kann meine Beziehung zu Ihm nicht mehr dieselbe sein. Ich lebe nicht länger in Unterwerfung und Furcht, sondern in der Liebe – wie in einer Familie.

Selbst die Reue, die der Islam ebenfalls kennt, scheint mir hier von einer Vielzahl an Bedingungen und Auflagen befreit, die sie zu einer schweren Last hatten werden lassen.

In meinem Geist vermischt sich alles, was der Islam mir eingeprägt und was meine Persönlichkeit und meine Gedanken bisher beherrscht hatte, mit dem, was ich nun über diese mir unbekannte Art des Glaubens erfahre, die mich, das muß ich zugeben, unendlich verlockt.

Mir kommen die Namen Allahs in den Sinn, die der Koran ihm gibt. Neunundneunzig sind bekannt: der Ewige, der Ungezeugte, der Einzige, der Unzugängliche, der Verschlossene, der Unbesiegbare, der Ruhmreiche, der Weise, der Gütige, der Barmherzige, aber auch der Rächer ...

Außerdem gibt es einen weiteren, den hundertsten Namen, den niemand kennt. Diesen geheimnisvollen und unbekannten Namen Allahs, so glaube ich, habe ich heute entdeckt: die Liebe.

Von diesem Moment an kommen der Eroberungsgeist und der Wille, Massoud zu bekehren, in mir zum Erliegen. Ich habe nur eins im Sinn: auch eines Tages von diesem „Brot des Lebens" essen zu können, auch wenn ich nicht genau weiß, was das eigentlich ist.

Unter all diesen neuen Dingen, die sich mir auf der Ebene des Glaubens jetzt darbieten, gibt es einige, die meinen alten Überzeugungen diametral entgegengesetzt sind. Wie beispielsweise der Status Jesu: Bei den Christen ist er der Sohn Gottes, was für einen Muslim völlig undenkbar ist. Das würde ja heißen, daß Allah verheiratet wäre und eine Frau hätte! Das kann ich bei all meiner Unsicherheit in religiösen Fragen nun doch nicht akzeptieren. Ich bin sicher, daß die Christen sich täuschen: Jesus ist ein Diener, gewiß ein ruhmreicher, aber eben doch nur ein Diener Allahs.

Um Klarheit zu gewinnen und mich von der Verwirrung zu befreien, in die ich geraten bin, sehe ich diesmal keine andere Lösung, als mich Massoud anzuvertrauen. Ich muß also meinen Stolz überwinden und ihm gestehen, daß ich mein Vertrauen in den Islam verloren habe …

Etwas verlegen, aber gleichzeitig entzückt darüber, ihm von meiner Freude erzählen zu können, nehme ich es also auf mich, ihm von dem außerordentlichen Abenteuer zu berichten, das ich erst vor wenigen Tagen erlebt habe.

Noch in der ersten Begeisterung male ich mir das Vergnügen aus, ihm verkünden zu können, daß wir von nun an beide mehr oder weniger denselben Glauben an Jesus teilen. Und wie ein Kind, das in aller Heimlichkeit ein Geschenk vorbereitet hat, genieße ich im voraus schon die Freude, die ich ihm – zumindest stelle ich mir das vor – mit dieser guten Neuigkeit machen werde …

Doch die Reaktion, die ich bei Massoud auslöse, ist nicht das erhoffte breite Lächeln. Im Gegenteil. Er wird blaß, seine Züge verhärten, seine Kiefer verkrampfen sich. Nur die intensive Aktivität seiner Augen verrät mir, welches Gefühl ihn gerade beherrscht. Was ich darin lese, ist Angst: Diesen starken Mann ergreift eine beinahe panische Angst.

Sein Verhalten bringt mich völlig aus der Fassung. Ich verstehe überhaupt nichts mehr und sehe ihn fragend an. Denn diese Veränderung ist ganz plötzlich in ihm vorgegangen, gegen Ende meiner Geschichte. Am Anfang hatte ich eher den Eindruck, daß er mir aufmerksam und wohlwollend zuhörte und mich ermutigte, weiterzureden.

Dabei habe ich abgesehen von meinem seltsamen Traum nichts Außergewöhnliches und auch nichts besonders Kühnes gesagt. Ich hatte nur von meiner Absicht gesprochen, meiner Familie von meinem neuen Glauben an diesen Jesus Christus zu erzählen ...

– Du weißt nicht, was du da sagst!, explodiert Massoud. Sie werden dich töten ...

So habe ich ihn noch nie erlebt. Er ist außer sich und scheint völlig die Beherrschung verloren zu haben.

– Aber das ist doch Unsinn! Meine Familie liebt mich, sie werden mir niemals etwas Böses tun ...

– Hör zu, ich flehe dich an, sagt Massoud in plötzlich verändertem Ton. Du bringst dein Leben in Gefahr und meins gleich mit. Man kann in diesem Land nicht einfach so die Religion wechseln. Das steht unter Todesstrafe!

In diesem Moment begreife ich schlagartig, weshalb mir Massoud zu Beginn unserer Begegnung so scheinbar widerwillig von seinem Glauben und seiner Glaubenspraxis erzählt hatte. Er wußte, welche Risiken er einging ...

Doch die tragische Lebensgeschichte Jesu ist mir noch ganz frisch im Gedächtnis, und so antworte ich:

– Christus ist auch gestorben, und seine Jünger sind ihm unter allergrößten Gefahren nachgefolgt. Das habe ich in dem Teil gelesen, der nach den Evangelien kommt: der Geschichte seiner Apostel. Warum sollte ich es nicht genauso machen, wenn ich Christus liebe?

– Christus will nicht, daß du stirbst. Wenn du wirklich an ihn glaubst, dann werden wir seinen Geist bitten, uns zu erleuchten.

Und ich flehe dich nochmals an, reiß dich zusammen! Du mußt mir schwören, daß du deiner Familie nichts von alledem erzählst, niemals!

Ich bin mir nicht sicher, ob ich mir der Gefahr wirklich bewußt bin, von der Massoud spricht, doch um ehrlich zu sein, habe ich eigentlich gar keine Wahl. Wenn ich will, daß er mich auf den Weg des Glaubens führt, einen Weg, der mir angesichts dessen, was der Islam mich gelehrt hat, noch von Hindernissen übersät zu sein scheint, dann muß ich auf seine Forderung eingehen. Schließlich ist er der einzige Christ, den ich kenne.

Also erkläre ich mich widerwillig bereit, den Mantel des Schweigens über das zu breiten, was, das spüre ich genau, von nun an die neue Antriebskraft in meinem Leben sein wird.

Während eines meiner nächsten Heimurlaube wage ich es dennoch, diese Regel des Schweigens wenigstens teilweise zu brechen: Ich lege dem Ayatollah eine letzte Frage vor, diesmal über das Evangelium der Christen. Was hält er davon?

Er antwortet mir, daß dieses Buch Wahres enthalte; andere Dinge dagegen seien falsch oder fehlten, wie zum Beispiel die Ankunft des Propheten Mohammed nach Issa. Ebenfalls falsch sei, daß Issa der Sohn Gottes ist.

Abschließend bittet mich der Ayatollah, ihn nicht mehr aufzusuchen. „Deine Fragen", sagt er zu mir, „sind für mich zu schwierig und zu ermüdend. Normalerweise kommen die Leute, weil sie wissen wollen, was in ihrem Alltagsleben Sünde, *haram*, und was keine Sünde, *halal*, ist. Zerbrich dir also nicht den Kopf über alle diese theologischen Fragen, das ist zu kompliziert und führt zu nichts."

Danach bin ich nicht wirklich klüger, aber ich habe wenigstens etwas gelernt: Es ist sinnlos, von meinem alten Glauben, dem Islam, noch irgendwelche Antworten zu erwarten.

Die verbleibenden vier Monate in der Kaserne gehören, davon bin ich überzeugt, zu den glücklichsten meines noch jungen Daseins. Ist das schon eine erste Konsequenz? Und sie vergehen unglaublich schnell.

Dabei verläuft mein Leben als Soldat äußerlich unverändert in den immer gleichen Geleisen meiner allerdings nicht sehr zahlreichen täglichen Pflichten. Die eigentliche Veränderung spielt sich in meinem Inneren ab – und auf der Stube, die ich mit Massoud teile. Neu ist, daß wir beide inzwischen gemeinsam beten, und das stundenlang. Sehr schnell hat mein Gefährte mich das Kreuzzeichen und die gängigsten Gebete gelehrt, das *Vaterunser*, das *Avemaria*, und die betrachtende Bibellesung ...

Unter seiner Anleitung entdecke ich meine Nähe zu Christus, lerne, in meinem Inneren vertraute Zwiesprache mit ihm zu halten. Verglichen mit dem islamischen Gebet, bei dem, zumindest in meiner Erinnerung, die rituellen Waschungen das Wichtigste waren, ist das für mich eine große Umstellung.

Innerhalb der Kaserne vollzieht sich das alles ganz leise, damit man uns nicht entdeckt. Deshalb wählen wir oft die Ruhezeiten, weil wir dann weniger leicht von den anderen Soldaten des Regiments überrascht werden können. Natürlich wundern sich unsere Kameraden darüber, daß ein Christ und ein Muslim so viel Zeit miteinander verbringen ... Zum Glück aber reicht ihre Neugier nicht so weit, daß sie uns ausspionieren, um herauszufinden, was da eigentlich im Gange ist.

Wie überrascht wären sie wohl gewesen, wenn sie unsere langen Gespräche mit angehört hätten, in deren Verlauf sich Massoud redlich mühte, mir die Geheimnisse seines Glaubens zu erklären. Die Dreifaltigkeit zum Beispiel, die im Islam unvorstellbar ist. Wie sollte man einem Muslim begreifbar machen, daß der Gott der Christen dennoch nur einer ist, und nicht drei?

Mein Gefährte greift zu einfachen Bildern, die ihm sein gesunder Bauernverstand eingibt, um meiner Vorstellungskraft auf die Sprünge zu helfen.

– Weißt du, sagt er zum Beispiel, das ist wie mit der Sonne. Es gibt drei Arten, sie wahrzunehmen: Man kann sie sehen, man kann ihre Wärme spüren, und man kann ihre Spiegelung im Wasser sehen ...

Ich staune über die Leichtigkeit, mit der er von diesen Dingen spricht, doch im Grunde bereiten mir all diese komplizierten Glaubensinhalte keinerlei Schwierigkeiten. Denn als ich die Bibel gelesen habe, habe ich ganz einfach geglaubt: spontan und natürlich wie ein Kind und ohne mir allzu viele Fragen zu stellen. Alles schien mir ganz selbstverständlich, obwohl ich mir Zeit genommen habe, um Klarheit zu gewinnen, weil das, was man mich früher gelehrt hatte, meine Gedanken noch verwirrte.

Dagegen bin ich sehr erstaunt, als ich eines Tages feststelle, daß mein eigener Blick auf mein Umfeld sich unmerklich verändert hat. Plötzlich ist es nicht mehr das Bewußtsein meiner überragenden sozialen Stellung, das meine Beziehungen zu den anderen Soldaten bestimmt, sondern der Wunsch, ihnen zu dienen und sie zu lieben, wie Christus sie ganz sicher liebt. Wobei es, was mich betrifft, allerdings zunächst bei dem Versuch bleibt, ohne daß dieses schöne Gefühl irgendwelche konkreten Folgen zeitigen würde!

Auch meiner Familie gegenüber spüre ich dieses neue und aufregende Gefühl, diese Liebe zu den anderen, die Christus in seinem Evangelium gebietet. Und ich habe nur einen Wunsch: meine Freude mit ihnen zu teilen, eine Freude, wie ich sie nie zuvor empfunden habe!

Dennoch bleibe ich auch bei meinem nächsten Heimurlaub dem Versprechen treu, das ich Massoud gegeben habe, und lasse nichts von dem Feuer nach außen dringen, das in meinem Inneren lodert. Das ist schmerzhaft wie ein unterdrücktes Begehren – vor allem beim gemeinsamen Gebet …

Denn als Neubekehrter hatte ich in meiner Begeisterung tatsächlich dieses kleine Detail unseres Familienlebens vergessen: Wenn mein Vater, was häufig vorkommt, im großen Gemeinschaftsraum Gäste empfängt, ist es üblich, daß die gesamte Versammlung sich vor Beginn der Verhandlungen zum gemeinsamen Gebet erhebt.

Beim ersten Mal stehe ich mit den anderen auf – wie ein Automat mit gut eingeübten Reflexen. Doch noch im selben Moment begreife ich, was ich da tue. Verwirrung überkommt mich. Mit geballten Fäusten und starr vor Schreck wird mir bewußt, daß ich dabei bin, wie ein Muslim zu beten, obwohl dieser Glaube mir nichts mehr bedeutet.

Und dabei habe ich noch Glück im Unglück, denn wir beten nicht laut. Ich muß also nur so tun als ob: mich fünfmal am Tag mit den anderen niederknien und bei jedem Niederknien die *Fatiha* und die Sure 4 sprechen. Doch allein das kostet mich schon gewaltige Überwindung, und ich muß mich beherrschen, um nicht vor dieser pathetischen Komödie davonzulaufen.

Wenn das Glück mir günstig ist, kann ich mich dieser unangenehmen Pflicht entziehen, eine dringende Angelegenheit vorschieben oder den Gemeinschaftsraum kurz vor dem Gebet verlassen. Doch das ist leider nicht immer möglich.

Regelmäßig zu Beginn des Rituals packt mich der Widerwille; dann stehe ich gleichsam neben mir und beobachte mich selbst dabei, wie ich meine Rolle spiele: die Rolle eines Verräters. Verräter an mir selbst, weil ich meinem neuen Glauben untreu werde, und Verräter an meiner Familie, weil ich sie mit diesen nur scheinbar ehrlichen Gesten betrüge. In diesen Augenblicken atme ich tief ein, um all meinen Mut zusammenzunehmen. Und die Vorsicht übernimmt wieder die Kontrolle über meine Emotionen ...

Glücklicherweise dauert diese Prüfung nur acht Tage: Nach meinem Heimaturlaub kann ich endlich mit Massoud darüber reden. Ich will, daß er mich von dieser schweren Bürde befreit, meine Bekehrung geheimhalten zu müssen. Gleich nach meiner Rückkehr schneide ich das Thema an:

– Ich habe ein Problem: ich kann so nicht weitermachen ...

– Womit weitermachen?

– Damit, daß ich nach außen hin mit meiner Familie bete, als ob nichts wäre! Und in der *Fatiha*, die ich scheinbar spreche, heißt es außerdem, daß die Verirrten, also die Christen, nicht zu Allah gelangen können ...

Massoud denkt einige Augenblicke nach und schlägt mir dann eine Lösung vor:

– Während des Gebets mußt du einfach nur in deinem Herzen zu Jesus beten. Aber, in diesem Punkt gibt er nicht nach, paß um Himmelswillen auf, daß niemand etwas merkt. Sonst ... Du weißt, welches Schicksal die Scharia für die Gottlosen vorgesehen hat ...

Das weiß ich nur zu gut, und sollte ich es einmal vergessen, wird Massoud mich bei der kleinsten Gelegenheit wieder daran erinnern. Ich fange an zu glauben, daß er mir nicht vertraut, und das kränkt mich ein wenig in meiner Eitelkeit. Aber vielleicht ist es nur die Leidenschaft für meinen neuen Glauben, die ihn beunruhigt, und in diesem Punkt muß ich ihm rechtgeben!

Doch Massoud kennt die Menschen und weiß, wie man mit ihnen umgehen muß. Langsam trägt seine Lektion der Geduld und Vorsicht die ersten Früchte. Ich höre auf den Rat meines Mentors und lege alles in die Hände des Heiligen Geistes, der, wie er mir sagt, ein guter innerer Kompaß ist. Ich muß ihn einfach nur bitten, mir den rechten Weg zu zeigen.

Zumal Massoud mich nicht mit frommen Worten abspeist. Als er von einem seiner Heimurlaube zurückkehrt, macht er mir einen Vorschlag, um mein auf Dauer unhaltbares Doppelleben zu beenden:

– Hör zu, ich habe lange über deine Situation nachgedacht. Ich habe sogar mit einem Priester in meinem Dorf darüber gesprochen, und mit meiner Familie. Am besten kämest du einfach mit zu mir, in mein Dorf im Norden. Du mußt dir nur andere Papiere besorgen, und ich lasse dich dann als den Sohn meines Bruders eintragen …

Und nach einem Moment des Schweigens fügt er nicht ohne eine gewisse Bauernschläue hinzu:

– Du könntest eine meiner vier Töchter heiraten, welche du willst. Dann wärst du ein Teil der christlichen Gemeinde …

Schmunzelnd denke ich bei diesem letzten Vorschlag, daß die Bewohner dieses Landes, ob sie nun Muslime oder Christen sind, dennoch einiges gemeinsam haben: Für sie ist die Ehe eine viel zu ernste Familienangelegenheit, um sie den Hauptbetroffenen zu überlassen!

Doch im Grunde bin ich zu allem bereit, nur um Christ zu werden, sogar zum Heiraten, obwohl mir das bisher nicht einmal ansatzweise in den Sinn gekommen ist. Was ich mir mehr als alles in der Welt wünsche, was meine Gedanken und meinen

Willen anzieht wie ein Magnet, das ist die Taufe und, mehr noch als die Taufe, die Teilhabe am „Brot des Lebens". Alles übrige und der Weg dorthin ist zweitrangig. Als gelehriger Schüler tue ich natürlich trotzdem, was Massoud mir rät: Ich bitte den Heiligen Geist, mich auf dem rechten Pfad zu leiten. Auch wenn ich nicht unbedingt davon überzeugt bin, daß der Vorschlag meines Freundes nun wirklich das Beste für mich ist ...

Die Wochen vergehen friedlich im Rhythmus unserer Gebetszeiten und der Glaubensgespräche, bei denen Massoud und ich über alles reden, was uns in den Sinn kommt. Am liebsten würde ich meinen nächsten Heimaturlaub absagen – wenn da nicht die Liebe zu meinen Eltern wäre.

Vor allem fürchte ich mich davor, von neuem lügen und meine tiefempfundenen Gefühle verleugnen zu müssen. Und ich habe auch keine große Lust, meinen Vater ein weiteres Mal abblitzen zu lassen, wenn er mich nach dem Namen des Garnisonskommandanten fragt. Im Gegensatz zu ihm habe ich überhaupt kein Interesse mehr daran, meinen Militärdienst zu verkürzen!

Gleichzeitig bin ich sehr zuversichtlich: Die vergangenen Monate sollten ihn hinsichtlich der Gefahren, denen ich ausgesetzt bin, ein wenig beruhigt haben. Gewiß ist das umkämpfte Gebiet nicht weit entfernt, aber ich stehe nicht an der Front, und die Baracken, in denen wir untergebracht sind, sind noch nie bombardiert worden.

Als ich in die Kaserne zurückkehre, erwartet mich eine unangenehme Überraschung: Die Stube ist leer. Nicht nur Massoud selbst, auch seine Sachen sind verschwunden. Im Laufschritt eile ich durch das Barackenlager, um jemanden zu finden, der mir sagt, was geschehen ist.

Außer Atem erfahre ich schließlich von einem Wachsoldaten, daß Massoud abgereist ist; man hat ihn ganz plötzlich freigestellt. Also muß er den berühmten Brief erhalten haben, auf den er seit neun Monaten gewartet hat! Solange hat die Militäradministration gebraucht, um festzustellen, daß seine Einberufung ein Irrtum gewesen ist, und dann hat man ihn von einem Tag auf den anderen nach Hause geschickt. Das ist zwar beim Militär eher unüblich, aber, so sagt mir der erfahrene Soldat, vielleicht dadurch zu erklären, daß der Christ nicht mehr der Jüngste war.

Das ist eine Katastrophe. Massoud ist abgereist, ohne mir irgend etwas zu hinterlassen: keine Nachricht, keinen Hinweis. Dabei hatte ich mich so darauf gefreut, ihn wiederzusehen! Ich fühle mich im Stich gelassen, beinahe verraten, und außerdem – angesichts des Unbekannten, das mich erwartet – sehr allein.

Mit gesenktem Kopf gehe ich auf meine Stube und fühle plötzlich auf meinen Schultern die ganze Last der Lebensentscheidung, die ich getroffen habe, als ich den Islam hinter mir ließ. Nicht, daß ich diese Entscheidung auch nur einen Moment lang in Frage gestellt hätte: Die Freude, Christus begegnet zu sein, ist in mir noch durchaus lebendig. Doch jetzt, wo Massoud nicht mehr da ist, spüre ich plötzlich, was es heißt, gegen den Strom zu schwimmen: in einem familiären und gesellschaftlichen Umfeld zu leben, das die religiöse Andersartigkeit nicht akzeptiert.

In den darauffolgenden Tagen bin ich niedergeschlagen und kraftlos und ziehe mich völlig zurück. Sogar die Gebete, die ich ohne rechte Überzeugung spreche, fallen mir schwer, weil ich mit dem Herzen nicht dabei bin.

Und dann plötzlich, ohne daß ich wüßte, weshalb, hellt sich der Horizont wieder auf. Ich schöpfe neue Hoffnung: Nein, es ist einfach nicht möglich, daß Massoud mich so im Stich läßt! Nicht er. Nach allem, was wir miteinander erlebt haben, ist das Band zwischen uns zu stark. Wenn er überstürzt aufbrechen mußte, wird er bestimmt zurückkommen, um mich zu holen. Er weiß, wo ich bin und wie sehr ich ihn brauche. Er hat mich nicht vergessen, es ist nur eine Frage der Zeit, er muß meine Ankunft in seinem Dorf vorbereiten und alles organisieren. Jetzt habe ich wieder Oberwasser und klammere mich an diesen Gedanken, um nicht in Verzweiflung zu versinken.

Das Leben bekommt wieder Farbe, aber die Tage und Wochen vergehen, langsam und zäh in dieser erdrückenden Hitze, ohne daß ich auch nur das geringste von Massoud höre. Nach einem Monat entschließe ich mich, meinem Vater den Namen des Kommandanten mitzuteilen, damit er seine Beziehungen spielen und mich freistellen läßt. Die Sache ist in ein paar Tagen erledigt und ich komme nach Hause. Massoud kennt meinen Namen. Er kennt auch meine Adresse in Bagdad. Es ist besser, wenn ich zu Hause auf ihn warte und nicht in diesem trostlosen Camp, wo mich jetzt nichts mehr hält.

Einsamkeit

Bagdad, Winter 1987

Schleichend und tückisch nistet sich der Zweifel in mir ein. Schon seit mehreren Monaten lebe ich nun wieder in unserem großen Haus, und noch immer habe ich nichts von Massoud gehört. Mit jedem Tag, mit jeder Woche, die verstreicht, schwindet die Hoffnung, daß ich ihn in meinem Leben noch einmal wiedersehen werde.

Habe ich letztlich doch zu große Erwartungen in diesen Christen gesetzt? Schließlich hat er mir zur Vorsicht geraten. Vielleicht hat er ganz einfach Angst gehabt, Angst vor der Bedrohung, die ich für sein ruhiges Leben darstelle, Angst davor, seine Familie für einen Schiiten in Gefahr zu bringen, der zwar konvertiert ist, den er aber nichtsdestoweniger erst seit kurzem kennt …?

Mit Bedauern finde ich mich allmählich damit ab, daß ich mein Heil wohl besser nicht von meinem ehemaligen Stubenkameraden abhängig machen sollte. Am meisten aber erstaunt mich dabei die Tatsache, daß ich trotz dieses Rückschlags eine freudige Zuversicht in mir trage und daß alle diese Widrigkeiten nichts daran zu ändern vermögen. Es mag seltsam klingen, aber mir scheint, als hätte meine Bekehrung mich dauerhaft gegen jede Furcht und sogar gegen die Verzweiflung gefeit gemacht.

Doch an Prüfungen mangelt es nicht. Binnen weniger Monate ist das alltägliche Leben des Moussaoui-Clans für mich unerträglich geworden. Die ständigen Lügen und enttäuschten Hoffnungen sickern wie ein Gift Tropfen für Tropfen in meine Venen.

Aber ich will mich nicht unterkriegen lassen. Wenn ich mit Massoud nicht mehr rechnen kann, muß ich dringend eine andere Lösung finden, um diesem Joch zu entkommen, das mich erstickt – nun, da ich seine Leere und Unsinnigkeit durchschaut habe.

Ich beginne darüber nachzudenken, wer inzwischen eigentlich wichtiger für mich ist: Massoud oder Christus. Warte ich auf Massoud mit seiner Freundschaft, sehne ich mich nach unserem gemeinsamen Gebetsleben, nach dieser Brüderlichkeit und geistigen Nähe, in der wir neun Monate lang gelebt haben? Oder geht das, wonach ich mich am meisten auf dieser Welt sehne, über diese geknüpften und nun wieder gelösten Bande hinaus …?

Mit einem Anflug von Mystik – aber auch von Fatalismus – komme ich zu dem Schluß, daß, wenn Massoud mir genommen worden ist, es dafür einen höheren Grund geben, daß das alles einen Sinn haben muß, *Inschallah*. Vielleicht war er für mich wichtiger geworden als die christliche Religion, und vielleicht muß ich jetzt lernen, auf diese Gehhilfe zu verzichten, damit mein Glaube tiefer wird …

Nachdem ich diesen Gedanken monatelang hin und her gewälzt habe, komme ich zu dem Schluß, daß ich handeln muß, wenn ich meinen neuen Glauben weiterhin praktizieren will. Mein alter Regimentskamerad kommt nicht zurück? Also gut! Ich habe keine andere Möglichkeit, als selbst eine Lösung zu finden, um diesem Leben, das mich erdrückt, endlich zu entkommen.

Zumal ich in Massouds Gesellschaft das gemeinschaftliche Beten liebengelernt habe. Ich brenne darauf, die Atmosphäre dieser gesegneten Monate wiederzufinden, die wir miteinander verbracht haben! Und mir ist außerdem bewußt, daß mein Beten, solange ich alleine bin, sehr anfällig ist und dem schwachen Flackern einer Kerze ähnelt ... Natürlich trage ich mein Exemplar der Bibel immer bei mir, aber das genügt mir nicht. Ich muß in meinem noch jungen Glauben durch die Inbrunst anderer Gläubiger gestärkt werden.

In meinem Kopf ist alles ganz einfach: Ich muß einfach nur zur Kirche von Bagdad gehen, dort an die Tür klopfen und um die Taufe bitten. Ich bilde mir sogar ein, daß man mich dort um dieser mutigen Tat willen mit offenen Armen und in allen Ehren empfangen wird ... In der Praxis ist es allerdings ein wenig komplizierter. Zunächst einmal muß ich mich unbemerkt so lange von meiner Familie entfernen, wie man für den Weg ins Stadtzentrum – hin und zurück runde zwanzig Kilometer – braucht. Man läßt mir zwar viele Freiheiten, aber ich fürchte mich vor argwöhnischen Fragen bezüglich meiner Aktivitäten.

Vorsichtig versuche ich zwischen einem Ausflug und dem nächsten einen längeren Zeitraum verstreichen zu lassen. Außerdem nutze ich die Zeiten, in denen mein Vater auf Reisen ist, denn dann ist jeder von uns ein bißchen mehr sich selbst überlassen und vom eisernen Regiment des Clanchefs der Moussaoui befreit. Wenn er zu Hause ist, ist es schwierig, sich seinem Falkenauge zu entziehen. Er sieht alles, achtet auf die geringsten Kleinigkeiten und sorgt dafür, daß jeder in irgendeine Gemeinschaftsaufgabe eingebunden ist.

So kommt es, daß oft mehrere Wochen vergehen, ehe es mir wieder gelingt, unauffällig das Haus zu verlassen. Wenn sich dann endlich eine Gelegenheit bietet, ergreife ich sie, durch die lange Wartezeit kühn geworden, ohne zu zögern. Doch jedesmal verwandeln sich meine ungeduldigen Hoffnungen in Enttäuschung.

Auch wenn ich voller Optimismus zu jedem neuen Versuch antrete, macht die Operation keine wirklichen Fortschritte. Die meiste Zeit stehe ich vor verschlossenen Türen, genauer gesagt, ich werde vor die Tür gesetzt!

Anfangs betrete ich die Gebäude, ohne um Erlaubnis zu bitten – in der Hoffnung, wie der verlorene Sohn herzlich empfangen zu werden! Doch rasch verliere ich meine Illusionen: Die Mienen, mit denen man mich von Kopf bis Fuß mustert, sind argwöhnisch, ja feindselig…

Nachdem ich einige Körbe habe einstecken müssen, begreife ich rasch. Ich habe es hier mit kleinen Gemeinden zu tun, in denen jeder jeden kennt. Folglich identifiziert man mich sehr rasch als den Fremdling, den mutmaßlichen Spion, der gekommen ist, um die Christen – eine winzige Minderheit in diesem Land – auszukundschaften.

Nachdem diese Methode der Annäherung gescheitert ist, versuche ich es mit Offenheit: Gleich nach Betreten der Kirche versuche ich gezielt den Priester zu sprechen und ihn um seine Erlaubnis zu bitten, für einen Moment an diesem heiligen Ort zu verweilen. Das ist zwar bequemer, aber kaum erfolgreicher …

Auch dort renne ich meist gegen eine Wand. „Wer Christ ist, bleibt Christ, und im Islam ist es genauso!", erklärt man mir frostig, als ich von meiner Absicht spreche, um die Taufe zu bitten.

Eines schönen Tages bin ich über diese ständigen und immer wieder vergeblichen Versuche, über mein endloses Taktieren und das doppelte Spiel gegenüber meiner eigenen Familie so erbittert, daß ich meine Wut an einem armen Kirchenmann auslasse, der auf mich zukommt, um mich wie seine Vorgänger unerbittlich nach draußen zu befördern:

– In Christi Namen, unterstehen Sie sich, mich vor die Tür zu setzen!

Meine Reaktion verblüfft ihn.

– Wir haben unsere Vorschriften, sagt er dann schüchtern anstelle einer Erklärung. Wir dürfen keine Muslime in unsere Kirchen lassen.

– Können Sie denn nicht einmal eine Ausnahme machen? Fragen Sie Ihren Vorgesetzten, und sagen Sie ihm, daß das schon mindestens die zehnte Kirche ist, in der man mir die Tür vor der Nase zuschlägt!

Meine Heftigkeit beeindruckt ihn offenbar, jedenfalls verspricht mir der Priester, sich zu erkundigen. Er wird das Problem dem Patriarchen vorlegen, der für alles zuständig ist, was das Leben der Christen hier in Bagdad und im ganzen Irak betrifft.

Für mich ist dieses Versprechen eine Gelegenheit, die ich nicht versäumen darf, vielleicht die einzige, denn es ist alles andere als sicher, daß ich eine zweite Chance bekommen werde. Also sage ich ihm, daß ich festentschlossen bin, in einigen Wochen wiederzukommen, um die Antwort des Patriarchen zu erfahren.

In den Tagen vor diesem neuerlichen Versuch steht mein Stimmungsbarometer nicht eben auf Schönwetter: Mit jedem Mißerfolg hat meine Begeisterung nachgelassen, und ich kann nichts tun, als meine Chancen abzuwägen, ohne daß ich es wirklich wagen würde, daran zu glauben ... Je nach Tagesform schwankt mein Herz zwischen Skepsis und einer zaghaften Hoffnung, die nur auf einer einzigen und recht dürftigen Gewißheit ruht: der Tatsache, daß es mir gelungen ist, meine Geschichte mit der ganzen Inbrunst meines noch jungen Glaubens vorzutragen und so das allgemeine Mißtrauen dieser Christen zu erschüttern. Aber wird das ausreichen?

Einige Wochen später wird mir die Entscheidung des Prälaten mitgeteilt, und sie trifft mich wie ein Fallbeil: „Man kann nicht die ganze Herde opfern, um ein einziges Schaf zu retten ...“

Ich bin am Boden zerstört. Seit Monaten trommle ich nun gegen die Türen der Christen, und wieder und wieder stoßen sie mich zurück – aus einem Mangel an Mut, der mir wenig mit dem Evangelium zu tun zu haben scheint.

Doch ich sehe auch ein, daß das Risiko sehr groß wäre. Wie mir dieser etwas zugänglichere Priester erklärt, kann man sich selbst unter Saddams laizistischem Regime eine Proselytismus-

Anklage einhandeln, wenn man einen Muslim in eine Kirche einläßt. Und im Irak bedeutet Proselytismus den Tod – sowohl für den Muslim wie auch für den, der ihn anhört...

Ich verstehe diese Gründe, aber in den Tiefen meiner im spirituellen Sinne liebeskranken Seele kann ich einfach nicht anders, als an diesen Christus zu denken, der keine Angst hatte, sein Leben aufs Spiel zu setzen, um den Menschen das Heil zu verkünden...

Doch das Urteil ist gesprochen. Ich habe keine Hoffnung mehr, diese Mauer eines Tages überwinden zu können, die sich zwischen meinem Wunsch, getauft zu werden, und den Männern der Kirche erhebt: Nur sie können meinen Wunsch erfüllen, doch sie weigern sich. In einem letzten Aufbäumen fasse ich den Plan, mich direkt an den Patriarchen zu wenden. Vielleicht ist seine Angst, mir die Türen der Kirche zu öffnen, ja nicht ganz so groß...

Seine Tür jedenfalls ist recht gut versteckt: Ich habe große Mühe, den Sitz des Patriarchats zu finden, der sehr diskret in einem Viertel mit Verwaltungsgebäuden untergebracht ist. Jedesmal, wenn ich dort vorstellig werde, erhalte ich dieselbe Antwort: Monsignore ist in Bagdad auf Besuch oder im Irak unterwegs!

Während ich auf das Ende dieser Straße warte – und mich zunehmend davor fürchte –, beginne ich, wie eine verlorene Seele durch die christlichen Viertel im Süden der Stadt zu irren. Ich habe die schwache Hoffnung, vielleicht wenigstens draußen mit der christlichen Bevölkerung in Kontakt zu kommen, wenn ich schon nicht in das Innere ihrer Gebäude eingelassen werde.

Doch meine Beharrlichkeit wird kaum belohnt. Wenn es mir tatsächlich einmal gelingt, mit jemandem ins Gespräch zu kommen, ist es nie für lange. Sobald ich das Wort „Muslim" ausspreche, findet die Unterhaltung ein abruptes Ende – selbst wenn ich dabei erwähne, daß ich Christ werden will. Und an ein weiteres Treffen ist gar nicht zu denken!

Eine Enttäuschung reiht sich an die andere, und aus den Monaten werden Jahre, ohne daß meine Suche nach einer christlichen Gemeinde auch nur den winzigsten Fortschritt machen würde. Während dieser Zeit bleibt die Bibel, die Massoud mir gegeben hat, meine einzige Zuflucht. Sie ist gleichsam sein Abschiedsgeschenk, und ich bewahre sie sorgfältig auf.

Und so verbringe ich lange und einsame Stunden damit, heimlich das heilige Buch zu verschlingen und mich von diesem Wort zu nähren, das nun als einziges meinen Hunger nach dem „Brot des Lebens" aufrechterhält.

Immer wieder stoße ich bei der Lektüre auf Texte, die, obwohl schon Tausende von Jahren alt, durchaus geeignet sind, das auszudrücken, was ich gerade erlebe. Die Psalmen von König David liebe ich besonders, dieses Auf und Ab aus Tröstung und Trostlosigkeit. Sie sind wie der Widerhall meiner Schritte durch die christlichen Viertel und meiner wechselnden Gemütszustände, meiner wachsenden Leidenschaft für Christus, aber auch der uneingestandenen Versuchung, meine Nachforschungen aufzugeben.

Selbst die Sätze des Evangeliums scheinen eigens für mich geschrieben, als wollten sie mir Mut zusprechen: „Selig seid ihr, wenn ihr um meinetwillen beschimpft und verfolgt und auf alle mögliche Weise verleumdet werdet. Freut euch und jubelt: Euer Lohn im Himmel wird groß sein. Denn so wurden schon vor euch die Propheten verfolgt" (Mt 5,11–12).

Paradoxerweise ist es Massoud, der mich ebenfalls davor bewahrt, völlig den Mut zu verlieren. Ich habe seine warnenden Worte noch im Ohr: „Ein Muslim stößt fatalerweise auf zahlreiche Hindernisse, wenn er versucht, im Irak in eine christliche Gemeinde aufgenommen zu werden", hatte er zu mir gesagt. Massoud verdanke ich es auch, daß ich den Mut der ersten Christen schätzengelernt und von ihren Verfolgungen gelesen hatte.

Allen Widrigkeiten zum Trotz verbiete ich es mir daher, mich der Verzweiflung hinzugeben. Jede Ablehnung, jede Zurückweisung und jede Verfolgung kann meinen Glauben letztlich nur stärken und mir bestätigen, daß ich auf dem richtigen Weg bin. In meiner extremen Sehnsucht nach der Begegnung mit Christus empfinde ich beinahe eine Art Freude darüber, daß ich seinetwegen so leide.

Und schließlich ist da das Gebet, das sich aus meiner Lektüre und aus den Erinnerungen an heilige Märtyrer speist. Ich gebe mir alle Mühe, darin beharrlich zu sein: Ohne das Gebet, so glaube ich, hätte ich das alles nicht ausgehalten.

Wenn mein Gebet leer ist und nichts mich mehr anspornen kann, weiterzumachen, nehme ich meine Zuflucht zu der warmen und eindringlichen Stimme der ägyptischen Sängerin Oum Khalsoum. Sie bewegt mich und macht mir wieder Mut. Und so kommt es immer wieder vor, daß ich allein in meinem Auto durchs Zentrum von Bagdad fahre und mit Tränen in den Augen aus voller Kehle die Liebeserklärung aus *Ghadan Alquaak* schmettere – *morgen werde ich dich wiederfinden*. Allein von diesen erschütternden Worten bekomme ich schon Gänsehaut. In meinem Mund werden sie zum Ausdruck einer echten religiösen Leidenschaft, die mich mehr erfüllt als eine rein menschliche Liebe – auch wenn ich damit noch keine Erfahrungen gemacht habe.

Mein Vater sähe es gerne, wenn ich mich mehr für dieses Thema interessieren oder wenigstens einmal über eine Heirat nachdenken würde. Er hat in den vier Jahren, die seit meiner Rückkehr aus der Armee vergangen sind, schon mehrmals darauf angespielt, ohne mich jedoch zu drängen. Doch ich weiß, daß ihn das belastet: Meine Brüder haben einer nach dem anderen geheiratet – nur ich, sein Lieblingssohn, bin noch immer ledig. Doch wenn ich eines Tages die Zügel übernehmen und den Moussaoui-Clan lenken soll, dann brauche ich eine Frau, die dieser Stellung würdig ist!

Was mein Vater nicht weiß, ist, daß ich meinerseits nur eines im Sinn habe: so schnell wie möglich von zu Hause wegzugehen und meinen Glauben offen zu leben. Ich habe nicht die geringste Lust, hier einen eigenen Hausstand zu gründen und als neuer Clanchef die Nachfolge meines Vaters anzutreten – obwohl ich dann absolute Macht über meine Familie und obendrein unzählige Privilegien und Reichtümer besäße ...

Daher trifft es mich völlig unerwartet, als mich mein Vater kurz vor dem Mittagessen in den großen Salon bittet:
– Mein Sohn, ich habe wunderbare Neuigkeiten: Ich habe eine Braut für dich gefunden!
Fassungslos stammle ich einen Einwand, die Worte kommen mir kaum über die Lippen:
– Aber ... Eigentlich will ich noch gar nicht heiraten ...
– Unsinn! Ich habe schon die Mitgift bezahlt, *al-Mahr*, und vor allem habe ich der Familie mein Wort gegeben, es steht also nicht mehr nur deine eigene Ehre auf dem Spiel. Es kommt gar nicht in Frage, daß du dich weigerst.
Ich bin gefangen, es gibt keinen Ausweg. Wenn ich mich weigere, wäre dies eine schwere Beleidigung der Schwiegerfamilie und würde einen erheblichen Konflikt zwischen den beiden Clans auslösen. Andererseits ist es absolut unvorstellbar, daß ich meinem Vater gestehe, weshalb ich tatsächlich nicht heiraten will!
Angesichts meiner entgeisterten Miene fügt mein Vater mit einem verständnisvollen Lächeln, das mich überzeugen soll, hinzu: „Hör zu, ich habe dir diese Frau ausgesucht, weil das gut für die Familie ist, aber wenn du dir eine andere nehmen willst, dann tu, was du willst! Du mußt sie einfach nur annehmen, wie ein Möbelstück für dein Zimmer ...“
Und um die Diskussion zu beenden, sagt er mit strenger Miene, daß bereits alles organisiert ist: Ich bin seit einem Monat offiziell verlobt, die beiden Familien haben sich geeinigt – und es nicht für nötig gehalten, meine Verlobte und mich zu informieren!
Bei dieser Gelegenheit, so erzählt mein Vater stolz, haben sie der Tradition gemäß eine Fülle an Schmuck und Kosmetika als Geschenk überreicht, damit die Braut schön ist am Tag ihrer Hochzeit ... die in einer Woche stattfindet!
Zornesbleich, aber machtlos bleibt mir nichts übrig, als bei dieser Hochzeitsfarce mitzuspielen. In den Tagen, die dem Ereignis vorangehen, sehe ich unbeteiligt und ohne die gering-

ste Freude zu, wie die Vorbereitungen für dieses Fest getroffen werden, bei denen ich im Zentrum aller Blicke stehen werde. Meine Traurigkeit ist bodenlos, ich fühle mich unendlich einsam und habe niemanden, dem ich mich anvertrauen könnte ... Und der Gipfel von alledem ist, daß ich meine zukünftige Braut noch nicht einmal sehen darf!

Am Tag meiner Hochzeit führt man mich wie einen Automaten zunächst zu den Sunniten, die für die Ziviltrauung zuständig sind. Dort begegne ich zum ersten Mal meiner künftigen Frau, Anouar. Sie hat ein schönes und freundliches Gesicht, schwarze Augen und schwarze Haare.

Sie scheint sehr schüchtern zu sein und wagt es nicht, den Blick zu mir zu erheben. Außerdem ist sie offenbar von den Fragen verwirrt, die das islamische Recht für solche Gelegenheiten vorsieht: Bei der Aufsetzung des Ehekontrakts fragt der Richter sie unverblümt, ob sie den Geschlechtsakt akzeptiere. Sie wird über und über rot. Ich bin genauso verlegen wie sie. Sie zögert mit der Antwort, bis der Richter sich gezwungen sieht, die Frage zu wiederholen. Ihre Verlegenheit wird noch größer, und endlich haucht sie ein schamerfülltes „Ja".

Dann begeben wir uns, wie die schiitische Tradition es vorsieht, zum Scheich. Die religiöse Zeremonie, *al-Zaffeh*, findet im Norden von Bagdad im großen Mausoleum des Imams Moussa al-Khadim statt, des siebten der zwölf von den Schiiten verehrten Imame, der im achten Jahrhundert meinen Zweig der Familie begründet hat.

Anschließend wird die geschmückte und in Weiß gekleidete Braut in einem turbulenten Festzug aus Schwestern, Tanten und Kusinen ins Herrschaftsgebiet der Moussaoui geleitet. Die Männer, ihre Brüder, bleiben im Haus, um zu zeigen, daß der Hochzeitstag ihrer Schwester ein Tag der Schande für sie ist, weil sich von nun an ein Mann sexuell an ihr erfreuen wird.

Es folgt ein großer, mondäner Empfang, bei dem jeder den Vater des Bräutigams beglückwünschen will; er ist der große Herr und der eigentliche König des Fests.

Im Lauf der Unterhaltungen erfahre ich zufällig, daß zwischen unseren beiden Familien bereits eine Verbindung besteht: Einer meiner Onkel mütterlicherseits, der inzwischen verstorben ist, hat eine von Anouars sechs Schwestern geheiratet; er war deutlich älter als seine Auserwählte. Bei der Beerdigung ihres Bruders fiel das Auge meiner Mutter auf die Schwester der jungen Witwe: Sie gefiel ihr, und sofort sah sie in Anouar die passende Braut für mich. Meine Eltern versuchten verzweifelt, mich zu verheiraten, zumal alle meine jüngeren Brüder bereits eine Frau gefunden hatten. Die Angelegenheit wurde allmählich dringend.

Also richtete meine Mutter eine erste Anfrage an die Mutter von Anouar. Diese war Witwe, seit ihr Mann nach einer üppigen Abendmahlzeit während des Ramadans an einer Verdauungsstörung verstorben war.

Die Anfrage meiner Mutter war mehr als willkommen; Anouar war schon im zarten Alter von fünf Jahren einem Sayyid versprochen worden: Nachdem das Mädchen bei einem Hausbrand auf wundersame Weise gerettet worden war, hatte ihre Mutter gelobt, sie nur mit einem muslimischen Adligen zu verheiraten. Dieses Versprechen trug den zahlreichen Bewerbern, die um Anouars Hand anhielten, ebenso zahlreiche Absagen ein – auch ihrem Cousin, der unsterblich in sie verliebt war. Traditionsgemäß hätte er den Vorrang vor einem Fremden gehabt. Aber er war kein Sayyid…

Mit verkrampftem und gekünsteltem Lächeln vermag ich mein Glück nicht zu fassen und ertrage diesen Tag mit Fatalismus. Nicht einmal am Anblick meiner Frau kann ich mich trösten, denn sie hält sich mit den anderen Frauen vom Hochzeitsfest fern. Auch sie, so sagt sie mir nicht ohne Bitterkeit, hat niemand nach ihrer Meinung gefragt, weder ihre Mutter noch der Bruder, der seit dem Tod seines Vaters Familienoberhaupt ist.

Als die Gäste gegangen sind und ich sie wiedersehe, frage ich sie, ob es ihr gut geht und ob sie nicht müde ist. Sie vertraut mir an, daß dieses neue und unbekannte Leben ihr etwas angst macht, doch dieser erste Kontakt zwischen uns scheint sie ein wenig zu beruhigen. Ihre große Schwester, so erzählt sie, hatte mich ihr bereits als einen schönen und guten Mann mit einer hervorragenden gesellschaftlichen und religiösen Stellung beschrieben. Daß ich vermögend bin, wissen ja ohnehin alle. Ich bin also mit anderen Worten eine gute Partie ...

Auch wenn ich mir Mühe gebe, aufmerksam zu sein, habe ich nicht viel mit Anouar gemeinsam. Vor allem nicht meinen Glauben, der im Grunde das einzige ist, was mich derzeit wirklich interessiert. Niedergeschlagen erkenne ich, daß die Suche nach einer Kirche, die mich aufnimmt, sich jetzt noch ungleich komplizierter gestalten wird.

Mein neues Leben als Ehemann zwingt mich nämlich zu doppelter Vorsicht: nicht nur, wenn ich mich zu einem Ausflug nach Bagdad entschließe, sondern schon dann, wenn ich nur in der Bibel lesen will. Ich habe rasch begriffen, daß der Islam für meine Frau sehr wichtig ist. Sie ist verschleiert, und ich muß damit rechnen, daß sie mich bei ihrer Familie denunziert, wenn meine Ausflüge ihren Verdacht erregen oder wenn sie etwa auf den Gedanken käme, sich zu fragen, was das für ein Buch ist, in das ich mich so oft vertiefe.

Um sie nicht argwöhnisch zu machen, zwinge ich mich also, hin und wieder am familiären Gebet teilzunehmen, auch wenn es mir schwerfällt. Noch leben wir im Haus meines Vaters, doch im Lauf der Wochen wird mir bewußt, daß ich mich meiner Familie und meiner eigenen Ehefrau gegenüber nicht auf Dauer werde verstellen können. Ich muß eine Lösung finden, um wenigstens ein gewisses Maß an Bewegungsfreiheit zurückzugewinnen.

Die Geburt meines Sohnes Azhar weniger als ein Jahr später, am 25. Dezember, bringt mich auf eine Idee.

Ich nehme mir dieses freudige Ereignis zum Anlaß, nehme mein Herz in beide Hände und gehe zu meinem Vater. Ich treffe ihn in allerbester Laune an, denn natürlich freut er sich über die Geburt eines männlichen Stammhalters, der unsere Linie fortsetzen wird:

– Weißt du, diese Geburt, das ändert so einiges für mich, beginne ich vorsichtig. Ich möchte selbst für meine Familie sorgen, ich will nicht mehr auf deine Kosten leben wie meine Brüder, die den ganzen Tag mit Nichtstun verbringen! Ich brauche ein eigenes Haus nur für uns drei! Laß mich gehen und uns eine Bleibe suchen! Wenn es nötig ist, arbeite ich auch …

Wie vorhergesehen will mein Vater zunächst ablehnen, so schwer fällt es ihm, einen Teil seiner Nachkommenschaft ziehen zu lassen und die Kontrolle über ihn zu verlieren.

Doch zu meiner eigenen Überraschung halte ich mich recht gut, wahrscheinlich, weil ich ohnehin schon mit dem Rücken zur Wand stehe. Ich lasse mich von seinen Einwänden nicht beirren. Ich weiß, daß er mich liebt, daß er mir vertraut. Ich beharre auf meinem Wunsch, wieder und wieder, bis mein Vater schließlich nachgibt – um des lieben Friedens willen und weil er seine Ruhe haben will, aber auch nicht ohne Hintergedanken …

Tatsache ist, daß er am Ende der Straße ein kleines Haus entdeckt hat, das er billig kaufen kann und mir schenken will. Also hat er weiterhin das Gefühl, daß ihm nichts entgleitet. Und vergrößert obendrein noch seinen Besitz.

Dennoch beruhigt mich der Umzug in unser neues Zuhause und gibt mir die Möglichkeit, meine Streifzüge zu den Christen wiederaufzunehmen. Denn ich habe die Hoffnung noch immer nicht aufgegeben, und vor allem weiß ich nicht, wie lange ich noch in diesem Beinahe-Untergrund hätte leben können.

Jedenfalls habe ich keine Wahl, ich muß Erfolg haben und eine Möglichkeit finden, meinen Glauben offen zu praktizieren; notfalls bin ich auch bereit, dafür meine Frau zu verlassen. Das zumindest dachte ich bis zur Geburt meines Sohnes. Inzwischen bin ich jedoch nicht mehr so sehr davon überzeugt, daß das ein guter Plan ist …

Nachdem ich die Viertel von Bagdad auf meiner Suche nach Kirchen kreuz und quer durchstreift habe, kenne ich mich in den christlichen Siedlungen allmählich recht gut aus. Die große Kathedrale in der Altstadt wirkt etwas verloren neben dem riesigen Souk, denn die wohlhabenderen Christen sind nach und nach in die neueren Viertel im Süden und Südosten vorgedrungen, während die Muslime sich eher im Norden zusammengefunden haben.

Deshalb konzentriere ich meine Suche mehr und mehr auf das Viertel Adorah im Süden der Altstadt; hier ist die Bevölkerung mehrheitlich christlich.

Eines Tages bin ich nach einem mehrstündigen Streifzug durch die staubigen Straßen völlig ausgedörrt und betrete das nächstbeste Geschäft, um mir etwas zu trinken zu kaufen. In diesem kleinen Supermarkt, wo man im Prinzip alles bekommt, fällt mir sofort eine kleine Ikone der Jungfrau Maria auf, die hinter dem Verkäufer an der Wand hängt. Er ist ein junger Mann von etwa dreißig Jahren. Von diesem sichtbaren Zeichen des Christentums ermutigt, beginne ich ein Gespräch:

– Das ist aber selten, daß man hier in einem Geschäft so etwas sieht, sage ich zu ihm und weise mit dem Kinn auf die Ikone. Das ist ein sehr schönes Bild von der Jungfrau.

Der Mann sieht auf das Preisschild der Flasche, die ich ihm hinhalte, und nickt mit dem Kopf, ohne ein Wort zu sagen. Trotzdem verlasse ich seinen Laden mit dem Gefühl, vielleicht endlich einen Ansatzpunkt gefunden zu haben, der mehr verspricht als die vorangegangenen.

In den ganzen Monaten und Jahren meiner Nachforschungen ist dies das erste Mal, daß ich jemanden treffe, der sich so gelassen zu seinem christlichen Glauben bekennt. Ein Marienbild ist zwar nach muslimischem Empfinden weniger anstößig als das Kreuz, das sich oben auf den Kirchen befindet und mithin allgemein als Symbol der christlichen Religion bekannt ist. Doch mir ist nicht entgangen, daß die Kaufleute selbst in diesem christlichen Viertel ihre religiösen Vorlieben nicht unbedingt zur Schau tragen, weil das womöglich geschäftsschädigend wäre. Auf dem Rückweg spüre ich in meinem Herzen einen Anflug von Hoffnung, und die Bürde meiner Mißerfolge lastet nicht mehr ganz so schwer auf meinen Schultern. Voller Ungeduld würde ich am liebsten gleich am nächsten Tag wieder dorthin gehen, am besten früh am Morgen… Doch eine reflexartige und inzwischen festverwurzelte Vorsicht hält mich davon ab. Als ich wieder zu Hause bin, nehme ich mir jedoch fest vor, diesen mutigen Mann möglichst bald wieder aufzusuchen: Vielleicht gelingt es mir ja, mich mit ihm anzufreunden.

Mein Gefühl hat mich nicht getäuscht. Nach vier Besuchen taut der Händler auf und lächelt mir zu. Meine Annäherung macht Fortschritte…

Damit er Vertrauen faßt, versuche ich ihm mit meinen Äußerungen zu signalisieren, daß auch ich dem christlichen Glauben anhänge. Inzwischen kenne ich seinen Vornamen, Michael; ich weiß, daß seine Familie aus Mosul stammt und daß er alleine in einem kleinen Haus gleich neben dem Geschäft lebt.

Diese Information fällt auf fruchtbaren Boden: Das wird meine Bemühungen erheblich erleichtern, denn so kann niemand unseren Austausch stören! Beim nächsten Mal richte ich es daher so ein, daß ich am Ende des Vormittags, unmittelbar vor der Mittagszeit, zu ihm komme und zwei Stücke Fleisch dabeihabe, um sie mit ihm zu teilen. Er nimmt mein Geschenk ohne große Umstände an und lädt mich zu sich ein. Innerlich frohlockend schließe ich aus seinem anerkennenden Blick, daß ich gut daran getan habe, mich für Schweinefleisch zu entscheiden…

Um alle Trümpfe in der Hand zu haben, war ich tatsächlich sogar so vorsichtig gewesen, das Fleisch eines Tiers zu wählen, das im Islam als unrein gilt. Mit diesem kleinen Detail gewinne ich endgültig Michaels Vertrauen. Jetzt, das spüre ich, ist er soweit, daß ich ihm meine Geschichte erzählen kann.

Während des Essens liefert mir das Kruzifix in dem kleinen Hauptraum Stoff, um das einzige Thema anzuschneiden, das mir wirklich am Herzen liegt: den Glauben.

Als erstes erklärt mir Michael, daß er in seinem Geschäft kein Kreuz, sondern lieber das Bild der heiligen Jungfrau Maria hat aufhängen wollen, weil das Kreuz bei den Muslimen oft heftige Reaktionen hervorrufe: Sie spucken angewidert auf den Boden oder beleidigen den Ladenbesitzer. Deshalb, erklärt er mir, befinden sich die Kreuze der Christen meist in ihren Häusern und nicht an ihrem Arbeitsplatz.

– Jetzt verstehe ich besser, rufe ich lebhaft aus, warum die Christen mich oft so feindselig behandelt haben!

– Wie das?, fragt er verwirrt …

Nachdem ich ihm die Geschichte meiner Bekehrung und der sich daran anschließenden langen Suche erzählt habe, vertraue ich ihm meinen größten Wunsch an: in eine Kirche einzutreten und am Brot des Lebens teilzuhaben!

– Ich flehe dich an, geh mit mir in eine der Kirchen hier im Viertel, bedränge ich ihn händeringend. Dich kennt man in der Gemeinde: Wenn du mit mir kommst, habe ich bestimmt bessere Chancen, aufgenommen zu werden.

Aus dem Augenwinkel beobachte ich zitternd seine Reaktion. Bisher hat er mir zugehört, ohne mich zu unterbrechen, und sich meinen Prüfungen gegenüber aufgeschlossen und sogar mitfühlend gezeigt. Doch wie befürchtet, verhärten sich seine Züge bei meinem letzten Vorschlag, der für ihn nicht ungefährlich ist. In einem Punkt verstehe ich ihn vollkommen: Wenn die Polizei ihn dabei erwischt, daß er einen Muslim in eine Kirche begleitet, bedeutet das für ihn wie für mich den sicheren Tod!

Dennoch sagt er nicht nein. Aus Angst, daß er sich meinem Anliegen völlig verschließen könnte, verlasse ich ihn abrupt und sage ihm, daß ich demnächst wieder vorbeikommen werde, um zu hören, wie es ihm geht. Auf diese Weise, so denke ich im Stillen, hat er Zeit, über die Sache nachzudenken …

Einige Tage später ruft Michael mich an und schlägt mir vor, ihn am folgenden Sonntag zur Messe in die Kirche des heiligen Basilius zu begleiten. Als ich den Hörer wieder auf die Gabel gelegt habe, bleibe ich einige Augenblicke lang stehen, regungslos und von einer stummen und ruhigen Freude erfüllt, voller Erstaunen darüber, daß sich an einem bisher so hoffnungslos verhangenen Horizont nun doch ein Silberstreif zeigt. Meine Bemühungen tragen endlich Früchte!

Am liebsten wäre ich auf die Knie gesunken, um Ihm zu danken, der zur Zeit jeden meiner Gedanken beherrscht, doch ich will meine Frau nicht mißtrauisch machen …

Als ich zu meiner unterbrochenen Tätigkeit zurückkehre, spüre ich, wie mich bei der Vorstellung, daß ich zum ersten Mal in einer Messe beim wahren Opfer Jesu dabeisein werde, der sich aus Liebe für alle Menschen hingegeben hat, eine Art Fieber befällt. Mein überreiztes Gehirn läuft schon wieder auf Hochtouren und plant bereits die nächste Etappe: Ich will Michael darum bitten, ihn jeden Sonntag in die Kirche begleiten zu dürfen!

Am darauffolgenden Sonntag verstehe ich kein Wort: Die gesamte Liturgie wird in Aramäisch gehalten, einer Sprache, die ganz anders ist als das Arabische. Dennoch spüre ich in dieser Versammlung eine unbeschreibliche spirituelle Atmosphäre, die mir das Herz erwärmt und mich über mein Elend hinwegtröstet. Ich fühle mich – und das ist völlig neu für mich – in einer Gemeinschaft aufgehoben und getragen.

Zu meinem Leidwesen praktiziert der christliche Kaufmann nicht wirklich regelmäßig. Von Zeit zu Zeit „vergißt" er das Sonntagsgebot und öffnet seinen Laden: Die Geschäfte müssen laufen. Denn an den Freitagen, dem muslimischen Gebetstag, sind die Kunden rar. Deshalb muß er ab und zu auch sonntags öffnen, um über die Runden zu kommen.

Als ich ihn anflehe, mich jetzt, da alles auf einem so guten Weg ist, nicht im Stich zu lassen, macht Michael mir einen anderen Vorschlag: Er wird mit dem Pfarrer, Pater Koder, über mich sprechen. Wenn er es mir offiziell erlaubt, in die Kirche zu gehen, muß Michael nicht länger den „Babysitter" für mich spielen!

Durch ein merkwürdiges Zusammentreffen kommen die Dinge just in derselben Woche auch von seiten des Patriarchats in Bewegung. Nachdem ich dieses moderne und profane, nach außen hin nicht als Sitz des Patriarchen erkennbare Gebäude so beharrlich belagert habe, erkennt der Portier mich wieder. Er schließt die Tür und verschwindet für einige Minuten. Dann kommt er zurück, reißt die Tür sperrangelweit auf und tritt zur Seite, um mich vorbeizulassen. Man empfängt mich, so murmelt er mir zu, nicht der Patriarch selbst, aber sein Auxiliarbischof, Msgr. Ignace Chouhha.

Sehr beeindruckt lasse ich mich in einen großen Salon führen. Der Kirchenmann ist bereits dort; er trägt eine Soutane und sitzt ganz ruhig in einem Stuhl mit vergoldeten Schnitzereien.

Ohne den Grund meines Überraschungsbesuchs zu kennen, mustert er mich und fragt mich nach meinem Namen. Offenbar hält er mich für einen Christen und will mich anhand meines Familiennamens einschätzen.

Die Frage trifft mich völlig unvorbereitet. Ich bin wie paralysiert. Obwohl ich mich sorgfältig auf diese Situation vorbereitet und mir eine kurze Zusammenfassung meiner Geschichte zurechtgelegt habe, sehe ich mich jetzt gezwungen, mich kopfüber hineinzustürzen und das Pferd von hinten aufzuzäumen, ohne mein Gegenüber vorbereiten zu können. Sekundenlang – eine gefühlte Ewigkeit! – sage ich gar nichts... Dann wird mir das Lächerliche meiner Situation bewußt. Ich hole tief Luft und stürze mich ins kalte Wasser:

– Ich heiße Mohammed, ich bin Muslim, und ich glaube an Christus... Ich will mich taufen lassen!

Als ich diese Worte ausspreche, habe ich das seltsame Gefühl, ins Leere zu stürzen. Rot vor Zorn springt der Prälat aus seinem Stuhl auf, als hätte ihn ein elektrischer Schlag getroffen. Zu meiner großen Überraschung scheint er völlig die Fassung zu verlieren, stürzt sich auf mich, brüllt: „Raus, raus hier!" und stößt mich ohne Umschweife zur Tür hinaus.

Als ich das Eingangstor hinter meinem Rücken ins Schloß fallen höre, ohne daß es auch nur ansatzweise zu einer Unterhaltung gekommen ist, knicken meine Beine unter mir ein. Tränenüberströmt sinke ich auf die Straße, schockiert und tief bestürzt über diese völlig unvorhersehbare Brutalität.

Diese Reaktion ist für mich deshalb so schwer zu akzeptieren, weil sie vom Klerus kommt, noch dazu von einem seiner höchsten Vertreter – und dabei habe ich doch nur den sehnlichsten Wunsch, mich ebender Glaubensgemeinschaft anzuschließen, die er repräsentiert: der Kirche! Während ich in meiner eigenen Familie wie ein Prinz behandelt werde und auserkoren bin, die Nachfolge des Königs anzutreten… Wenn es nicht so traurig wäre, könnte man beinahe darüber lachen! Doch dieses Erbe bedeutet mir nichts: Es würde mir eine Religion aufzwingen, die in meinen Augen wertlos ist.

Niedergeschmettert sitze ich auf dem Boden. Ich spüre nicht mehr die geringste Kraft in mir, ich habe der Entmutigung, die mich nun ganz erfaßt und in unkontrollierbaren Wellen überkommt, nichts mehr entgegenzusetzen… Mehrere Minuten verharre ich reglos, bis mich die fragenden und zuweilen auch mißbilligenden Blicke der Passanten veranlassen, mich aufzurappeln und zu meinem Auto zu gehen.

Auf dem Rückweg fühle ich mich völlig leer. Mein Gesicht im Rückspiegel ist ausdruckslos. Die Hände um das Lenkrad gekrampft, klammere ich mich mehr recht als schlecht an den einzigen Gedanken, der mir in meiner völligen Verwirrung jetzt noch Halt zu geben vermag: „Wenn es Gottes Wille ist…" Vielleicht gehöre ich einfach nicht dorthin, in diese christliche Gemeinschaft. Vielleicht ist es mein Schicksal, ein Außenseiter zu bleiben und meinen Glauben allein und im Geheimen zu leben.

Als ich nach Hause komme, wirke ich offenbar noch immer verstört. Meine Frau sieht mich einen Moment lang fragend an. Doch da sie von mir immer nur lapidare Antworten erhält, sagt sie nichts, sondern läßt mich nur wissen, daß am Vormittag ein gewisser Michael für mich angerufen habe… Sofort greife ich zum Telefon, von der Ahnung getrieben, daß das Schicksal vielleicht doch ganz nicht so grausam ist… Und ich habe mich nicht getäuscht!

Der Christ erzählt mir aufgeregt, daß der Priester seiner Gemeinde, Pater Koder, mich noch am selben Abend auf Michaels Empfehlung hin bei sich empfangen wolle. Irgendwo muß geschrieben stehen, daß die Liebe Christi für die, die ihm nachfolgen, große Prüfungen, aber auch überwältigende Freuden bereithält!

Also sitze ich einige Stunden später wieder im Auto. Meine Frau verlangt keine Erklärungen von mir, aber ich spüre, daß dieses regelmäßige Kommen und Gehen sie beunruhigt. Doch für den Moment beschäftigt mich das abendliche Treffen – und, als ein Dämpfer für meine wieder aufkeimende Hoffnung, die noch immer schmerzhafte Erinnerung an meine Begegnung mit dem Hilfsbischof!

Der Anblick dieses einfachen Priesters in seiner Soutane beruhigt mich vom ersten Moment an. Er ist etwas über vierzig und empfängt mich mit einer Tasse Tee: ein großer Mann, so hat ihn Michael beschrieben, begabt, mit einer starken Persönlichkeit und sehr charismatisch. Bei meiner Ankunft scheint er mir eher nervös.

Doch als ich ihm im Lauf unserer Unterhaltung erzähle, daß ich verheiratet bin, spüre ich deutlich, daß er sich entspannt und seine natürlichen Vorbehalte mir gegenüber sich in nichts auflösen.

– Es kommt sehr oft vor, erklärt er mir lächelnd, daß die Muslime aus einem ganz prosaischen Grund um die Taufe bitten: weil sie eine Christin heiraten wollen...

Daß ich verheiratet bin, beruhigt ihn also hinsichtlich meiner Absichten. Und jetzt, so sagt er selbst, ist er ungeduldig, meine Bekehrungsgeschichte in allen Einzelheiten zu hören, nachdem Michael ihm bisher nur eine kurze Zusammenfassung geliefert hat. Ich fasse Vertrauen...

Im Lauf meines Berichts erkenne ich an seinem freundschaftlichen Kopfschütteln, daß er mir Glauben schenkt, mich ernstnimmt und ich nicht damit rechnen muß, erneut vor die Tür gesetzt zu werden. Ich entspanne mich: Endlich fühle ich mich von einem Mitglied des Klerus verstanden! Die Erleichterung ist immens, als nähme mir jemand eine gewaltige Last von den Schultern: die Last, als einziger an den Ruf zu glauben, den ich erhalten habe.

Ich bin nicht einmal sicher, ob Pater Koder die außerordentliche Tragweite seiner Worte überhaupt ermessen kann, die er abschließend zu mir sagt, nachdem er meinen Bericht mit keiner Silbe unterbrochen hat:

– Ich bin mir sicher, daß dein Glaube aufrichtig ist. Du kannst in die Kirche kommen, wann immer du willst.

Diese Worte sind wie Honig, wie ein lindernder Balsam, der sich auf sechs Jahre der Ablehnung, der Beharrlichkeit, der erneuerten und immer wieder enttäuschten Hoffnungen legt. Mir ist, als würde in der Gestalt dieses Priesters die ganze große Kirche, deren Umrisse ich noch nicht wirklich zu ermessen vermag, meine Glaubenserfahrung approbieren, für echt erklären und mir mit dem Einlaß in diese kleine Pfarrkirche symbolisch ihre Pforten öffnen.

Bagdad, 1994

Dieser historische Abend hat mir noch eine weitere wichtige Information beschert: meine Ehe verleiht meiner Glaubenssuche zusätzliche Authentizität. Ich muß zugeben, daß ich dieser von meinen Eltern arrangierten Vernunftehe zum ersten Mal etwas Positives abgewinnen kann.

Bis zu diesem Zeitpunkt hatte ich meine Frau eher als ein Hindernis auf meinem Weg zum „Brot des Lebens" und zu einem hypothetischen Ende aller Heimlichkeiten betrachtet. Im Alltag mißtraute ich ihr und ihrer muslimischen Frömmigkeit; ich hatte Angst, daß meine Abwesenheit sie beunruhigen und daß sie mich anschwärzen könnte.

Also hatte ich beschlossen, sie zu gegebener Zeit zu verlassen – zum Beispiel dann, wenn Massoud käme, um mich zu holen. Auch wenn ich nicht mehr wirklich an diese Möglichkeit glaubte, half sie mir doch, dieses mühsame Verheimlichen meiner tiefsten Gefühle im Alltag besser zu ertragen.

Mit der Geburt meines Sohnes Azhar vor zwei Jahren änderte sich alles. Wider Erwarten gewann ich dieses kleine Würmchen lieb, das nichts mit der Geschichte seiner Eltern zu tun hatte und keine Schuld an der Scheinheiligkeit trug, die zwischen uns herrschte. Und auf diesem Umweg fing ich auch an, gut von seiner Mutter zu denken, die mir ein solches Geschenk gemacht hatte!

Seither haben beide einen festen Platz in meinen Gebeten, was zuvor keineswegs der Fall gewesen war. Wenn ich mich nun täglich an den Allerhöchsten wende, bitte ich ihn inständig darum, daß meine Frau und mein Sohn eines Tages den christlichen Glauben annehmen und gerettet werden.

Doch in diese familiäre Harmonie, die mir inzwischen wirklich erstrebenswert erscheint, mischt sich ein falscher Ton: meine wiederholten sonntäglichen Ausflüge. Ich habe mir nicht die Mühe gemacht, Anouar hierfür eine Erklärung zu liefern, weil ich mich ihrem Mißtrauen gar nicht erst aussetzen will.

Da ich die Lügen nicht mehr ertrage, habe ich auch damit aufgehört, vor ihr so zu tun, als ob ich bete. Ich habe sogar die Kühnheit besessen, ihr zu sagen, sie solle im Ramadan nicht fasten: ich täte es schließlich auch nicht.

Ich hätte damit rechnen müssen, daß sie mich eines schönen Tages auf mein seltsames Verhalten ansprechen würde... Für sie versteht es sich ganz von selbst, daß ein Moussaoui ein Vorbild an Frömmigkeit sein und sich an die religiösen Vorschriften halten muß!

Als ich an diesem Sonntag aus der Kirche von Pater Koder zurückkomme, baut sich meine Frau vor mir auf, die Hände in die Hüften gestemmt und mit finsterem Blick:

– Hast du eine andere?

Normalerweise ignoriere ich ihre Fragen und stelle mich taub, wenn sie mir wieder Vorhaltungen macht. Ich hätte sie zurechtweisen oder sogar zornig werden können, aber ich habe mich von Anfang an entschieden, einfach gar nicht zu reagieren, um mein Geheimnis nicht zu verraten.

Nur, daß Anouar sich heute nicht damit zufrieden gibt:

– Ich verstehe dich nicht. Du bist von Anfang an freundlich zu mir gewesen, aber du bist immer abwesend, in Gedanken, als ob dich irgend etwas quält. Du scheinst nicht sehr regelmäßig zu beten, und außerdem lügst du mich an!

– Was erzählst du da?

– Dein Vater und deine Brüder haben mich gefragt, wo du bist, und ich war so naiv zu glauben, du wärest bei ihnen. Dafür gibt es nur eine Erklärung: Du hast eine andere!

Dieser ungewohnte Vorwurf von seiten meiner Frau trifft mich unvorbereitet. Außerdem entspricht dieser Streit nicht im mindesten meiner Gemütsverfassung, denn die Messe hat mich in eine euphorische Zuversicht versetzt. Also sage ich ihr die Wahrheit, seelenruhig und ohne an die Konsequenzen zu denken:

– Hör zu, du irrst dich. Ich bin kein Sayyid Moussaoui, wie du ihn dir vorstellst. Ich bin kein Muslim mehr, ich glaube nicht mehr an den Islam. Ich bin Christ geworden und gehe sonntags in die Messe! Deshalb bin ich so oft außer Haus... Das ist mein Geheimnis: Jetzt weißt du alles!

Ich halte inne, nun doch etwas besorgt, wie sie wohl reagieren wird.

Ich glaube, ich habe nie zuvor und auch danach nie wieder gesehen, daß sich die Miene eines Menschen so rasch und so gründlich verändert hat. Anouar wirkt, als hätte man ihr einen Elektroschock versetzt. Der Zorn ist völlig aus ihrem Gesicht verschwunden und hat einer solchen Verständnislosigkeit, einer solchen entgeisterten Bestürzung über diese für sie vollkommen absurde Sachlage Platz gemacht, daß ich mich gezwungen sehe, ihr dieses Mal nun doch einige Erklärungen zu liefern.

Also erzähle ich von neuem meine Geschichte: von meinem Militärdienst über meine Bekehrung bis hin zu meinen Nachforschungen und meinen Bemühungen, in eine Kirche aufgenommen zu werden. Ich verheimliche ihr auch nicht, daß ich getauft werden will.

Während ich spreche, beobachte ich ängstlich ihre Reaktionen, denn inzwischen ist mir bewußt geworden, was ich mit meiner Offenheit riskiere. Wenn sie mich an ihre Familie verrät, sitze ich in der Tinte! Doch jetzt, da ich einmal begonnen habe, mich ihr anzuvertrauen, gibt es kein Zurück mehr. Und wenn ich darüber nachdenke, bin ich auch gar nicht unglücklich darüber, endlich diese Blase der Heuchelei zerplatzen zu lassen, in der ich seit zwei Jahren lebe – und das in meinem eigenen Haus!

Als ich meinen Bericht beendet, meine Aufgabe erfüllt und der Wahrheit zwischen uns wieder zu ihrem Recht verholfen habe, mache ich auf dem Absatz kehrt, um, in das gute Gefühl eines reinen Gewissens gehüllt, das Haus zu verlassen.

Um ehrlich zu sein, bin ich einfach nur feige: Es ist mir lieber, mich aus dem Staub zu machen, als eine Szene über mich ergehen zu lassen, in der mir der Part des Bösewichts zugedacht ist… Über die Risiken, denen ich mich mit meinem Verhalten aussetze, denke ich lieber gar nicht erst nach: Ich ziehe es vor, den Gedanken daran ganz weit wegzuschieben.

Dennoch bin ich nicht wirklich überrascht, als ich bei meiner Rückkehr ein leeres Haus vorfinde: Frau und Kind sind mitsamt ihren Sachen ausgezogen. Ich denke gerade darüber nach, wohin sie sich wohl gewandt haben werden, als eine Hausangestellte der Moussaoui mir alles erzählt, was sich während meiner Abwesenheit zugetragen hat. Kaum hatte ich die Tür hinter mir geschlossen, als Anouar zum Telefon eilte und ihren Bruder zu Hilfe rief. Beinahe schluchzend flehte sie ihn an, er solle sie und ihren Sohn unverzüglich abholen und zu ihren Eltern bringen.

Ich ziehe instinktiv den Kopf ein, wie um einem drohenden Gewitter zu entgehen. Tatsächlich erwarte ich in den darauffolgenden Stunden, daß sich ein Unwetter über mir entladen wird, und vor meinem geistigen Auge sehe ich meine Schwiegerfamilie gewaltsam bei mir eindringen, um mir ihre Entrüstung über mein schändliches Verhalten ins Gesicht zu schreien. Ihre Tochter ist mit einem Christen verheiratet worden – eine schlimmere Katastrophe ist für einen Schiiten kaum vorstellbar ...

Aus Stunden werden Tage, und nichts passiert. Am Morgen des dritten Tages hellt sich der Himmel auf: Erleichtert komme ich zu dem Schluß, daß das Unwetter sich verzogen hat. Ich weiß selbst nicht genau, wie es geschehen konnte, daß ich mit heiler Haut aus dieser üblen Lage herausgekommen bin, aber bisher sind die Dinge besser gelaufen als befürchtet. Ich verhalte mich weitere vierundzwanzig Stunden lang still und beschließe dann, selbst aktiv zu werden.

Ich nehme all meinen Mut zusammen und rufe Anouar an, um sie zu fragen, ob ich kommen darf. Sie ist offenbar überrascht, meine Stimme zu hören, doch zu meiner großen Überraschung sagt sie ja!

Als ich das Haus meiner Schwiegerfamilie betrete, versuche ich mich so zu verhalten, als ob alles in Ordnung wäre – ein ganz normaler Ehekrach. Innerlich jedoch zittere ich vor Angst.

Ich weiß nicht, ob sie informiert sind, doch zu meinem großen Erstaunen lassen meine Schwiegermutter und ihre Söhne sich nichts anmerken. Zwar begrüßen sie mich nicht wie sonst mit einem Schwall an Willkommensworten, aber die Sorge um ihre Tochter scheint größer zu sein als die Wut auf mich.

Außerdem profitiere ich von der privilegierten Stellung des Mannes in der muslimischen Gesellschaft: Er hat seiner Frau gegenüber alle Rechte, und im Falle eines ehelichen Zwists wird niemand ihm jemals Vorwürfe machen. Jeder hält ihn für untadelig.

Etwas beruhigt, aber angespannt bitte ich sie, mich mit Anouar alleine zu lassen. Erstaunlicherweise lächelt sie mich an, während ich selbst keine drei Wörter über die Lippen bringe.

Doch damit nicht genug: Als wir uns vom Rest der Familie zurückgezogen haben, ergreift sie die Initiative und erklärt ohne Umschweife:

– Ich habe niemandem etwas gesagt ... Als du mir die Neuigkeit erzählt hast, hatte ich das Gefühl, in einem Alptraum zu sein: als hätte mir jemand einen heftigen Schlag auf den Kopf versetzt, berichtet sie mir. Zuerst habe ich mich gefragt, ob du vielleicht den Verstand verloren hast, aber die Sache war klar: Man hatte mich mit einem Christen verheiratet! Am ersten Tag war ich so durcheinander, daß ich meiner Familie unbedingt alles erzählen wollte. Ich wollte es anfangs wirklich, aber ich konnte nicht: Ich brachte kein einziges Wort über die Lippen ...

Dann vertraut Anouar mir an, daß sie drei Tage, ohne zu essen und ohne zu trinken, in dem kleinen Zimmer im zweiten Stock verbracht hat:

– Meine Mutter hat sich Sorgen gemacht, als sie mein verstörtes Gesicht und meine trockenen Lippen sah, und wollte den Arzt rufen, sie hat mich angefleht, wenigstens ab und zu ein paar Schlucke Wasser zu mir zu nehmen ... Aber es ging nicht.

Den ganzen Tag und einen Teil der Nacht hat sie dagelegen, ohne zu schlafen, durch das Fenster in den Garten geblickt und sich an Allah gewandt.

– Er allein, fährt sie fort, konnte meine Klagen hören, ich konnte mich keinem Menschen anvertrauen. Ich habe ihn gebeten, mich zu erleuchten, damit ich die Wahrheit, die wahre Religion erkenne. Ich habe ihn angefleht, mir einen Ausweg aus dieser Not zu zeigen. Ich war vollkommen verzweifelt. An liebsten hätte ich mich in Luft aufgelöst ...

Ich kann nur darüber staunen, wie tief ihre Erschütterung war.

– Das ist noch nicht alles, sagt sie zu mir. Gegen Ende der dritten Nacht war ich so erschöpft und am Ende meiner Kräfte, daß ich eingeschlafen bin. Und da habe ich geträumt, daß ich mit mehreren Personen um eine Art Brot herum versammelt war. Sie hatten alle sehr schöne und freundliche Gesichter, aber sie waren seltsam gekleidet, so, als stammten sie aus einer anderen Zeit.

Ich schweige, warte darauf, wie es weitergeht, und ermutige sie, ihren Bericht fortzusetzen.

– Am Tisch war ein Platz für mich frei; ich setze mich und will eben von dem Teller essen, den man mir reicht, als ich eine Frauenstimme höre, die zu mir sagt: „Wasch dir die Hände, ehe du ißt!" In meinem Traum drehe ich mich um, erzählt Anouar weiter, und erblicke eine sehr schöne Dame, die einen Krug mit Wasser trägt. Also stehe ich auf, gehe auf sie zu, und sie gießt mir Wasser aus, damit ich mir die Hände und das Gesicht waschen kann. Da bin ich aufgewacht, und mein Gesicht war ganz naß ...

Waren es Tränen? Jedenfalls fühlt sie sich erleichtert, als hätte sie eine Art inneren Frieden wiedergefunden, als wäre der Sturm plötzlich abgeflaut. Sie hatte Hunger und Durst und bat ihre erstaunte Mutter, ihr eine große Tasse Tee zu bringen.

– Am selben Tag hast du angerufen, sagt sie abschließend, und ich war selber überrascht, daß ich dich angelächelt habe, als du kamst. Jetzt will ich so schnell wie möglich zu dir zurück und mehr über dein Geheimnis erfahren.

Dem habe ich nichts hinzuzufügen. Und wie sollte ich auch auf einen so unfaßbar großen Liebesbeweis reagieren? Dabei hätte sie mich ihrer Familie, meiner Familie, ja, der ganzen Gesellschaft zum Fraß vorwerfen können... Das erschüttert mich um so mehr, als ich ihr vom ersten Tag unserer Ehe an alles über mich und über das, was mir wichtig ist, verheimlicht habe.

Ich kann es kaum glauben: Die Krise ist überstanden. Einfach so. Also frage ich sie ebenso einfach, ob wir denn jetzt nach Hause gehen sollen, sie, unser Sohn und ich. Sie bejaht, ohne zu zögern, mit einem Kopfnicken, als ob nichts gewesen wäre.

Tatsächlich stimmt das nicht ganz. Es ist sehr wohl etwas gewesen. Zwischen uns hat sich etwas verändert. Sie hat sich verändert, ich habe mich verändert: Da ist jetzt ein kleines Saatkorn des Vertrauens zwischen uns, ein Geheimnis, das nur uns gehört und das uns stärker miteinander verbindet als unsere offizielle Verheiratung.

Auf der Grundlage dieses Vertrauens öffne ich mich ihr noch am selben Abend, ungeschminkt und rückhaltlos. Ich spreche von mir, meinem Glauben und meiner Liebe zu diesem Jesus. Ich würde diese Begeisterung, die mich zutiefst erfüllt, so gerne mit ihr teilen. Aber ich will sie nicht zwingen.

– Nichts zwingt dich, mir in meinem Glauben nachzufolgen, ich will, daß du dich völlig frei fühlst. Aber wenn du es willst, dann werde ich dir helfen, dann werde ich dir das Stück des Weges zeigen, das ich bereits hinter mich gebracht habe…

Ich habe Massouds Methode im Sinn, die bei mir recht gut funktioniert hat; ist sie vielleicht auch für Anouar geeignet?

Ich spüre ihre Unentschlossenheit; mein Vorschlag hat sie aus dem Gleichgewicht gebracht, und sie ist hin- und hergerissen zwischen ihrem muslimischen Glauben und der Anziehungskraft dieses Christus, von dem ich ihr erzählt habe. Wird sie den Mut haben, noch einen Schritt weiterzugehen und aus Liebe ihre eigene Religion zu hinterfragen?

Angesichts ihres Zögerns mache ich ihr ein Angebot:

– Du kannst folgendes tun: Du liest den Koran noch einmal, oder, wenn du willst, können wir ihn auch gemeinsam lesen, und du versuchst ihn zu verstehen. Und danach entscheidest du, welche Religion dir die bessere zu sein scheint. Aber du mußt mir nicht sofort antworten.

Vielleicht wird die Nacht Rat bringen und ihr helfen, ihre Vorbehalte zu überwinden, sage ich mir und bete für sie, damit sie die richtige Entscheidung trifft.

Am nächsten Morgen erklärt mir Anouar, sie sei bereit, sich auf das Spiel einzulassen, auch wenn es ihr ein bißchen angst mache. Und sie akzeptiert mich als Führer in diesem Abenteuer, dessen Ausgang niemand kennt… Eines ist jedenfalls klar: Meine Frau hat Mumm!

Also mache ich mich mit Eifer daran, ihr diejenigen Verse im Koran vorzulegen, die mir besonders problematisch erscheinen. Zum Beispiel die, die das Frauenbild betreffen. Ich will, daß sie sich Zeit zum Nachdenken nimmt, und halte mich deshalb mit meinen eigenen Kommentaren zu den betreffenden Passagen zurück.

Ich möchte, daß sie die Arbeit alleine tut: im geschützten Bereich ihres Gewissens. Massoud hat mir die freie Wahl gelassen, und genauso möchte ich mich meiner Frau gegenüber verhalten.

Ich ermutige sie auch, im Evangelium zu lesen, das ich ihr gegenüber bei jeder Gelegenheit zitiere; ich habe den Eindruck, es beinahe schon auswendig zu kennen. Ich spüre deutlich, daß die Flamme meiner Liebe zu Christus sie nicht kaltläßt.

– Mein Herz brennt, wenn ich dich von Jesus sprechen höre, sagt sie eines Tages zu mir. Wenn ich dich so höre, frage ich mich tatsächlich, ob du ihm persönlich begegnet bist... Aber wenn ich höre, wie du über den Koran sprichst und ihn kritisiert, dann macht mir das angst...

Das ist das Schwierigste für sie: sich von dem zu lösen, was der Islam sie seit frühester Kindheit gelehrt hat – nicht zuletzt im Hinblick auf die Christen. Es dauert eine Woche, bis sie es überhaupt wagt, das Evangelium in die Hand zu nehmen, und auch dann noch zittert sie vor Angst, zumal ich die Tür zu unserem Zimmer sorgfältig verschließe, ehe ich die Bibel unter meinem Hemd hervorziehe, wo ich sie am Gürtel befestigt bei mir trage.

Von diesem Augenblick an läßt die Leidenschaft für diesen Text sie nicht mehr los. Stundenlang liest sie im Leben Jesu und ist hingerissen von diesem Buch, das von Liebe und Hoffnung spricht.

Mit dem Ergebnis, daß Anouar sich nach etwa sechs Monaten vom Koran löst. Einem Buch, das die Frauen mit solcher Härte behandelt, kann sie keinen Glauben mehr schenken.

Und – Gipfel der Freude für mich! – sie bittet mich sogar darum, mich ab und zu gemeinsam mit unserem Sohn Azhar in die Sonntagsmesse begleiten zu dürfen, denn sie ist neugierig auf die Gemeinschaft derer, die Jesus nachfolgen! Anschließend vertraut sie mir an, daß es sie überrascht habe, wie respektvoll man dort mit den Frauen umgeht – ganz anders als im Islam.

Wenn wir mit dem Auto zur Messe fahren, ist es ihr allergrößtes Vergnügen, den Schleier abzulegen und aus dem Fenster zu werfen – weshalb wir jedesmal auf der Rückfahrt einen neuen kaufen müssen! Aber Geld spielt für mich keine Rolle, und es macht mich glücklich zu sehen, wie erleichtert sie ist, wenn sie sich dieses Zaumzeug vom Kopf reißen kann. Diese

Geste ist sehr wichtig für sie: Auf diese Weise befreit sie sich von der enormen Last, die die muslimische Gesellschaft ihr auferlegt.

Mir macht sie damit ein wunderschönes Geschenk, denn ich habe nun die Möglichkeit, unsere kleine Familie um die Person Christi zu versammeln. Aber ich weiß auch – weil ich realistisch bleibe und weil sie es mir gesagt hat –, daß dies das höchste der Gefühle ist und sie ihr Leben nicht noch weiter in Frage stellen wird.

Denn wenn sie diesen islamkritischen Weg weiterverfolgt, wird sie, und das weiß sie genau, eines Tages gezwungen sein, die Bande zu ihrer eigenen Familie zu zerschneiden, für die die Religion und das gesellschaftliche Leben eine untrennbare Einheit bilden. Und das kommt für sie nicht in Frage: ihre sieben Geschwister nicht mehr zu sehen, die allesamt ein sehr enges Verhältnis zueinander haben, und mit ihrer Mutter zu brechen, die sie zwei- bis dreimal täglich anruft, um sie zu fragen, wie sie ein Gericht würzen soll!

Gleich nach meiner Bekehrung war ich so naiv gewesen zu denken, daß ich meinen Einfluß auf meine Familie und insbesondere auf meinen Vater dazu würde benutzen können, sie zu einem Religionswechsel zu bewegen! Damals hatte Massoud seine ganze Überzeugungkraft aufbringen müssen, um mich von dem Versuch abzuhalten.

Was das angeht, schätzt Anouar die Möglichkeit, die Ordnung der Dinge in dieser irakischen muslimischen Gesellschaft zu verändern, sehr viel realistischer ein. Intuitiv weiß sie, daß ihre Mutter und ihre Geschwister ihre Religion niemals in Frage stellen werden.

In gewisser Weise stellt der Islam somit auch für sie eine Art Sicherheit dar: die Sicherheit, die ihr die Nähe ihrer Familie schenkt, und die Sicherheit eines etablierten Lebens. Offiziell und vor aller Welt auf den Islam zu verzichten würde für meine Frau bedeuten, daß sie ihre Geborgenheit für etwas Unbekanntes aufgibt, das sie noch nicht wirklich einzuschätzen vermag – das indes jedoch nicht aufhört, sie zu beschäftigen.

Nach mehreren Monaten geht Anouar einen Schritt weiter. Sie will mit mir zu Pater Koder gehen, damit er mit uns über die Wahrheiten des Glaubens spricht. Diese regelmäßigen abendlichen Gespräche, die schon bald zu einer wöchentlichen Gewohnheit werden, lassen unseren Durst, von den Dingen Gottes zu hören, nur noch größer werden.

Nach und nach löst uns der Priester von unserer islamischen Kultur, die uns die Schrift häufig mißverstehen läßt. Wie in jener Passage, wo Jesus rät, das Brot Gottes nicht „den Hunden" vorzuwerfen: Als Muslime, die wir ja immer noch sind, sehen wir darin unwillkürlich eine Beleidigung der Ungläubigen und keine Ermunterung, im Glauben noch weiterzugehen und wirklich aus tiefstem Herzen umzukehren…

Pater Koder führt uns auch in die Weisheit der Kirchenväter ein, und er tut dies mit einer so ruhigen und natürlichen Autorität, daß wir vor Staunen meist die ganze Rückfahrt über schweigend nebeneinander sitzen.

Eines Abends bricht Anouar dieses gewohnte nachdenkliche Schweigen und sagt mit leiser Stimme:

– Mohammed, ich habe mich für Christus entschieden…

Ich bin nicht sicher, ob ich sie richtig verstanden habe. Hat sie mir wirklich gerade diese wunderbare Neuigkeit überbracht, mit der ich schon längst nicht mehr gerechnet habe?

In den letzten beiden Jahren hatte ich mich mit dem Status quo abgefunden: Anouar stand zwischen zwei Religionen und war nicht in der Lage, sich für die eine oder die andere zu entscheiden.

Und um die Situation für sie nicht noch schmerzlicher zu machen, hatte ich es auch nicht gewagt, sie nach ihrem Glauben zu fragen. Ich war – etwas egoistisch – zufrieden damit, daß Anouar mich zur Messe begleitete, daß wir die religiöse Atmosphäre dort gemeinsam genossen und daß sie mit mir zusammen an den Gesprächen mit Pater Koder teilnahm. Ich hatte das Gefühl, daß es mir nicht zustand, den Grad ihrer Zugehörigkeit zum Christentum immer wieder zu überprüfen.

Deshalb bringen diese wenigen, halblaut in einer warmen Sommernacht gesprochenen Worte unser – wenn auch wackliges – Lebensgleichgewicht ins Wanken. Vor allem aber zeigen sie mir eine Facette der Persönlichkeit meiner Frau, die mir bisher völlig verborgen geblieben war. Ich bin sprachlos. Mir wird bewußt, daß sie gerade vor meinen Augen einen Schritt vollzogen hat, den ich selbst mir nicht zutrauen würde: einen Akt des Glaubens, der letztlich einem Sprung ins Leere gleichkommt! Ich selbst hatte, als ich mein ganzes Dasein auf den Kopf stellte, wenigstens jenen Traum, meine Vision, als Grundlage gehabt. Anouar hat nichts dergleichen. Und doch hat sie diesen Entschluß gefaßt, der außergewöhnlichen Mut erfordert! Ich habe beinahe den Eindruck, daß ich meine Frau bis zu diesem Augenblick gar nicht wirklich gekannt habe ...

Nach außen hin scheint unser Alltagsleben sich zumindest tagsüber nicht wirklich zu verändern. Abends setzen wir unser Kommen und Gehen fort, ohne mit unseren jeweiligen Familien über unsere Absichten und über das zu sprechen, was uns innerlich antreibt. Während wir immer enger zusammenwachsen, vergrößert sich die Entfernung zu unseren Verwandten, doch sie scheinen an uns nicht die geringste Veränderung wahrzunehmen.

Und wir tun nichts, um sie über ihren Irrtum aufzuklären.

Was Anouar und mich betrifft, so bestärken wir uns nun gegenseitig in unserer Sehnsucht nach einem vollständigen christlichen Leben: Wir wollen getauft werden. Das aber scheint der Priester, der uns begleitet, uns nicht gewähren zu wollen: Vielleicht hat er Angst vor der Auseinandersetzung mit seinen Vorgesetzten.

Mich quält immer noch die Sehnsucht nach der Kommunion. Dieser Wunsch ist nicht etwa mit der Zeit verblaßt, sondern mit jedem gescheiterten Versuch nur noch stärker geworden. Die Sehnsucht, vom Brot des Lebens zu essen, ist so heftig, daß ich zu allem bereit bin – wenn es sein müßte, würde ich sogar das Allerheiligste stehlen! In der Messe ist es sogar schon passiert, daß ich mich mit gesenktem Kopf und in der Hoffnung, daß der Priester mich nicht erkennt, unter die Kommunikanten gereiht habe. Im allerletzten Moment jedoch bin ich wieder ausgeschert, weil ich mich davor fürchtete, dem Blick des Priesters zu begegnen ...

Von dem Entschluß meiner Frau ermutigt und von meinem eigenen Hunger angetrieben mache ich mich also wieder auf die Suche – diesmal nach anderen Kirchen in Bagdad, die unsere Bitte um die Taufe vielleicht wohlwollend aufnehmen könnten. Nach vier oder fünf Monaten fruchtloser Recherchen in den alten Christenvierteln der Stadt stoße ich eines Tages in einem neueren Viertel auf ein Kloster. Etwas verschüchtert läute ich an der Pforte dieses modernen Gebäudes von eher bescheidenen Ausmaßen, das ein Glockenturm ohne Kreuz überragt. Ein Ordensmann mit starkem ausländischem Akzent öffnet:

– Was wollen Sie?, fragt er brüsk.

Von neuem erkläre ich in wenigen Worten meine Situation und bitte um die Taufe. Und erneut erhalte ich eine Abfuhr.

– Das ist unmöglich. Gehen Sie woanders hin ...

Doch dieses Mal lasse ich mich nicht abweisen, ich habe genug davon, vor die Tür gesetzt zu werden.

– Ich gehe erst hier weg, wenn Sie mir die Gründe für Ihre Weigerung erklärt haben.

– Hören Sie, ich habe jetzt keine Zeit, ich habe viel zu tun. Aber Sie können einen Mitbruder anrufen, der schon lange hier lebt. Vielleicht kann er Ihnen eine Antwort geben. Außerdem spricht er Arabisch ...

Das ist zwar nicht wirklich ein Versprechen, aber immerhin ein Anfang und besser als nichts. Also beschließe ich, mich für heute mit dieser Telefonnummer zu begnügen.

Noch am selben Abend rufe ich den Ordensmann an, den man mir genannt hat: Pater Gabriel. Ich gebe mir Mühe, ihm meine Glaubenserfahrung ausdrücklich klarzumachen, ohne ansonsten zuviel über mich preiszugeben – das hat mich die Erfahrung gelehrt –, und bekomme ohne große Schwierigkeiten einen Termin für die nächste Woche.

Sechs Tage später geleitet mich ein sehr großer und nicht mehr junger Mann in seine Zelle. Was mir sofort auffällt, sind seine leuchtenden Augen. Sie sind blau und strahlen große Güte aus, und wenn er mich ansieht, habe ich das Gefühl, in diesem Moment für diesen Ordensmann der wichtigste Mensch auf der ganzen Welt zu sein.

Seine Physiognomie ist westlich – er erzählt mir, daß er aus der Schweiz stammt, doch sein Arabisch ist sehr eloquent: Er spricht es besser als ich.

– Nun ja, erklärt er mir lächelnd, ich habe die Grammatik gelernt, und inzwischen bin ich ja auch schon seit vierzig Jahren im Irak ...

Dieser Mann hat etwas Vertrauenerweckendes, und offenbar bin ich nicht der einzige, dem es so ergeht: Hinter ihm an der Wand unter dem Kruzifix hängen Fotografien, die ihn inmitten von Kindern zeigen, von Familien mit frohen und lachenden Gesichtern, von Ordensschwestern.

– Das da sind vier Schwestern aus einer palästinensischen Familie, die gleich neben dem Kloster gewohnt haben, erzählt er mir in vertraulichem Ton. Auf den anderen Abzügen siehst du muslimische Familien, die mich während des Ramadans zum Fastenbrechen eingeladen haben.

Er scheint es nicht eilig haben, zum Punkt zu kommen, und stellt mir keine Fragen. Er tut so, als ob er meine Ungeduld gar nicht bemerkte.

Schließlich halte ich es nicht mehr aus: Ich nutze eine Pause in seinen Erzählungen aus der Vergangenheit für einen Vorstoß und schildere ihm mein Anliegen. Er hört mir zu, mit nach vorne geneigtem Kopf und halb geschlossenen Augen. Nur das ein oder andere zustimmende Kopfnicken gibt mir den Eindruck, daß er aufmerksam zuhört. Sonst hätte man auch denken können, er wäre eingeschlafen ...

Als ich fertig bin, tritt eine lange Stille ein, während der er nachdenkt und die nur das regelmäßige Ticken einer mechanischen Uhr unterbricht. Ich halte den Atem an aus Furcht, seine intensive Konzentration zu stören. Ängstlich beobachte ich seine

Augenbrauen, die sich im Rhythmus seiner Gedanken zusammenziehen und wieder entspannen. Als wäge er das Für und Wider ab und bestimme im Gelände der Risiken und der Not, in der ich mich befinde, die Koordinaten seiner Pflicht...

Plötzlich hebt er den Kopf. Er sieht mich intensiv an, fixiert mich geradezu, und artikuliert langsam Wort für Wort, wie um mir die Silben ins Hirn zu meißeln:

– Einverstanden, ich werde dich taufen, aber vorher mußt du dich im Glauben unterweisen lassen.

Vermutlich ist es der feierliche Ton des Ordensmanns. Oder ich bin durch die lange Reihe der Enttäuschungen und die schier unendliche Zeit des beharrlichen Wartens mißtrauisch geworden. Vielleicht ist es auch einfach nur der Ernst des Augenblicks... Jedenfalls reagiere ich auf diesen doch so sehnlichst erhofften Satz mit einer Zurückhaltung, die mich selbst überrascht.

Rückblickend betrachtet habe ich zu diesem Zeitpunkt vielleicht auch schon geahnt, daß die Taufvorbereitung bei Pater Gabriel alles andere als leicht sein würde! Die Abfolge der Unterrichtsstunden, die er uns – mit unserem Einverständnis natürlich – auferlegt, ist dichtgedrängt: Wir treffen ihn mehrmals wöchentlich, ich allein oder zusammen mit Anouar. Es kommt vor, daß wir in einer Woche vier Abende mit ihm verbringen und stundenlang intensiv diskutieren – manchmal vier oder sogar fünf Stunden ohne Pause.

Im Lauf dieser Zusammenkünfte entsteht, anders als mit Pater Koder, eine echte Freundschaft. Abuna Gabriel, „Väterchen" Gabriel, wie wir ihn bald schon nennen, ist ein wunderbarer Glaubenspädagoge: Er vermittelt seine Gottesliebe mit Sanftmut und Takt.

Doch gleichzeitig ist er sich seines Charismas und seines Einflusses, den er auf seine Umgebung ausübt, deutlich bewußt und weise genug, darauf zu achten, daß der Glaube, den er lehrt, sich klar von der Zuneigung zu seiner Person unterscheidet. Steht zu befürchten, daß beide nicht klar voneinander getrennt sind, kann er schroff, kalt und sogar verletzend sein. Als wir ihn einmal dazu beglückwünschen, daß er uns das Sakrament der Taufe so gut erklärt hat, weist er uns streng zurecht:

– Dankt mir nicht! Ich bin nicht wichtig… Ich bin nur ein Werkzeug in den Händen des Heiligen Geistes, nichts weiter!

Ich kann ihm nicht unrecht geben: Wir hängen so sehr an Abuna Gabriel, daß wir die Gemeinde gewechselt haben und die Sonntagsmesse inzwischen regelmäßig in der Klosterkirche besuchen. Sie ist groß und bietet Platz für zweihundert Personen. Wir gehen als Familie dorthin: gemeinsam mit Azhar, dem wir beigebracht haben, bei Betreten der Kirche das Kreuzzeichen zu machen.

FATWA

Bagdad, Juni 1997

Im Lauf der Jahre bin ich meiner Familie gegenüber unvorsichtiger geworden. Zwar achte ich noch immer darauf, meine abendlichen und sonntäglichen Aktivitäten vor ihnen zu verbergen, doch ich tue auch nicht mehr so, als wäre ich ein frommer Muslim.

Das liegt zunächst einmal daran, daß mir diese Heuchelei mit der Zeit unerträglich geworden ist. Außerdem haben wir uns zuletzt sehr häufig mit Abuna Gabriel getroffen.

So ist es für mich beispielsweise beinahe unmöglich geworden, den ganzen Stamm wie früher jeden Donnerstag nach Kerbela zu begleiten. Dieser wichtige schiitische Wallfahrtsort liegt rund einhundert Kilometer südwestlich von Bagdad an dem Ort, wo der Imam Husain ibn Ali, Mohammeds Enkel, enthauptet wurde.

Anfangs schob ich immer eine dringende Verabredung vor, Kopfweh, ein Unwohlsein meiner Frau, dann nichts mehr…

Denn diese Ausreden vermochten schon bald niemanden mehr zu überzeugen. Und so antworte ich, wenn man mich fragt, einfach nur, daß ich keine Lust habe, dorthin zu gehen, daß es mich nicht interessiert.

Dabei übersehe ich allerdings ein kleines Detail: Ich bin noch immer der designierte Erbe, und unter den zahlreichen Angehörigen des Stamms der Moussaoui fällt meine Abwesenheit stärker auf als jede andere. Zumal ich in der Vergangenheit häufig die Ehre hatte, den Familienbus zu fahren! Vor allem zu Beginn meiner Nachforschungen unter den Christen von Bagdad habe ich häufiger mit dem Gedanken gespielt, mich meinem Vater anzuvertrauen. Ich liebte ihn noch immer, und es tat mir leid, sein Vertrauen so zu verraten. Doch wie sollte ich ihn davon überzeugen, daß mein Weg der richtige war, wenn die Christen mich wieder und wieder wie den letzten Abschaum aus ihren Kirchen jagten? Diese Unstimmigkeit hätte ich niemals wegargumentieren können. Also mußte ich diesen anfänglichen Plan aufgeben – wenn auch mit Bedauern.

Als Anouar und ich an einem schönen Sommerabend von einem unserer Treffen mit Abuna Gabriel zurückkehren, herrscht im Haus ein zumal zu dieser späten Stunde ungewohnter Aufruhr. Es liegt so etwas wie eine leichte Panik in der Luft...
Als sie uns eintreten hört, eilt die Hausangestellte verängstigt auf uns zu. Auf unsere drängenden Fragen antwortet sie weinend, meine Brüder hätten in unserer Abwesenheit das Haus durchsucht.
Ich beginne zu verstehen und mache mir sofort Sorgen um die Kinder: den kleinen Azhar und Miamy, die knapp einen Monat alt ist. Ich habe sie aus Trotz so genannt, weil meine Familie mir einen traditionellen arabischen Namen hatte aufzwingen wollen, der mir nicht gefiel, Maymouneh.
– Die Kleine schläft immer noch, aber Azhar ist von dem Lärm aufgewacht, berichtet das Hausmädchen. Als er seine Onkel erkannt hat, ist er lachend auf sie zugelaufen.

83

– Und dann, was ist dann passiert?, stoße ich hervor. Ich habe das ungute Gefühl, daß hinter ihren Tränen noch mehr stecken muß.

– Dann haben sie ein Buch gefunden, daß sie gottlos nannten …

Also hatten sie meine Bibel entdeckt. Dabei hatte ich sie sorgfältig hinter anderen, vorzeigbareren Büchern versteckt.

– Willst du mir noch etwas sagen?

– Ja …

– Raus damit!

– Sie sind zu Azhar gegangen und haben mit ihm herumgealbert. Und dann haben sie ihn gefragt, was er denn eigentlich jeden Sonntag mit seinen Eltern machen würde …

– Und dann?

Die Worte bleiben mir fast im Hals stecken.

– Es ist furchtbar, antwortet sie unter heftigem Schluchzen. Als sie ihn das gefragt haben, hat er auf seiner Brust das Zeichen der Christen gemacht, das Kreuzzeichen!

Ich sehe meine Frau an, ohne etwas zu sagen. Ich bin unfähig, auf diese Nachricht zu reagieren, die uns eine unheilvolle Zukunft ankündigt. Anouar aber bleibt ganz ruhig und schickt die Hausangestellte fort, damit wir uns über unser weiteres Vorgehen beraten können.

Nervös zünde ich mir eine Zigarette an und lasse mich auf die Kissen im Wohnzimmer sinken. In meinem Kopf überstürzen sich die Fragen, ohne daß ich eine einzige festhalten und beantworten könnte. Was sollen wir tun? Fliehen? Aber wir wissen nicht, wohin, das wäre eine Irrfahrt ohne Ziel … Eine sofortige Aussprache mit meinem Vater erzwingen? Damit brächte ich mich in eine Unrechtsposition …

Letztlich hatte ich damit rechnen müssen, daß diese ganze jahrelange Lügerei eines Tages zerplatzen würde wie eine Seifenblase. Ich wäre vielleicht sogar erleichtert, wenn ich mich nicht um meine Frau und meinen Sohn sorgen müßte. Ich werde meinem Vater gegenüber höllisch aufpassen müssen, überlege ich, wenn ich ihnen ein halbwegs normales Leben ermöglichen will.

In der Nacht liege ich noch lange wach und denke über die Situation nach. Wie ich es auch drehe und wende, es gelingt mir nicht, einen zufriedenstellenden Ausweg zu finden. Schließlich falle ich in einen unruhigen Schlaf…

Am nächsten Tag werde ich bei Morgengrauen von wiederholten Schlägen an die Haustür geweckt. Nur mit Mühe erwache ich aus einem bleischweren Schlaf, um von einem meiner Brüder zu erfahren, daß mein Vater mich in einer wichtigen Angelegenheit unverzüglich sprechen will.

Hastig ziehe ich mich an. Die kurze Nacht steckt mir noch in den Knochen. Ich habe kaum die Kraft, über die Gründe dieses morgendlichen Appells nachzudenken. Die Situation ist absolut ungewöhnlich, aber ich bringe sie nicht sofort mit den Ereignissen von gestern abend in Verbindung.

Dieser Gedanke kommt mir erst auf der Allee, die zum imposanten Haus meines Vaters hinaufführt: Was, wenn mein Vater jetzt die Erklärung von mir verlangt, die ich so oft vor mir hergeschoben habe? Aber warum zu dieser Tageszeit?

Zu einem gründlicheren Nachdenken bleibt mir keine Zeit mehr. Ich öffne die Eingangstür: Es ist niemand da! Mein Bruder, der mich begleitet hat, bricht das Schweigen, das auf dem kurzen Weg hierher zwischen uns geherrscht hat: Mein Vater erwartet mich im großen Empfangsraum. Ein Zeremoniell also! Aber warum dieser offizielle Rahmen?

Die Antwort läßt nicht auf sich warten. Ich bin kaum über die Schwelle getreten, als im Bruchteil einer Sekunde unzählige Arme auf mich einschlagen. Es ist wie ein heftiger Hagelschauer.

Instinktiv hebe ich schutzsuchend die Hände. Ich kann nichts mehr sehen, erkenne keine Gesichter. Ich spüre nur die Schläge, die auf mich niederprasseln, und meine Unfähigkeit, darauf zu reagieren. Rasch hat man mir die Hände mit Handschellen auf den Rücken gebunden und die Füße in Ketten gelegt. Eine laute Stimme befiehlt mir:
– Auf die Knie!

Ich bin wie versteinert. Mein Magen krampft sich zusammen, meine Knie schlottern. Dennoch habe ich die Kraft, den Kopf zu heben, um zu sehen, wer meine Angreifer sind.

Fassungslos erkenne ich meine eigenen Brüder, meine Onkel und meine Vettern, unter ihnen auch Hassan, der beim Geheimdienst ist. So etwas habe ich noch nie gesehen! Sie halten Revolver und Maschinenpistolen auf mich gerichtet. Es ist wie in einem Alptraum, beinahe unwirklich. Und doch auf eine entsetzliche Weise bedrohlich!

Meine Gedanken überschlagen sich, geraten in Panik, wollen nicht begreifen... Plötzlich sehe ich meinen Vater, der sich ein wenig im Hintergrund hält. Ich sehe ihn flehentlich an: „Vater, was geschieht mit mir, warum...?" Doch die Worte bleiben mir in meiner zugeschnürten Kehle stecken. Er erwidert meinen Blick; seine Augen sind fast schwarz, und sie durchbohren mich wie Blitze.

Dann entlädt sich sein Zorn, völlig außer sich schreit er:
– Was ist mit dir los? Du wirst Christ? Du bist vollkommen wahnsinnig! Ist dir klar, welche Schande du über mich bringst, mich, deinen Vater? Wenn die jungen Leute einfach nur Sunniten werden, brechen wir Schiiten schon jeden Kontakt zu ihnen ab, und ihre Eltern dürfen sich nicht mehr in unseren Moscheen blicken lassen. Aber du! Ein christlicher Sohn! Ich kann mich nur noch verschleiert auf der Straße zeigen, wie deine Mutter...

Sein Ausbruch trifft mich zutiefst. Am liebsten möchte ich ihm meine Wut ins Gesicht schleudern, ihm sagen, daß mir sein Ruf völlig egal ist, daß ich auf die gute schiitische Gesellschaft pfeife! Wenn das das Wichtigste für ihn ist, dann haben wir uns wirklich nichts mehr zu sagen.

Doch ich schweige. Ich befinde mich in einer Position der Schwäche und Demütigung... Außerdem spüre ich genau, daß die Situation nicht mehr vernunftgesteuert ist und jeden Augenblick eskalieren kann. Die Atmosphäre ist spannungsgeladen, alle scheinen unter Strom zu stehen.

Ich erkenne meine Verwandten nicht wieder. Diejenigen, die eine Waffe in der Hand halten, werden bei der geringsten Bewegung, beim kleinsten falschen Wort abdrücken, das spüre ich. Es ist, als hätte sie alle ein Anfall von Raserei überkommen. Selbst meine Mutter, meine eigene Mutter, die gerade den Raum betreten hat, schleudert mir Worte von unerhörter Härte ins Gesicht:

– Tötet ihn und werft ihn in den Basel!

Was soll ich darauf erwidern? Wenn man mich in diesen unterirdischen Abwasserkanal wirft, wird meine Leiche wie alles, was in den Basel geworfen wird, spurlos verschwinden. Damit macht meine Mutter unmißverständlich deutlich, daß sie jede Spur meiner Existenz auslöschen und mich aus ihrem Gedächtnis tilgen will.

Ich bin vollkommen hilflos. Ich kann mich nur noch damit abfinden, daß ich sterben werde. Ich senke den Kopf, bereit, mein Todesurteil zu hören.

Die Minuten verstreichen unendlich langsam. Nichts passiert. Ich schwitze vor Angst aus allen Poren. Plötzlich verlassen alle ohne Ankündigung den Raum, einer nach dem anderen, ohne etwas zu sagen. Als wäre ihnen bewußt geworden, daß sie zu weit gegangen sind, oder als hätte eine starke Autorität – mein Vater? – sie zur Räson gerufen.

Allein bleibe ich in dem großen Zimmer zurück. Ich spitze die Ohren, um etwas von dem zu verstehen, was draußen diskutiert wird. Alle reden durcheinander, ich höre nur Wortfetzen, die einzelnen Sätze derer, denen es gelingt, mit ihrer lauten Stimme das Chaos zu übertönen: „ ... was machen wir mit ihm? ... Angst vor einem Skandal ... ihn heimlich loswerden ... Nadschaf ...“

Alle meine Sinne sind angespannt, ich versuche, das Puzzle zusammenzusetzen, aber aus alledem kann ich nichts Gutes heraushören! Vor allem verstehe ich nicht, was das Mausoleum von Nadschaf damit zu tun hat. Nadschaf ist der drittheiligste Ort des schiitischen Islams; er liegt zweihundert Kilometer von hier und ist außerdem das politische Machtzentrum der irakischen Schiiten. Soll das heißen, daß man mich von den allerhöchsten Instanzen aburteilen lassen will? Ich hätte nicht gedacht, daß mein Fall so schwerwiegend ist…

Ich grüble noch immer darüber nach, als ich gepackt und in den Kofferraum eines Wagens gebracht werde. Der Wagen braust mit quietschenden Reifen davon. Ich werde vom Wechselspiel der Hydraulik und der Schlaglöcher auf der nichtasphaltierten Straße hin und her geschleudert. Da mir die Hände noch immer auf den Rücken gebunden sind, habe ich keine Möglichkeit, die Stöße abzufedern.

Dann stabilisiert sich die Straßenlage, und der Wagen fährt ruhiger. Wir müssen auf der Autobahn sein. Die Nadschaf-Hypothese scheint sich zu bestätigen…

Aber warum? In der Dunkelheit meines Kofferraums gebe ich mich endlosen Spekulationen hin, und sie alle führen zu einem beinahe sicheren Ende: meinem Tod. Ich weiß nicht, wie ich dieser Falle, die meine eigene Familie mir gestellt hat, noch entrinnen soll. Ich hatte damit gerechnet, daß der Konflikt eines Tages eskalieren würde, aber mir war nicht klar gewesen, was für eine Schande die Konversion eines Familienmitglieds für sie bedeutete. Hinzu kommt, daß ich natürlich nicht irgendein beliebiges Familienmitglied bin!

Das ist die einzig mögliche Erklärung für den Haß, der sich heute morgen über mir entladen hat: die Angst vor dem öffentlichen Skandal. Wenn mein Religionswechsel bekannt wird, läuft meine Familie Gefahr, alles zu verlieren: ihre Ehre, ihr Ansehen und ihre Stellung in der schiitischen Gesellschaft…

Auch habe ich nicht vergessen, daß die Eliminierung von Apostaten eine seit den Anfängen des Islams praktizierte Sitte ist, die in den *Hadithen* mehrfach aufgegriffen wird – zuweilen, wie in meinem Fall, auf Kosten der Liebe, die die Mitglieder ein und derselben Familie normalerweise verbindet.

Immerhin, so schlußfolgere ich endlich fatalistisch, hat ebendieser gesellschaftliche und religiöse Druck mir vielleicht einige zusätzliche Stunden an Lebenszeit beschert: Es wäre zu riskant gewesen, mich in der Nähe des Familienwohnsitzes zu eliminieren. Man wäre vielleicht beobachtet worden. Und das hätte zu Fragen geführt ... Das ist ein schwacher Trost, denn das Ende ist das gleiche! Der einzige Gedanke, der mich jetzt noch beschäftigt, ist der, daß ich sterben werde, ohne getauft zu sein. Das ist eine Frage oder eine Unstimmigkeit im göttlichen Plan, die ich nicht zu lösen vermag: daß ich dies alles ganz oder fast umsonst erlebt haben soll ...

Abrupt bleibt der Wagen stehen. Ich höre Türen knallen und rechne mit dem Schlimmsten. Ich bete, als wäre mein letztes Stündlein gekommen. Doch nichts passiert ...

Ich warte einige Minuten, beinahe atemlos und mit gespitzten Ohren auf das kleinste Geräusch achtend, das mir etwas über den Fortgang der Ereignisse verraten könnte. Immer noch nichts ...

Die Angst schnürt mir die Kehle zu. Um mich abzulenken, bewege ich leicht die Arme, die in dieser extrem unbequemen Haltung ganz steif geworden sind. Etwa eine Stunde vergeht. Es kommt mir vor wie eine Unendlichkeit ...

Endlich höre ich, wie sich Schritte nähern. Sofort schüttele ich die Lethargie ab, die mich überkommen hat. Meine Nerven sind zum Zerreißen gespannt. Dieselben Arme – die meiner Brüder – zerren mich rücksichtslos aus dem Kofferraum. Ich werde nach draußen gestoßen und erkenne die beiden goldenen Minarette, die rechts und links von Alis Mausoleum stehen. Wir sind also tatsächlich in Nadschaf.

Doch mir bleibt keine Zeit, mich an der Schönheit des Ortes zu erfreuen; brutal werde ich zu einem seitlich gelegenen Gebäude geschleppt. Im Innern desselben erwartet mich eine gehörige Überraschung: Ich stehe vor der höchsten schiitischen Autorität im Irak, Ayatollah Muhammad as-Sadr.* Ei-

---

* Vater von Muqtada as-Sadr. Ayatollah as-Sadr wurde 1999 von Saddam Hussein ermordet.

ner hochrangigen Persönlichkeit, die den weiten Weg durchaus rechtfertigt.

Er ist ein aufrechter und sehr direkter Mann. Ich bin ihm vor langer Zeit einmal begegnet, als er an einem Freitag in der Moschee eine leidenschaftliche Predigt hielt – mit einem Schwert in der Hand, um die Kühnheit seiner Worte zu unterstreichen. Ich kann nur hoffen, daß er mir dieses Schwert heute nicht in den Leib rammt... Denn wenn mein Vater sich an diesen äußerst einflußreichen Mann wendet, der ein geschätzter Ratgeber in besonders heiklen Angelegenheiten ist, dann tut er das sicherlich nicht, um ein paar belanglose Fragen zu klären.

Mein Fall ist also ernst, ja, er ist höchst besorgniserregend und offenbar so problematisch, wie man es sich nur vorstellen kann, denn er kann offenbar nur mit der Hilfe des höchsten Ayatollahs in diesem Land gelöst werden. Ich zittere angesichts dessen, was mich erwartet, und mache mich bereit, vor meiner Exekution vor einem Sondergericht zu erscheinen.

Der Ayatollah jedoch ist sehr liebenswürdig und sanftmütig und bittet zunächst darum, daß man mir die Ketten abnimmt. Niemand rührt daraufhin auch nur einen Finger, und so besteht er nicht weiter darauf, sondern hebt zu einem zehnminütigen Loblied auf den Islam und seine Größe an, während er sich gleichzeitig bemüht, das in seinen Augen verachtenswerte Christentum so schlecht zu machen, wie er nur kann.

Nach seiner Ansprache, die mich nicht im geringsten erschüttert hat, bitte ich darum, mich äußern zu dürfen – mit einer Souveränität, die mich selbst überrascht.

– Ich habe Ihnen aufmerksam zugehört. Welche Beweise haben Sie dafür, daß ich Christ bin?

– Die Bücher?

– Ich habe noch andere Bücher in meiner Bibliothek, Gedichte, Bücher über Geographie, über Medizin... Das heißt aber nicht, daß ich ein Dichter oder ein Arzt wäre! Es interessiert mich, ich will mich bilden, das ist alles.

– Und dein Sohn, der das Kreuzzeichen macht?

Ich sehe meine Brüder an, die um mich herumstehen. Ihre Mienen sind verhärtet, verschlossen. Ich habe den Eindruck, daß sie sich dafür rächen, daß ich ihnen die ganzen Jahre über vorgezogen worden bin. Ihr Haß auf mich kommt nicht ganz überraschend: Mein Verschwinden würde die Spekulationen über die Nachfolge an der Spitze der Moussaoui neu anheizen. Und es würde sie vor einer eventuellen Rache meinerseits schützen...

Obwohl ich in Ketten vor ihnen stehe, verachte ich ihre Überlegenheit, die sie einzig und allein den Umständen verdanken. Sie sind Feiglinge! Und genau in diesem Augenblick habe ich eine Idee...

– Das ist kein Beweis, entgegne ich, meine Brüder sind schon lange eifersüchtig auf mich. Vielleicht haben sie diese Geschichte erfunden, um an mein Erbe zu kommen...

Ich spüre, daß ich Zweifel in das Herz meines Gegenübers gesät habe. Er ist sich nicht mehr so sicher, daß er die Wahrheit kennt. Der Ayatollah nimmt meinen Vater am Arm und entfernt sich von der Gruppe, um sich erneut mit ihm zu beraten.

Wieder bricht mir der kalte Schweiß aus. Man kann die Spannung im Raum fast mit Händen greifen. Etwa zwanzig Minuten lang herrscht eisige Stille zwischen mir und meinen Brüdern und Vettern. Wir alle warten auf das Urteil.

Das sodann von Muhammad as-Sadr gesprochen wird:

– Wenn er bekennt, daß er ein Christ ist, muß er getötet werden, und Allah wird denjenigen belohnen, der diese Fatwa vollstreckt.

Ich kann aufatmen. Das Luftholen fällt mir leichter, als hätte mir jemand ein Gewicht von den Schultern genommen. Diese Worte bedeuten für mich eine Frist: Die Vollstreckung der Todesstrafe ist erst einmal ausgesetzt.

Ohne weitere Diskussionen bringt man mich zum Wagen zurück. Wieder werde ich in den Kofferraum gestoßen. Ich vermute, daß wir nun auf demselben Weg zurück nach Bagdad fahren.

In meinem rollenden Sarkophag geht mir der überraschende Dialog, der sich gerade abgespielt hat, wie in einer Endlosschleife immer wieder durch den Kopf. Besonders staune ich über die treffenden Antworten, die mir eingefallen sind: So schlagfertig bin ich sonst nie. Und sie haben den Ayatollah selbst verunsichert. Was um so merkwürdiger ist, als ich normalerweise eher langsam und wahrhaftig kein guter Redner bin.

Für mich besteht kein Zweifel: Der Heilige Geist hat mich inspiriert. Ihm verdanke ich es, daß ich noch am Leben bin. Und ein bißchen vielleicht auch meinem Vater...

Denn er war es, der den Zorn meiner Brüder und Vettern heute morgen kanalisiert hat; er hat sie veranlaßt, den Raum zu verlassen, und vermutlich war es auch seine Idee, sich an Muhammad as-Sadr zu wenden.

Und mein Vater, Fadel-Ali, war es auch, der mit dem Ayatollah über meine Bestrafung gesprochen und eine ernstliche Warnung einer sofortigen Hinrichtung vorgezogen hat.

Daraus schließe ich, daß mein Vater nicht wirklich meinen Tod will. Er wollte mir angst machen, damit ich wieder besser vom Islam denke und mich in religiöser Hinsicht so verhalte, wie es sich gehört.

Trotz allem, was geschehen ist, fällt es mir schwer zu glauben, daß seine Zuneigung für mich so vollkommen verschwunden sein soll. Aber ich bin noch nicht gerettet, und ich habe keine Ahnung, was mir bevorsteht.

DIE PRÜFUNG

Al-Hakimieh, Bagdad, Juni 1997

Als der Kofferraum zwei Stunden später wieder geöffnet wird, ist es dunkel. Ich bin praktisch allein mit meinem Cousin vom

Geheimdienst auf einem riesigen Parkplatz. Der Rest meiner Familie ist verschwunden.

Mir gegenüber erhebt sich ein großes weißes Gebäude mit drei Etagen, die von unten nach oben breiter werden, so daß das Ganze aussieht wie ein riesiges Schiff. Ich kenne es: Es ist das schrecklichste Gefängnis in ganz Bagdad und zu trauriger Berühmtheit gelangt: Saddam Hussein sperrt hier alle seine Gegner ein: Politiker, Kurden, Schiiten, Kriegsgefangene und Schwerverbrecher bleiben hier, bis sie verurteilt und in das andere große Gefängnis geschickt werden, Abu Ghuraib. Vor dem Embargo war es das Ausländergefängnis. Heute ist es außerdem der Sitz des Tribunals des polizeilichen Geheimdienstes, Dschihaz al-Muchabarat, ein Ort der Folter und der Massenhinrichtungen.

Jetzt verstehe ich, weshalb mein Cousin Hassan als einziger bei mir geblieben ist. Er ist Mitglied dieser Geheimpolizei.

Seine Anwesenheit hat nichts Freundschaftliches: Er beschränkt sich darauf, mich mit unveränderter Kälte, als wäre ich ein Fremder, in das Gebäudeinnere zu führen, wo er mich einem Mann in Uniform übergibt – offenbar ebenfalls ein Mitglied der Geheimpolizei, denn zwischen den beiden Männern besteht ein Einverständnis, von dem ich ausgeschlossen bin.

Für sie bin ich ab jetzt einfach nur der Häftling, einer der vielen tausend anderen, die ebenfalls in diesem finsteren Bau festgehalten werden. Ich bin auf mich allein gestellt; mein Cousin ist gegangen, ohne auch nur ein Wort mit mir zu sprechen. Es ist ein milder Abend, aber ich fröstle und beobachte besorgt meine Wärter. Von ihnen hängt jetzt mein Schicksal ab. Ich fühle mich schwach, hilflos, von allen verlassen.

Die Demütigungen fangen gerade erst an. Als erstes befiehlt man mir grob, ausnahmslos alle meine Kleider abzulegen. Ich habe keinerlei Möglichkeit, mich in eine Ecke zurückzuziehen, um meine Blöße vor den Augen der Unbekannten zu verbergen. Angesichts der gleichgültigen Mienen der bewaffneten Männer schlucke ich meine Scham herunter; dann hält man mir ein geflicktes und völlig abgewetztes Kleidungsstück hin.

Ich muß mich an einen Tisch setzen; einer der Männer weist mit dem Finger auf ein Formular, das ich ausfüllen soll: Name des Vaters, Name der Mutter, Adresse. Erst danach werde ich direkt angesprochen, in barschem Ton:

– Du vergißt jetzt deinen Namen; ab sofort antwortest du, wenn deine Nummer aufgerufen wird: 318.

– Und wenn ich sie vergesse?

Offenbar ist die Anzahl der Worte, die man an einen Gefangenen richten darf, schon überschritten. Ohne weitere Erklärungen schreibt mir einer der Wärter die Zahl auf den Unterarm und verbindet mir die Augen. Zwei Kolosse mit starken Fäusten nehmen mich in die Mitte und führen mich durch ein Labyrinth von Gängen. Wir betreten einen knarzenden Aufzug. Noch ein Labyrinth. Bis wir schließlich in einem Raum ankommen, wo man mir befiehlt, die Augenbinde abzunehmen.

Ich befinde mich in einer sehr kleinen Zelle, knapp zweimal zwei Meter, mit knallroten Tapeten, einem kleinen Fenster und einer Lampe in einer vergitterten Wandnische. Die eiserne Tür, die sich hinter mir schließt, ist schwer und dick. Sie fällt mit einem Knall ins Schloß, der mich zusammenzucken läßt. In ihrer Mitte befindet sich eine winzige Öffnung als Durchreiche für einen Napf.

Erschöpft von den Aufregungen des Tages sinke ich zu Boden. Und falle trotz des harten Untergrunds praktisch sofort in einen schweren und unruhigen Schlaf.

Am nächsten Tag werde ich bei Morgengrauen vom Tageslicht geweckt. Ich fühle mich verkatert, als hätte ich mich am Vorabend betrunken: Mein Gehirn ist wie in Watte gepackt, und mein Schädel brummt … Ein langes Warten beginnt, das nur ganz kurz unterbrochen wird, als man mir lieblos eine Schüssel mit Suppe durch die kleine Luke schiebt.

Die scharlachroten Wände des winzigen Raums stimmen mich nicht gerade optimistisch, im Gegenteil. Ich empfinde sie als beklemmend, beängstigend, erdrückend. Die Lichtreflexe der Sommersonne sind stellenweise geradezu grell. Im Lauf der nur langsam verstreichenden Stunden wird meine Phantasie zunehmend überreizt. Es ist mein eigenes Blut, das da vor meinen Augen von den Wänden fließt. Schaudernd glaube ich, dort mein eigenes Schicksal zu lesen.

Die meiste Zeit ist das Warten qualvoll. Ich möchte weglaufen vor diesem unbekannten Schicksal, das sprungbereit und bedrohlich im Schatten lauert. Doch irgendwann stumpfe ich ab und verfalle in Apathie. Ich verliere jegliches Zeitgefühl. Nur das kleine Fenster, durch das ich ein Stück Himmel sehen kann, verbindet mich noch mit der Abfolge der Tage und Nächte.

Am dritten Tag höre ich, wie sich der Schlüssel im Schloß meiner Zellentür dreimal herumdreht. Zwei Wärter öffnen die schwere Tür. Ich sehe sie fragend an, um ihre Absichten zu deuten und mich auf das Unausweichliche vorzubereiten. Doch ihre Blicke sind völlig ausdruckslos. Ich kann nichts anderes tun als ihnen zu folgen, mit gesenktem Kopf, wie ein Lamm, das man zur Schlachtbank führt.

Doch es ist keine Schlachtbank, eher ein Viehtransporter. Verblüfft lasse ich mich in eine andere Zelle führen, die in demselben lebhaften Rot gestrichen und genauso klein ist wie die vorige – nur daß hier bereits sechzehn andere Häftlinge sitzen!

Meine Wärter fragen mich, ob ich in diesem Raum irgend jemanden kenne. Als ich verneine, sind sie beruhigt, stoßen mich hinein und schließen die Tür hinter mir zu.

In dem Schweigen, das bei meiner Ankunft eingetreten ist, mustere ich jeden der Häftlinge. Mit ihnen werde ich die wenigen Quadratzentimeter, die mir zustehen, teilen. Hier und da erkenne ich ein vages Begrüßungslächeln oder einen halb neugierigen, halb feindseligen Blick. Doch die meisten Mienen sind resigniert und beachten mich kaum.

Mehr schlecht als recht versuche ich einen Platz zu finden, ohne die anderen Insassen zu belästigen, als mich einer von ihnen nach meinem Namen fragt. Stolz richte ich mich auf und verkünde mit lauter Stimme: „Ich bin ein Moussaoui, aus Bagdad!"

Der schiitische Aristokratenname hallt wie ein Schuß in dem kleinen, überfüllten Raum wider. Jetzt wenden sich mir alle

Blicke zu und mustern mich interessiert. Mit einem Anflug von Befriedigung stelle ich fest, daß die Macht meines Stammes mir sogar an diesem abstoßenden Ort Respekt und Ansehen einträgt. Das ist vielleicht der letzte Rest an Würde, der mir noch bleibt, und unter diesen Umständen klammere ich mich wie ein Ertrinkender daran, um nicht in Verzweiflung zu verfallen.

– Nummer 318!

Eine Stimme bellt von draußen diesen unausweichlichen Befehl. Mein letztes bißchen Stolz verflüchtigt sich schlagartig. Seufzend besinne ich mich wieder auf meine demütigende Situation und wende mich zur Tür – unter den mitleidigen Blikken meiner Mitgefangenen, die nicht gerade geeignet sind, mich zu beruhigen.

Von zwei Gefängniswärtern umrahmt gehe ich über eine Treppe ins Untergeschoß. Bei jedem Körperkontakt stoßen mir die beiden Kerkermeister ihre Ellbogen in die Rippen oder in den Bauch. Ich stecke die Stöße ein und unterdrücke einige Schmerzensschreie.

Als wir unten angekommen sind, verbindet man mir die Augen. Meine schlimmsten Befürchtungen scheinen sich zu bestätigen. Man bindet mir die Hände auf den Rücken. „Das war's", denke ich, „meine Stunde ist gekommen." Im Untergeschoß dieses verruchten Gefängnisses also wird es zu Ende gehen…

Doch die Männer um mich herum scheinen andere Absichten zu haben. Ich höre, wie jemand in einem Schrank kramt, dann hält man mir von hinten ein Videoband und Akten so hin, daß ich sie mit meinen gefesselten Händen befühlen kann.

– Das sind die Beweise deiner Schuld, erklärt ein Mann vor mir mit barscher Stimme. Aber wenn du uns alles gestehst, was du weißt, lassen wir vielleicht Gnade walten.

– Was habe ich getan?, stoße ich hervor.

– Wir wissen, daß du Kirchen besucht hast, daß du Kontakt zu Christen hattest. Welche Kirchen waren das? Wer sind diese Christen? Wo wohnen sie? Wer war der erste Christ, der es gewagt hat, dich anzusprechen? Das wollen wir wissen. Wenn du es uns sagst, bist du für uns nur noch ein Zeuge, kein Angeklagter mehr ... Rede!

Ich antworte nicht, doch meine Gedanken rasen, getrieben von der Furcht. Ich rette vielleicht meine Haut, aber dann bringe ich die gesamte christliche Gemeinschaft im Irak in Gefahr. In diesem Augenblick kommt mir plötzlich ein Satz von Abuna Gabriel in den Sinn: „Wenn du um die Taufe bittest, riskierst du dein eigenes Leben, aber auch das der Christen, die dir deine Bitte erfüllt haben." Ich habe nicht die geringste Lust, die zu opfern, die mir durch den gemeinsamen Glauben ans Herz gewachsen sind.

Also atme ich tief durch und antworte denen, die mich verhören:

– Ich kenne keine Kirche und keinen Christen ...

Die Antwort hat den beiden Männern, die hinter mir stehen, offenbar nicht gefallen. Die Faustschläge, Ohrfeigen und Fußtritte prasseln nur so auf mich nieder. Ich breche unter der Gewalt zusammen, die sich gegen jeden noch so kleinen Teil meines Körpers richtet. Da meine Hände noch immer auf den Rücken gefesselt sind, habe ich keine Möglichkeit, mich zu schützen.

Ich liege zusammengekrümmt auf dem Boden und halte den Atem an. Mein ganzes Fleisch winselt um Gnade, doch ich beiße die Zähne zusammen. Geistesgegenwärtig versuche ich, mein Gesicht zu Boden zu richten, um es vor den schweren Schuhen der Wärter zu schützen.

Die Tortur dauert gut zehn Minuten, dann halten meine Peiniger fluchend und schwer atmend inne. Ich klammere mich an diese kurze Pause und belauere ihre Reaktionen. Binnen weniger Minuten bin ich so furchtsam geworden wie ein geprügelter Hund, der den Stock seines Herrn beobachtet und mit den Augen um Gnade bettelt.

– Gib uns die Namen! Wer sind die Christen, die du getroffen hast?

– Ich kenne keine Christen ...

Einer der beiden Folterknechte verläßt den Raum. Fünf Minuten verstreichen. Ich versuche wieder zu Atem zu kommen und mir im Geist ein Bild von meinen Blessuren zu machen. Durch die Brutalität dieses Hagels von Schlägen ist meine Augenbinde verrutscht. Mit einem Auge kann ich erkennen, was um mich herum geschieht.

Schreckerfüllt sehe ich den zweiten Wärter zurückkehren. In seinen Händen hält er ein langes Stück Kabelummantelung, mindestens zwei oder drei Zentimeter dick. Höhnisch lachend sieht er mich an; mir graust vor ihm: Er scheint verrückt zu sein, und es ist eine mörderische, bestialische Verrücktheit. Er wirkt von der Grausamkeit seines Tuns wie berauscht.

Alle meine Muskeln versteifen sich und warten auf den ersten Hieb. Der Schmerz ist entsetzlich, unmenschlich. Er entringt mir einen Schrei, der aus der Tiefe meiner Eingeweide zu kommen scheint und sich unendlich im Gewirr der Räume und finsteren Gänge bricht. Aber ich weiß, daß ich an diesem düsteren Ort keine Hilfe zu erwarten habe. Also schweige ich.

Damit reize ich meinen Angreifer nur noch mehr: Daß ich stumm bleibe, wirkt auf ihn wie ein rotes Tuch. Verbissen verdoppelt er seine Anstrengungen...

Drei Monate lang spielt sich diese peinliche Befragung täglich oder fast täglich in derselben Weise ab. Selten vergehen mehr als drei Tage, ehe ich wieder in die Tiefen des Gefängnisses hinabsteige, um meinen Leidensweg von neuem anzutreten.

Wenn ich aufrecht die wenigen Stockwerke hinabgehe, flehe ich zum Heiligen Geist um Kraft – wohlwissend, daß ich den Rückweg nur auf allen Vieren werde zurücklegen können...

Merkwürdigerweise läßt der Schmerz nach vier oder fünf Peitschenhieben in Folge nach und verschwindet schließlich ganz. Als ob mein schmerzgesättigtes Gehirn ihn nicht mehr wahrnehmen wollte. Oder ist es ein Gewöhnungseffekt?

Jedenfalls hilft es mir, meine Qualen auf Distanz zu halten. Eines Tages finde ich sogar den Mut, meinen Peiniger, der bei der Anstrengung, mich zu schlagen, ganz außer Atem gerät, zu fragen:

– Warum schlägst du mich so? Kennst du mich?

– Ich mache nur meine Arbeit, antwortet er ohne den Hauch eines schlechten Gewissens.

Eine furchtbare Antwort – und doch schöpfe ich aus ihr auch den Mut, meinen Mund zu halten. Um meinen Folterknechten nicht das zu geben, was sie haben wollen, bin ich festentschlossen, die Christen von Bagdad, die mir geholfen haben, nicht zu verraten.

Auch ich tue nur meine Arbeit, und meine Arbeit ist das Schweigen. Was mir hilft, ist das Bewußtsein, daß ich meinen katastrophalen Absturz bisher wie durch ein Wunder überlebt habe. Moralisch und gesellschaftlich bin ich tief gefallen: der Verrat meiner Familie, die Fatwa des Ayatollah... Doch ich habe alledem standgehalten – dank einer unbekannten Kraft, die ich von mir nicht erwartet hätte. Also werde ich mich jetzt auch nicht der physischen Folter beugen.

Und so bleibt mein Geist stark. Wie durch Zauberei mildert er die Härte der Schläge ab. Mein Körper allerdings bewahrt in den Tagen danach die Erinnerung daran. Das sind die schwierigsten Momente, wenn der stechende Schmerz akut und unerträglich wird. Ich kann mich in der winzigen Zelle kaum aufrechthalten und bin lahm und steif, als wäre ich vorzeitig gealtert.

Das einzige, was mir hilft, sind die Märtyrerviten, die ich nach meiner Bekehrung gelesen habe. Ich erinnere mich nicht mehr genau an jede einzelne dieser Erzählungen, aber eine Lektion habe ich daraus gelernt, eine einzige, die für mich in diesen vermaledeiten Tagen kostbarer ist als ein Diamant: „Ein Christ ist nicht auf Rosen gebettet."

Daran klammere ich mich, an diesen Gedanken: daß es einen Preis gibt, den man zahlen muß – und was mich betrifft, ist dieser Preis nicht gerade niedrig... In meinen Gebeten kehren einige Sätze aus dem Evangelium immer wieder. Sie gehören zu den wenigen Dingen, die meine erschöpfte Aufmerksamkeit noch zu fesseln vermögen: „Ihr werdet um meines Namens willen von allen gehaßt werden" (Lk 21,17) oder auch: „Ich bin nicht gekommen, um Frieden zu bringen, sondern das Schwert" (Mt 10,34).

Paradoxerweise geben mir gerade diese schrecklichen Sätze Halt und die Kraft, standhaft zu bleiben. Sie sind für mich der Beweis, daß das alles kein Irrtum ist. Tief in meinem Inneren bin ich vielleicht gar nicht so weit davon entfernt, mir als endgültigen Beweis meiner Christuszugehörigkeit das Martyrium zu wünschen.

Doch gleichzeitig versetzt mich die Ungerechtigkeit dieser Prüfung, die ich erleide, regelmäßig in Wut. Eine Wut, die manchmal sogar zur Mordlust wird... Dann überkommt mich wie ein verzehrendes Feuer der Wunsch, meine Peiniger zu töten. Ich entlaste mich mit dem Gedanken, daß ich auf diese Weise immerhin die Gewalt rechtfertigen würde, deren Opfer ich jetzt bin.

Die Befragungen hören plötzlich auf, ohne erkennbaren Grund. Noch tagelang zucke ich bei jedem Geräusch auf der anderen Seite der Tür zusammen. Nach einer Woche wage ich erneut zu hoffen, daß ich dieses entsetzliche Schicksal überleben könnte. Um den Preis größter Qualen, doch auch das erfüllt mich mit einem tiefen Gefühl der Dankbarkeit...! Und lindert den Schmerz meiner schwärzlichen Striemen.

Doch ich bin noch nicht am Ende meines Leidenswegs.

Ich werde einer neuen, diesmal psychischen und daher besonders grausamen Qual ausgesetzt, die vielleicht noch härter ist als die physischen Schmerzen: mir selbst überlassen, Tag und Nacht und auf unbestimmte Zeit eingesperrt in dieser Zelle, die ich niemals verlasse.

Jetzt heißen meine Feinde Isolation, Hunger und Dreck, und sie sind um so mächtiger, als ich nicht damit rechnen kann, daß meine Situation sich ändern wird.

Als ich vor drei Monaten mein Haus verlassen habe, hatte ich nicht einmal Zeit zu frühstücken. Seither habe ich ununterbrochen Hunger. Dieses beißende Gefühl quält mich und beherrscht jeden meiner Gedanken. Ich denke nur noch im Rhythmus meines Magens und der Mahlzeiten, die die Wärter mir bringen.

Wobei das Wort Mahlzeit als Bezeichnung für dieses weiße, lauwarme Wasser, das man uns morgens bringt und das wohl eine Suppe sein soll, sehr ungeeignet scheint. Tatsächlich handelt es sich nicht um eine Suppe, sondern wohl eher um Wasser, in dem man Reis gekocht und wieder herausgenommen hat! Offenbar haben sich die Köche, die alle Zelleninsassen bedienen müssen, angesichts der Überbelegung für diese entschieden sparsamere Variante entschieden...

Mittags ist die Suppe gelb. Es muß einmal Huhn darin gewesen sein. Und die rötliche Brühe am Abend erinnert schwach an Tomaten. Wenn schon nicht der Inhalt, so geben uns doch wenigstens die Farben die Illusion der Abwechslung auf unserem Speiseplan.

Da wir alle, die wir in dieser Zelle sitzen, völlig ausgehungert sind, haben wir ein überaus strenges System eingeführt, wie wir das wenige, was wir an Nahrung bekommen, optimal aufteilen können, ohne daß es zu Spannungen kommt.

Wenn es zum Beispiel einen Bissen Brot gibt, dann werden die Krumen genau gezählt. Und wenn wir – ein Festtag! – einige Stücke Huhn oder anderes Fleisch bekommen, werden sie ebenso gerecht geteilt, und es bleibt nichts übrig, nicht einmal die Knochen... Allenfalls ein kleiner Splitter, mit dem sich die schlimmsten Löcher in unserer völlig abgewetzten Kleidung stopfen lassen.

Wenn wir trinken wollen, müssen wir das Wasser aus der Dusche abkühlen lassen, das während der Mahlzeiten absichtlich auf eine kochendheiße Temperatur eingestellt ist. Eine ganz besondere Tortur, die man sich eigens für die gefährlichsten Feinde des irakischen Staates ausgedacht hat!

Ich habe nichts gegen meine Mitinsassen. Aber ich fühle mich ihnen auch nicht in besonderer Weise verbunden. Die Entbehrungen und Schikanen werden in meinem Fall noch dadurch erschwert, daß ich mit niemandem über die gegen mich erhobenen Vorwürfe sprechen kann. Die anderen lassen es sich nicht nehmen, laut von ihren Missetaten zu erzählen und sich ihrer Verbrechen zu rühmen. Doch ich schweige, halte mich abseits und versuche, mich wenig an den Diskussionen zu beteiligen, obwohl man mich immer wieder anspricht.

Überdies befinde ich mich in einem politischen Gefängnis. Minister und Offiziere sind hier eingesperrt, und einige sind zum Tode verurteilt. Es ist also durchaus wahrscheinlich, daß die Gespräche dieser Staatsverbrecher abgehört werden – zumal, wenn die Diskussion sich um das politische Regime dreht.

Und wenn wir uns den religiösen Fragen zuwenden, fühle ich mich noch weniger gedrängt, meine Meinung preiszugeben. Was sollte ich meinen Zellengenossen – Schiiten und Sunniten – auch sagen, wenn sie wieder einmal endlos darüber diskutieren, wer der legitime Nachfolger des Propheten Mohammed ist, Abu Bakr, wie die Sunniten glauben, oder Ali, den die Schiiten verehren?

Also schweige ich aus Angst, daß mir sogar über den Propheten selbst zu harte Worte entschlüpfen könnten.

Außerdem habe ich meinem Schicksal bereits getrotzt, als ich mit lauter Stimme verkündete, daß ich an einem so schmutzigen Ort unmöglich beten könne und daß ein Moussaoui ohnehin auf direktem Wege in den Himmel komme! Seither kann ich mich beim Gebet abseitshalten, ohne mir den Zorn der Wahhabiten – der radikalsten sunnitischen Strömung überhaupt – zuzuziehen. Unter anderen Umständen hätten solche Worte mich zweifellos das Leben gekostet. Doch hier im Gefängnis ist ihre Macht begrenzt, und der Name Moussaoui flößt ihnen Respekt ein. Also lassen sie mich in Frieden.

Diese Isolation bedrückt mich, doch sie hat auch ihr Gutes: Sie hilft mir, meinen Glauben zu vertiefen.

Bisher war mein Leben ein ständiger Kampf und von dem einzigen Wunsch beseelt gewesen, mich taufen zu lassen. All meine Energie war auf dieses Ziel ausgerichtet; alles, was dem im Wege stand, war für mich nur ein Hindernis, das beseitigt werden mußte. Doch hier, in dieser kleinen Zelle, gibt es keinen

Priester, den ich überzeuge, und keine Familie, gegen die ich kämpfen muß. Es gibt überhaupt nichts, was ich tun könnte ... Die einzige wahre Freiheit, die mir noch bleibt, ist die der inneren Zwiesprache mit Christus. Und so erlebe ich eine Vertrautheit mit ihm, die ich andernfalls vielleicht niemals kennengelernt hätte.

Ich habe das Gefühl, Ihm sehr nahe zu sein, ohne daß meine Leidensprüfung dieser innigen Begegnung etwas anhaben könnte. Im Gegenteil, die überwundenen Schwierigkeiten lassen meine Beziehung zum Sohn Gottes nur noch intensiver werden, der ebenfalls gelitten hat und nun zu meinem einzigen Halt und meiner einzigen Stärke wird.

Dennoch ist es nicht leicht, inmitten meiner Zellengefährten zu beten, obwohl ich es natürlich nicht laut tue. Tagsüber muß ich ständig fürchten, daß meine Tarnung auffliegt, weil ich ein Avemaria vor mich hin murmele oder ganz verstohlen das Kreuzzeichen mache. Einmal hat mich einer der anderen Häftlinge zu meinem großen Schrecken bereits dabei beobachtet, doch er hat den Sinn der Geste zum Glück nicht verstanden.

Also bete ich hauptsächlich nachts und flehe zu Gott, daß er mich meine Taufe und Erstkommunion noch erleben läßt. Die Überzeugung, daß mir diese Gnade eines Tages zuteil werden wird, hält mich wider menschliches Wissen aufrecht.

Die Monate vergehen und lehren mich, dieser Entdeckungsreise immer freieren Lauf zu lassen. Die innere Zwiesprache verleiht mir zuweilen sogar die Kühnheit, meine Einsamkeit als eine Schule des Glaubens zu betrachten: ein Ausbildungscamp für die Soldaten Christi.

Ich stelle mir vor, daß ich rekonvaleszent bin, daß ich von jener Krankheit genese, die darin besteht, Christus nicht zu kennen. In meinem Fall hat diese Krankheit einen Namen: Es ist der Islam, der es mir erlaubte, im Namen der Religion zu töten und zu lügen ... Meine Haft gibt mir, wie es scheint, meine spirituelle Gesundheit zurück: Tugenden, die mir bisher nichts bedeutet hatten – Frieden, Sanftmut –, werden jetzt zu wesentlichen Werten.

Parallel dazu verschlechtert sich infolge der miserablen hygienischen Verhältnisse mein physischer Gesundheitszustand zusehends.

Ich esse wenig, und ich schlafe kaum mehr. Zu sechzehnt in einem Raum können wir uns nur abwechselnd ausstrecken; jeder kommt an die Reihe und versucht, im Liegen ein wenig zu schlafen. Die übrige Zeit sitzen wir aufrecht, was auf Dauer sehr unbequem ist. Mit der kleinsten Bewegung, die man macht, um die steifen Glieder ein wenig zu lockern, läuft man Gefahr, seinen Nachbarn zu wecken.

Allerdings habe ich gleich zu Anfang im hinteren Bereich des Zimmers einen freien Platz entdeckt: eine kleine Mauer, die die Ecke, wo wir unsere natürlichen Bedürfnisse verrichten, nur notdürftig verbirgt…

Natürlich ist der Gestank entsetzlich, aber das ist der einzige etwas abgeschiedene Ort im Raum. Also verbringe ich die Nacht aufrecht oder zusammengekauert auf dieser kleinen Mauer und somit etwas von der Gruppe entfernt, so daß ich ungestört beten kann.

Unter diesen sehr qualvollen Umständen folgen die Monate des Jahres aufeinander, und in der Monotonie der Tage vermag nichts mein unendliches Warten zu stören. Was kann ich mir wünschen? Ich habe nichts zu erhoffen, weder einen gerechten Prozeß noch eine Veränderung der Haftbedingungen. Diese völlige Perspektivlosigkeit zermürbt mich am meisten, noch mehr als die physische Folter. Da hatte ich wenigstens etwas, wogegen ich ankämpfen konnte. Doch wie stemmt man sich gegen die verrinnende Zeit?

Durch das kleine Fenster sehe ich genau auf die Paßstelle. Ich bringe lange Stunden damit zu, mir dieses Gebäude von außen anzusehen und davon zu träumen, daß es sich in ein Krankenhaus verwandelt, in dem die Kranken gut versorgt und gepflegt werden und jeder ein Zimmer für sich alleine hat.

Die einzige Abwechslung in unserem traurigen Alltag ist das Wetter, über das wir täglich reden. Inzwischen bin ich seit neun

Monaten hier, und in dieser Zeit haben wir die drückenden Temperaturen des Sommers und die beißende Kälte des sehr kurzen Winters erlebt. Jetzt haben wir April, und die Sommerhitze kündigt sich schon wieder an, die aufgrund der Enge unserer Zelle vielleicht noch schwerer zu ertragen ist als der Frost. Eines Tages fahre ich mir mit der Hand über den Hals, um mir den Schweiß abzuwischen, als ich etwas Auffälliges ertaste: eine recht dicke Schwellung unten am Hals.

Sie tut nicht weh, aber sie beunruhigt mich. Ich weiß ohnehin, daß es mit meiner Gesundheit nicht zum Besten steht. Nach weiteren zwei oder drei Tagen spüre ich zudem, daß mir das Atmen schwerfällt. Als der Sanitäter, der zwei- oder dreimal pro Woche laut rufend durch die Gänge läuft, sich unserer Zelle nähert und fragt, ob jemand krank sei, antworte ich ihm mit erstickter Stimme, daß Nummer 318 dem Gefängnisarzt vorgeführt werden will.

– Das muß die Schilddrüse sein …, sagt mir der Mann im weißen Kittel in gleichgültigem Ton, als ich mich wieder anziehe.

– Ist es etwas Schlimmes?

– Das muß geröntgt werden.

Mehr erfahre ich nicht, auch nicht auf Nachfrage …

Der Mann bringt mich zur Tür und sagt mir, daß ich an einem der folgenden Tage ins Krankenhaus gebracht werde. Zunehmend besorgt wegen meines Gesundheitszustands bin ich gezwungen, mein Schicksal in die Hände der Mediziner zu legen, auch wenn der Gefängnisarzt mir nur begrenztes Vertrauen einflößt.

Bei dieser Gelegenheit erhalte ich eine weitere Information, die nicht gerade geeignet ist, mich zu beruhigen: ich bringe nur noch fünfzig Kilo auf die Waage. An dem Tag, als ich diese Anstalt zum ersten Mal betrat, wog ich 120 Kilo … Ich bin nur noch ein Schatten meiner selbst.

Am fraglichen Tag verbindet man mir die Augen. Ein gepanzerter Kastenwagen bringt mich in die nächste medizinische Einrichtung.

Wenn ich auf eine menschenwürdigere Behandlung im Krankenhaus gehofft hatte, werde ich bald eines Besseren belehrt. Beim Betreten des Gebäudes muß ich die Augenbinde anbehalten; außerdem hüllt man mich in eine Decke, um meine Identität vor indiskreten Blicken zu schützen. Selbst als Patient bleibe ich ein Sträfling, dem jeder Kontakt zur freien Welt untersagt ist.

Meine beiden Gefängniswärter achten zudem peinlich genau darauf, daß diese Regel von allen befolgt wird: In einem Ton, der keinen Widerspruch duldet, verlangen sie, bei jeder Etappe der Untersuchungen dabei zu sein; außerdem darf ich dem Krankenhauspersonal keine Fragen stellen. Wenn ich irgend etwas sagen will, muß ich mich an meine Wärter wenden.

Zu meiner Angst vor den Untersuchungen und der Ungewißheit über meinen Zustand kommt also noch die Tatsache hinzu, daß ich ständig beobachtet werde und man jede meiner Handlungen und Bewegungen überwacht, und sei sie noch so geringfügig.

Sogar im Operationssaal, in den ich schließlich geführt werde.

Am Eingang desselben bin ich starr vor Furcht, doch nicht nur ich allein: Auch das Krankenhauspersonal scheint diesen ständigen Druck – zumal vor einer Operation – nur schwer zu ertragen.

Plötzlich entlädt sich die Spannung: Der Chirurg, den die Anwesenheit der beiden Polizisten zur Weißglut treibt, fordert sie mit fester Stimme auf, den Raum zu verlassen.

– Er ist sowieso unter Vollnarkose, so gut wie tot, erklärt er ihnen mit der Autorität des Fachmanns.

Doch es ist nichts zu machen, meine beiden Bewacher bleiben hart.

Mich dagegen stürzt dieses „so gut wie" in einen Abgrund unbeantworteter Fragen. Weder weiß ich, was bei der Operation genau gemacht werden soll, noch habe ich eine Vorstellung von den Risiken des Eingriffs oder von der Schwere meiner Krankheit… Ich bin nur ein Ding: Kein tröstendes Wort lindert meine Angst – die Sicherheit geht vor.

Als ich wieder zu Bewußtsein komme, habe ich kaum Zeit, den künstlichen Schlaf abzuschütteln, als ich, noch torkelnd, schon wieder zum Panzerwagen geschleppt werde. Richtung Gefängnis.

Zurück in der armseligen Zelle lasse ich mich vielleicht zum ersten Mal seit meiner Verhaftung von Bitterkeit übermannen. Dieser kurze Krankenhausaufenthalt hat das Faß zum Überlaufen gebracht. Ich kann diese Ungerechtigkeit unmöglich noch länger ertragen.

Ich brüte über meinem Groll und verfolge die Kette der Ursachen zurück, die mich hierhergebracht haben. Wenn ich ernstlich krank bin, so verdanke ich das diesem schändlichen Gefängnis und der unmenschlichen Behandlung, der ich durch die Grausamkeit meiner eigenen Familie ausgeliefert worden bin. Ohne Bedauern und ohne einen Hauch von Mitleid haben sie mich einsperren lassen.

Wenn ich an sie denke, meine Brüder, meinen Vater vor allem, fühle ich einen tiefen Groll, der mich innerlich auffrißt und den nichts besänftigen kann.

Dazu kommt, daß ich mir die allergrößten Sorgen um meine eigene Familie mache: Wie geht es ihnen? Wo sind meine beiden Kinder, Azhar, der ältere, und Miamy, die enorm gewachsen sein muß. Wie hat meine Frau auf diese ganze Geschichte reagiert? Was ist aus ihnen geworden? Ich habe so lange nichts gehört...

Das sind die Fragen, die mich in diesen erstickend heißen Sommermonaten bedrängen, während wir vor uns hinbrüten und nur ab und zu einmal zerstreut auf die Geräusche achten, die vom Gang her in unsere Zelle dringen. Von den Neuankömmlingen, die den Platz der Verschwundenen einnehmen, erfahren wir, daß die Vereinten Nationen eine Untersuchung über das Al-Hakimieh-Gefängnis angeordnet haben. Saddam Hussein behauptet nämlich, in seinem Land gebe es keine politischen Gefangenen und die Opposition werde nicht mundtot gemacht.

Nach sechzehnmonatiger Gefangenschaft bin ich am Ende meiner Kräfte. Das ist die längste und grausamste Prüfung, die ich jemals erleben mußte. Die dauernden physischen und moralischen Entbehrungen, Ängste und Qualen haben meine Widerstandskraft gebrochen. Der Gedanke, auch nur einen einzigen weiteren Tag in dieser Hölle verbringen zu müssen, ist mir unerträglich.

Schließlich speit mich die Hölle wieder aus.

Eines Tages, als ich gerade in einem letzten stummen und flehentlichen Schrei Christus meine Leiden entgegenhalte, rufen die Wärter die Nummer 318. Wie ein Schlafwandler stehe ich auf und gehe mechanisch mit gesenktem Kopf zum Ausgang. Wenn ich von neuem gefoltert werden soll, dann werde ich es nicht überleben, davon bin ich überzeugt. Das wird das Ende sein. Ich finde mich damit ab, auf diese Weise zu enden, widerstandslos – aufgebraucht.

Statt dessen aber halten die Wärter mir einen Stapel Kleidung hin, meine eigene, die ich vor über einem Jahr abgelegt habe:
– Du bist frei!
Ich traue meinen Ohren nicht.

Nachdem ich die ganze Zeit über auf diesen Augenblick gewartet habe, kommt er nun so plötzlich, daß ich es kaum glauben kann. Es kommt mir ganz unwirklich vor, meine Identität als Häftling so unvermittelt abzustreifen und in die freie Welt hinausgestoßen zu werden. Frei …

Die einzige Formalität besteht darin, daß ich ein Dokument unterschreibe, mit dem ich mich bei Todesstrafe verpflichte, nichts von dem, was ich erlebt habe, weiterzuerzählen. Offiziell hat diese Hölle niemals existiert … Eine letzte Folter. Sogar die Wirklichkeit meiner Prüfung wird mir genommen.

Hinter mir fällt die schwere Eisentür ins Schloß. Ich stehe allein draußen vor dem Gefängnis auf diesem großen, nach allen Himmelsrichtungen offenen Platz. Plötzlich habe ich Angst. Die Kleider schlottern mir um den Leib, ich bin nur noch Haut und Knochen. Ich weiß nicht, was ich mit dieser zurückgewonnenen Freiheit tun soll.

Ein trauriges Fest

Oktober 1998

Als ich vor einem Jahr und vier Monaten ins Gefängnis gekommen bin, hatte ich 1500 Dinare in der Tasche. Inzwischen hat diese Summe infolge der Inflation stark an Wert verloren. Doch immerhin reicht es, um mir ein Päckchen Zigaretten zu kaufen, die mir helfen, über meine neue Situation nachzudenken.

Ich befinde mich in einem schrecklichen Dilemma. Ich sterbe vor Sehnsucht nach meiner Frau und meinen Kindern, nach ihren Umarmungen, nach ihrer Zuneigung, die mir während meiner Haft auf so grausame Weise verwehrt geblieben ist.

Doch das heißt natürlich, daß ich zu den Moussaoui zurückkehren, daß ich die Menschen wiedersehen muß, die mich ausgeliefert haben, ohne ihnen mein Leiden und den Haß auf sie entgegenzuschreien, der sich Tag für Tag in mir aufgestaut hat. Und ich weiß nicht, ob ich das kann.

Kurz vor meiner Freilassung hatte ich daran gedacht, nach Norden zu fliehen, mich in einem christlichen Dorf zu verstecken und es nie mehr zu verlassen. Um nicht wieder die innere Verbannung inmitten meines Clans erleben und um nicht wieder lügen zu müssen. Ich habe ohnehin nichts mehr mit ihnen zu schaffen, die Bande der Zuneigung sind zerrissen. Ich kann ihnen ihren Verrat nicht verzeihen.

Ja, ich spüre ganz deutlich, daß ich nicht vergeben kann. Nur eine Flucht kann verhindern, daß meine Beziehungen zu meinen Brüdern und meinen Eltern in Gewalt ausarten.

Was soll ich tun? Habe ich wirklich das Recht, Frau und Kinder zu verlassen, ist es das, was Christus von mir verlangt? Wenn ich einen Strich unter mein altes Leben ziehe, kann ich anderswo ein neues Leben beginnen, ein christliches Leben, das diesen Namen verdient, und das, ohne mich zu verstecken… Habe ich nicht das Recht, auf ein bißchen Ruhe und Frieden zu hoffen?

Beinahe zwei Stunden lang wälze ich diese Fragen in meinem Kopf hin und her und rauche dabei eine Zigarette nach der anderen. Hin und her gerissen wäge ich die beiden Alternativen ab, die sich mir bieten, ohne daß es mir gelingt, eine Entscheidung zu fällen.

Endlich, nachdem ich mir das Hirn zermartert und jede Möglichkeit tausendmal wieder verworfen habe, trägt die Sehnsucht nach meinen Kindern den Sieg davon. Ich werde niemals Frieden finden, wenn ich sie im Stich lasse und der feindseligen Macht meines Clans ausliefere. Ganz davon zu schweigen, daß sie dann ihren christlichen Glauben nicht mehr werden leben können. Anouar, Azhar und meine kleine Miamy würden gezwungenermaßen zum Islam zurückkehren. Und das ist eine Vorstellung, die ich nicht ertragen kann.

Also raffe ich meinen letzten Rest an Mut zusammen, um ein Taxi zu rufen, das mich nach Hause bringen soll. Ich habe nicht einmal mehr genug Geld, um den Fahrer zu bezahlen. Doch angesichts der Tatsache, daß ich mich von neuem in die Höhle des Löwen begeben will, erscheint mir dieses Problem eher geringfügig...

Tatsächlich muß ich mir gar keine Sorgen machen, wie ich den fehlenden Betrag aufbringen soll. Als wir uns dem Haus nähern, sehe ich einen meiner Brüder, Ali, am Straßenrand stehen. Ich bitte den Fahrer anzuhalten. Es bereitet mir sogar ein boshaftes Vergnügen, die Verblüffung meines Bruders auszunutzen und ihm die Bezahlung des Taxis zu überlassen.

Ich selbst lege die etwa hundert Meter, die mich noch von meiner Familie trennen, zu Fuß zurück.

Ich weiß nicht, was in diesem Moment stärker ist: meine Freude auf das Wiedersehen mit Anouar oder meine Angst davor. In mehr als einem Jahr kann viel passiert sein... Im Gefängnis hatte ich Zeit genug, mir die schwärzesten Szenarien auszumalen: Ist sie womöglich unter dem Druck meines Vaters zusammengebrochen und hat gestanden? Ist nicht vielleicht genau das die Erklärung dafür, daß die Verhöre im Gefängnis nach drei Monaten aufgehört haben? Wird sie mich so stark abgemagert überhaupt wiedererkennen? Das ist die Frage, die mich beschäftigt, als ich die Tür zu unserem gemeinsamen Haus aufstoße. Tatsächlich weicht Anouar zunächst vor meinem skelettartigen Äußeren zurück. Ich lese die Überraschung auf ihrem Gesicht. Dann aber erhellen sich ihre Züge zu einem Lächeln, als sie mich endlich erkennt. Doch ich habe kaum Zeit, sie in die Arme zu schließen ...

Plötzlich höre ich hinter mir eine Vielzahl von Schreien und Rufen, eine Menge von Menschen, die sich vor der Tür drängt und offenbar festentschlossen ist, hereinzukommen. Ich erstarre, befürchte das Schlimmste: daß sich die Ereignisse von vor sechzehn Monaten wiederholen, als meine Brüder sich am frühen Morgen auf mich gestürzt hatten.

Ich bin bereit zur Flucht und doch erstaunt über den Klang der Stimmen, die eher Freude als Haß zu verraten scheinen. Und wirklich: Kurze Zeit später verschwinde ich in einer begeisterten Menge, die aus sämtlichen Mitgliedern meiner Familie besteht. Die Frauen stoßen Jubelrufe aus, die Männer schließen mich feierlich in ihre Arme ...

Ich verstehe gar nichts mehr. Habe ich Halluzinationen? Immerhin bin ich mit meiner Verwirrung nicht allein, denn auch meine Frau schaut völlig perplex auf dieses Getümmel, mit dem sie ganz offensichtlich nicht gerechnet hat.

Rasch wird die Musik eingeschaltet, zu meinen Geschwistern und Eltern stoßen Schwiegerfamilie, Nachbarn und Freunde. Es scheint, als gebe sich das ganze Viertel – zweifellos von meinem Bruder informiert – ein Stelldichein, um meine Rückkehr zu feiern. Immer wieder schießt jemand mit dem Karabiner in die Luft, und die Umarmungen, Zurufe und sogar Tränen nehmen kein Ende ... „Der geliebte Sohn ist endlich heimgekehrt!" Ich traue meinen Augen nicht. Aber ich habe auch nicht viel Zeit, darüber nachzudenken, was dieses Fest bedeuten soll.

Denn ein Fest ist es, größer und schöner noch als meine Hochzeit! Das Haus wird einfach nicht leer. In Windeseile schlachtet man mehrere fette Kälber, um die Gäste zu bewirten. Mein Vater hat alles gut organisiert ...

Von meiner Wertschätzung für ihn ist nicht viel übriggeblieben, aber wenn es etwas gibt, das ich an ihm bewundere, dann ist es diese Fähigkeit, sich Gehorsam zu verschaffen und die Dinge mit meisterlicher Hand zu regeln. Im übrigen stehe ich gar nicht so sehr im Mittelpunkt: Er, Fadel-Ali, ist das eigentliche Zentrum dieses minütlich wachsenden Menschenauflaufs. Man drängt sich um ihn, beglückwünscht ihn zur Rückkehr seines Sohnes, bringt Geschenke. Und ich stehe neben ihm und lächle nach allen Seiten, doch innerlich ist mir eher nach Weinen zumute ...

Was ist das für eine fragwürdige Komödie? Ist meine ganze Familie mit Amnesie geschlagen? Ist es möglich, daß sie sich wirklich und aufrichtig über meine Rückkehr freuen, obwohl sie doch Angst vor meiner Rache haben müßten? Während mir diese unbeantworteten Fragen durch den Kopf schießen, nehme ich alle Freudenbekundungen teilnahmslos entgegen und fühle nichts von dem, was ich nach außen hin zeige. Mir krampft sich das Herz zusammen. Das Ganze dauert bis zum Morgen, beginnt am nächsten Tag mit der Ankunft weiterer Gäste von neuem und setzt sich am dritten Tag fort, bis die Vorräte erschöpft sind.

Am Ende finde ich diesen Überschwang nur noch ekelerregend. Wozu das alles? Um eine schändliche Maskerade aufrechtzuerhalten! Andererseits habe ich selbst nicht die geringste Lust, die schmerzliche Vergangenheit, die mich soviel gekostet hat, wiederaufleben zu lassen, und so bleibe ich stumm und wahre den Schein.

Mehr erwartet man wohl auch nicht von mir, wie ich endlich begreife: Ich muß einfach nur meinen Platz in diesem schönen Gemälde einer nach schweren Leiden endlich wiedervereinigten Familie einnehmen.

Aus den Gesprächsfetzen um mich herum gelingt es mir nach und nach, das Puzzle der offiziellen Geschichte zusammenzusetzen, die jedem aufgetischt wird, der sie hören will. Die Geschichte eines entsetzlichen Irrtums, die Geschichte des Lieblingssohns, der mit einem anderen verwechselt und von der Geheimpolizei verhaftet wird, wie es unter Saddams Terrorregime nur allzuoft vorkommt.

Doch hinter dieser schönen Lüge entlarve ich etwas anderes, das mich noch trauriger macht. Was für meine Familie, was für meinen Vater letztlich zählt, ist sein guter Ruf: das, was die Leute sagen, und seine Angst, das Gesicht zu verlieren. Das alles ist wichtiger als die Liebe zueinander.

Von Anfang an waren ihre Reaktionen und die unerhörte Gewalt, mit der sie mich behandelt haben, von einer einzigen Sorge bestimmt: meine Konversion zum Christentum geheimzuhalten und den Skandal schlimmstenfalls zu vertuschen – dann nämlich, wenn die gute schiitische Gesellschaft Wind von der Affäre bekommen sollte.

Ich falle tief. Ich hatte geglaubt, meine Familie brächte mir doch immerhin ein klein wenig Zuneigung entgegen. Doch nein. Das einzig Wichtige ist die äußere Fassade.

Gleichzeitig hat diese Erkenntnis auch ihr Gutes: Es fällt mir wie Schuppen von den Augen. Endlich sehe ich diese Leute, wie sie wirklich sind, in all ihrer nackten Roheit... Es ist nicht sehr schön anzusehen, aber es ist die traurige Wahrheit, sage ich mir voller Schmerz und Zorn.

Jetzt begreife ich auch den Grund meiner Inhaftierung und dieser entsetzlichen Foltern, unter deren Nachwirkungen ich noch immer leide. Ich sollte die Namen der Christen preisgeben, die mich aufgenommen hatten, um alle Verantwortung auf sie abzuwälzen und auf diese Weise die Ehre meiner Familie reinzuwaschen. Wieder diese kostbare Reputation, die wichtiger ist als alles andere. Mir wird übel.

Wahrscheinlich wären alle diese Christen getötet und mir damit jede Möglichkeit genommen worden, jemals wieder eine Kirche zu betreten. Auch für meine neuen Brüder im Glauben wäre ich dann ein Verräter gewesen. Alles in allem nicht schlecht ausgedacht...

Vermutlich ist der Tod meines Cousins Hassan, von dem ich im Lauf der Gespräche zufällig erfahre, der Grund dafür, daß dieser Plan dann letztlich doch gescheitert ist. Als Mitglied des

Geheimdienstes hatte er wahrscheinlich die peinlichen Befragungen veranlaßt, die man an mir vorgenommen hatte. Sein plötzliches Ableben drei Monate nach meiner Verhaftung hatte die Folter beendet – was ich damals in meiner Zelle natürlich nicht hatte ahnen können.

Erst nach dem Ende dieser langen Festlichkeiten sind Anouar und ich endlich allein und können uns daranmachen, die Vertrautheit zwischen uns wiederherzustellen. Wenn ich „allein" sage, so ist das allerdings nicht ganz korrekt, denn als die Gäste gegangen sind, bleiben mein Bruder Ali und meine Schwester Shayma im Haus. Offiziell eine Schutzmaßnahme... So sehr vertraut mir meine Familie!

Also ziehen wir uns ins Schlafzimmer zurück und schildern einander im Flüsterton, was wir in der Zwischenzeit erlebt haben. Ich erzähle meiner Frau die ganze Geschichte, wie es wirklich gewesen ist: meine Entführung, die Begegnung mit dem Ayatollah, das Gefängnis, das Krankenhaus...

Je mehr ich erzähle, desto fassungsloser wird ihr Gesichtsausdruck. Man hat ihr also nie die Wahrheit gesagt. Anouar ihrerseits bestätigt mir die Version vom Justizirrtum, gegen den angeblich alle machtlos waren. Leider, wie sie seufzend sagt...

– Jetzt verstehe ich, warum es deinem Vater mit seinem Vermögen und seinen Kontakten nicht gelungen ist, seinen Lieblingssohn freizubekommen...

In all den Monaten war mein Vater ihr seltsam passiv erschienen – was sonst durchaus nicht seine Art ist –, und sie hatte den Eindruck gewonnen, daß er nicht allzuviel unternahm, um mich nach Hause zu holen. Schließlich war sie zu der Überzeugung gelangt, daß ich tot sein mußte und daß einfach niemand den Mut hatte, ihr diese erschütternde Wahrheit mitzuteilen.

– Stell dir das vor, diese Heuchler! Das geht über meine Vorstellungskraft, ich fühle mich verraten, verspottet, gedemütigt...

Die ganze Zeit über war Anouar zuhause eingesperrt gewesen. In unseren Kreisen geht eine Frau nicht ohne ihren Mann aus dem Haus. Wenn ihr Mann im Gefängnis ist, ist sie in gewisser Weise ebenfalls eine Gefangene – in ihrem eigenen Haus.

Zu diesem Zeitpunkt zogen dann auch mein Bruder und meine Schwester bei ihr ein – angeblich, um meine Frau in ihrem Kummer zu trösten.

Anouar jedoch ließ sich nicht täuschen und litt sehr unter dieser beständigen Überwachung durch ihre Schwiegerfamilie. Als sie den Wunsch äußerte, einige Tage bei ihrer Mutter zu verbringen, gab ihr mein Vater die Erlaubnis nur unter der Bedingung, daß sie seinen Enkel Azhar, an dem er sehr hängt, bei ihm lasse. Azhar ist sein erster und bisher einziger männlicher Enkel. Als Zeichen dieser privilegierten Stellung hat mein Vater ihm zur Geburt ein großes Landgut geschenkt.

Anouar jedoch begann zu zittern, sobald ihr vierjähriger Sohn ihrem Blickfeld entzogen war. Um nicht von ihm getrennt zu werden, fand sie sich damit ab, das Haus nicht zu verlassen. Also mußte ihre Mutter sie besuchen kommen, um sie zu trösten.

Besonders beängstigend für meine Frau war die Tatsache, daß mein Vater immer wieder nach seinem kleinen Lieblingsenkel verlangte und Zeit mit ihm verbringen wollte. Und auch meine Brüder nahmen Azhar regelmäßig mit zu sich. Anouar konnte nichts dagegen tun. Es war ihre Pflicht, jeder Anweisung zu gehorchen, die von einem Mann kam.

Obwohl sie nicht wußte, weshalb mein Clan sie so sehr unter Druck setzte, war meine Frau so klug, ab sofort nur noch heimlich zu beten. Ihre Frömmigkeit vollzog sich in Abgeschiedenheit und Diskretion… Sie wagte es nicht einmal mehr, das kleine dünnseitige Evangelium zu verwenden, das Abuna Gabriel ihr gegeben hatte, weil sie fürchtete, auf frischer Tat ertappt zu werden. Sie hatte es in die Innenseite ihrer Matratze eingenäht, damit niemand es fand…

Rückblickend kann ich sie für diese kluge Entscheidung nur loben. Sie aber schämt sich und fühlt sich schuldig, weil sie aus Angst um ihren Sohn so schwach gewesen ist, ihren Glauben in ihrem Herzen zu verschließen. In diesen langen Monaten hat Anouar das Gefühl gehabt, daß die Flamme ihrer Liebe zu

Christus schwächer wird, daß sie im Begriff steht, zu verlöschen, weil sie keine Nahrung erhält. Zum Glück, so vertraut sie mir an, „ist die Glut nicht ganz erloschen. Sie war noch immer stark genug, um mein gequältes Herz für Augenblicke zu erwärmen."

Es ist nicht nur der Zorn und der Groll gegen meine Familie, die Anouar jetzt innerlich erschüttern. Als sie mir schaudernd erzählt, was sich während meiner Abwesenheit zugetragen hat, spüre ich bei meiner Frau noch ein anderes Gefühl, eine Unruhe, eine Brüchigkeit, die offenbar durch die Angst entstanden ist.

Wenn sie in der Lage sind, ihre schändliche Manipulation so auf die Spitze zu treiben, denkt sie wahrscheinlich, wie weit werden sie dann noch gehen? Ist unser aller Leben in Gefahr?

– Du mußt wissen, fügt sie laut hinzu, als hätte sie meine Gedanken gelesen, daß deine Familie unsere Schwäche ausgenutzt und unsere Ausweise konfisziert hat. Und alles Geld, das wir vor deiner Verhaftung besessen haben …

Damit befinden wir uns in einer sehr prekären Lage der finanziellen Abhängigkeit. Um unseren alltäglichen Lebensunterhalt kümmert sich ein Diener meines Vaters. Wenn wichtigere Anschaffungen anstehen, bin ich auf den guten Willen des Clans angewiesen. Das ist nicht nur sehr verletzend für meinen Stolz, sondern auch überaus lästig.

Ohne Geld können wir keinerlei Pläne machen. Wir stehen ständig unter der Fuchtel meines Stammes, sind ihnen auf Gedeih und Verderb ausgeliefert und müssen uns permanent verstellen. Wir werden permanent beobachtet: Sogar in meinem eigenen Haus überwachen uns die Höllenhunde meines Vaters.

Unter diesen Umständen ist gar nicht daran zu denken, daß wir unser Kommen und Gehen wiederaufnehmen und die Sonntagsmesse in Bagdad besuchen. Das Risiko wäre unkalkulierbar: Der geringste Verdacht, wir könnten eine andere Religion als den Islam praktizieren, würde uns geradewegs ins Verderben führen.

Ich muß um jeden Preis ein Mindestmaß an Freiheit zurückgewinnen, und das bedeutet zunächst einmal finanzielle Unabhängigkeit.

Vor meiner Inhaftierung hatte ich einigen Bauern meines Vaters und auch meinen Brüdern Geld geliehen. Also wende ich mich zuerst an sie. Doch bei jedem Versuch laufe ich unweigerlich vor eine Wand: „Das muß Fadel-Ali entscheiden."

Eine andere Möglichkeit ist der Familienbus mit Chauffeur, der mir früher den Erlös vom Verkauf der Fahrkarten eingebracht hatte. Doch auch hier muß ich ärgerlich erkennen, daß sich in meiner Abwesenheit ein anderer meiner Brüder diesen kleinen Nebenverdienst unter den Nagel gerissen hat. Selbst als ich mich so weit erniedrige, den Chauffeur um ein Darlehen zu bitten, gönnt dieser sich den Luxus, mir eine Abfuhr zu erteilen!

Wenn die Diener meiner Familie eine solche Arroganz an den Tag legen, dann deshalb, weil Fadel-Ali sie dazu ermächtigt hat. Ich habe sein Vertrauen und damit alle Macht und alle Ressourcen verloren, die dieses Vertrauen mir einst eingebracht hatte.

Doch ich weigere mich, klein beizugeben, und bin fest entschlossen, meine Sache vor meinem Vater zu vertreten:

– Wozu brauchst du Geld?, fragt er mich in nüchternem Ton, als ich ihm mein Anliegen vortrage.

– Ich will mit meiner Familie Ausflüge machen können, um mich vom Gefängnis zu erholen …

– Komm in zwei Tagen wieder her, ich werde sehen, was ich tun kann.

Ich hoffe darauf, daß er das, was er mir angetan hat, vielleicht ein klein wenig bedauert und bereut.

Doch am übernächsten Tag verkündet mein Vater stolz, er habe mir etwas abseits von Bagdad ein Haus gekauft, damit wir vier uns dort ausruhen können. Er macht sich sogar die Mühe, mir zu erklären, daß nicht ich, sondern mein älterer Bruder als Besitzer des Hauses eingetragen ist. Somit besteht keinerlei Gefahr, daß ich es wieder verkaufe …

Ich bin außer mir vor Wut:

– Ich brauche kein Haus, ich brauche Geld!, antworte ich anstelle eines Danks und mit Groll in der Stimme.

Doch mein Vater ist unerbittlich. Er gibt nicht nach, und ich kann nichts anderes tun, als mit hängendem Kopf den Raum zu verlassen.

Sechs Monate vergehen in dieser lastenden Atmosphäre des Mißtrauens. Ich spüre deutlich, daß die kleinste meiner Bewegungen überwacht und jeder Ortswechsel genauestens unter die Lupe genommen wird, kurz: ich habe den Eindruck, wieder im Gefängnis zu sein, ohne Gitterstäbe zwar, aber nicht weniger wirkungsvoll.

Anouar und ich haben uns einvernehmlich entschlossen, nicht mit dem Feuer zu spielen. Wir verzichten vorerst darauf, wieder in die Kirche zu gehen. Mit unseren beiden Bewachern zu Hause wäre das zu gefährlich für uns – und für die Christen, die wir damit in Schwierigkeiten bringen würden.

Es ist eine sehr schwere Zeit. Nach außen hin spielen wir Ali und Shayma unseren Gesinnungswandel vor und tun Tag für Tag so, als ob alles nach Wunsch verliefe. Innerlich ist es eine echte Folter für uns, das, was uns am meisten am Herzen liegt, mit Bedacht verschweigen und verbergen zu müssen. Manchmal habe ich den Eindruck, ein Überläufer im Feindesland zu sein.

Doch ich mache mir auch Sorgen, daß sich diese nervenaufreibende Situation bei meiner Frau oder bei mir unkontrolliert entladen könnte.

Als Mittel, diesen unerträglichen Druck zu lindern, bleibt uns zum Glück das Gebet, das wir miteinander sprechen, wenn wir uns schlafengelegt haben – flüsternd, aus Argwohn gegenüber unserem eigenen Sohn. So tief sind wir gesunken ... Jede Nacht flehen wir mit leiser Stimme zum Heiligen Geist, daß er uns helfen möge, diese Last zu tragen, und daß er uns einen Ausweg zeigen möge, auch wenn unser menschliches Auge am Horizont nur finstere Wolken zu erkennen vermag.

II. Exodus

„Die Kirche befiehlt dir zu gehen"

Sommer 1999, Bagdad

In der Rekordhitze der Sommermonate stumpfen die Sinne ab, und bei Temperaturen bis zu 45 °C macht sich Trägheit breit. Oder verwechsle ich Wunsch und Wirklichkeit? Ich habe das Gefühl, daß unsere beiden Wächter in ihrer Wachsamkeit ein klein wenig nachlassen.

Absichtlich entferne ich mich immer länger, ohne daß sie dies aus ihrer Erstarrung aufzurütteln scheint. Wenn ich um die Zeit der Mittagsruhe heimkomme, blicken sie kaum auf.

Durch diese neue Freiheit ermutigt beschließe ich nach reiflicher Überlegung, mein Glück zu versuchen und zu Abuna Gabriel zu gehen. Meine Frau zittert vor Entsetzen bei dieser Vorstellung. Mehrfach hat sich mich beschworen, meinen Plan aufzugeben und an die Gefahr zu denken, in die ich sie und die Kinder dadurch bringe.

Doch ich lasse mich von meinem Entschluß nicht abbringen. Wir sind in einer Sackgasse, und ich muß unbedingt einen Ausweg finden. Ich spüre genau, daß mein Zorn mit der Zeit rascher wächst als meine Furcht, und dieser Zorn nährt sich vom täglichen Kontakt mit meiner Familie, der ich nicht sagen kann, was ich wirklich auf dem Herzen habe.

Obwohl ich Gott in meinen Gebeten bitte, mir meinen Seelenfrieden zurückzugeben, macht es mich von Tag zu Tag wü-

tender, mit welcher Arroganz meine Brüder mich ansehen, als
wäre ich ein Nichts und weniger als ein Nichts...

Wenn ich nicht will, daß sie mich zum Äußersten treiben, muß
ich handeln. Und fliehen. Dieser Plan läßt mich noch immer
nicht los: weggehen und in einem christlichen Dorf im Norden
leben, das ich nie mehr verlassen werde... Doch wie und mit
wem soll ich fliehen? Zuerst brauche ich Rat, und ich weiß, daß
Abuna Gabriel mir zuhören wird.

Trotz meiner Ungeduld habe ich mir die Zeit genommen, über
einige Vorsichtsmaßnahmen nachzudenken, um eventuelle Verfolger abzuschütteln und mich nicht erwischen zu lassen. Ich
fahre in meinem kleinen Auto los und parke es im Stadtzentrum,
ehe ich in ein Taxi steige.

Und um auch jeden weiteren Versuch einer Beschattung zu un-
terbinden, bitte ich den Taxifahrer, eine Stunde in der Stadt her-
umzufahren. Erst danach setzt er mich am Kloster ab. Normalerweise hätte ich für den Weg kaum eine Viertelstunde gebraucht,
doch da ich mein Leben riskiere, erscheint mir diese Vorsicht
nicht übertrieben...

Im Kloster treffe ich Abuna Gabriel und reiße ihn aus seinem
Mittagsschlaf. Obwohl er noch gar nicht richtig wach ist, strahlt
sein Gesicht wie eh und je.

– Was für eine Überraschung! Wie lange ist das her...

– Beinahe zwei Jahre, Abuna...

– Ich habe mir Sorgen gemacht, sagt er zu mir, aber ich hatte
keinerlei Möglichkeiten, mich nach dir zu erkundigen.

Unser Wiedersehen ist kurz. Ich will keine Aufmerksamkeit
erregen, indem ich meinen ersten Fluchtversuch über Gebühr
ausdehne. So rasch es geht, berichte ich ihm von meiner Verhaftung und weshalb ich seither nicht zu ihm gekommen bin.

Der alte Priester wirkt nicht überrascht:

– Die Reaktion deiner Verwandten ist alles in allem in einem
muslimischen Umfeld ziemlich normal. Vergiß nicht, daß der
Koran die, die den Islam verlassen wollen, mit der Todesstrafe
belegt... Aber du hättest keine Bücher mit zu dir nehmen dürfen.

– Kann ich wieder in die Kirche kommen?, flehe ich ängstlich.

– Die Kirche steht dir offen, aber du mußt jetzt doppelt vorsichtig sein.

Das braucht man mir nicht extra zu sagen. Ich nutze seine gute Laune aus und wage mich noch einen Schritt weiter vor:

– Können wir auch unsere Gespräche wiederaufnehmen, zweimal in der Woche, wie früher?

Mit einem Kopfnicken läßt Abuna Gabriel sich darauf ein. Er sieht mich lange an. In seine Güte, die mich immer so beruhigt hat, mischt sich heute ein ungewohnter Ernst.

Leichten Herzens und zuversichtlich beende ich unser erstes Wiedersehen nach vielen Monaten. Die Unterstützung und das Wohlwollen des Ordensmanns haben mich beruhigt. Er ist wie ein Fels in der Brandung all unserer Probleme.

Durch diesen ersten Erfolg ermutigt entwerfen Anouar und ich einen Plan, um die Aufmerksamkeit unserer häuslichen Bewacher abzulenken: Wir streiten. Nicht mit Beschimpfungen, wie es üblich ist, sondern mit Gesten, besser gesagt: mit Unterlassungen. Im Rahmen unserer kleinen Inszenierung weigert sich meine Frau, die gute, hingebungsvolle Ehegattin zu spielen, und vergißt beispielsweise, mir das Essen zu bringen!

Merkwürdigerweise wiederholen sich unsere Zankereien beinahe im Wochenrhythmus, vorzugsweise samstags, und enden immer gleich: Anouar flieht zu ihrer Mutter! Also muß ich mich wohl oder übel ins Auto setzen und sie zurückholen. Auf diese Weise habe ich einen wunderbaren Vorwand, um gemeinsam mit ihr in die Messe zu gehen. Manchmal schmollt sie mehrere Wochen lang – dann können wir unseren geistlichen Mentor gemeinsam besuchen!

Unsere Umgebung schöpft nicht den geringsten Verdacht. Besser noch, sie zeigen sich angesichts des vermeintlichen Konflikts derart besorgt, daß die Mitglieder meiner Familie Anouar gegenüber plötzlich eine ganz neue Fürsorge und Liebenswürdigkeit an den Tag legen: Sie wollen sie dazu motivieren, sich besser um ihren Mann zu kümmern…

Eines Abends, nachdem wir diesen Trick drei Monate lang regelmäßig angewandt haben, sagt Abuna Gabriel am Ende einer unserer wöchentlichen Zusammenkünfte ganz unvermittelt: „Du darfst nicht mehr so oft kommen, das ist zu gefährlich für dich und für uns ... Komm nur einmal in der Woche, außer zur Messe."

Ich weiß nicht, wie ich diese Vorsichtsmaßnahme bewerten soll, aber ich halte mich daran, denn ich habe nicht wirklich eine Wahl. Vielleicht ist es Klugheit, die aus Abunas Mund gesprochen hat ... Jedenfalls mindert es das Risiko, daß meine Familie uns auf die Schliche kommt und unsere List durchschaut.

Einige Wochen später erteilt der Priester mir eine neue Order: „Du kannst ab sofort nur noch einmal in der Woche kommen. Du mußt dich zwischen der Messe und unseren Gesprächen entscheiden ..." Auch gegen dieses Urteil gibt es keine Berufung. Ich entscheide mich für die Messe, aber es zerreißt mir das Herz, auf diese spirituell so bereichernden Abende verzichten zu müssen.

Diesmal bringen mich die Anweisungen von Abuna Gabriel zum Nachdenken. Er hat diese Entscheidung ganz sicher nicht aus eigener Initiative getroffen. Das sieht ihm nicht ähnlich. Warum sollte er einen Rückzieher machen, nachdem er das Prinzip unserer regelmäßigen Zusammenkünfte zunächst akzeptiert hatte? Ein Mann wie er steht zu seinem Wort.

Also muß da noch etwas anderes sein.

Er lebt in einem Kloster, und ich möchte wetten, daß seine Mitbrüder Angst vor der Gefahr bekommen haben.

Möglicherweise hat einer der Brüder auch die sonntäglichen Meßbesucher mit der Information beunruhigt, daß ein Muslim unter ihnen ist. Und aus Angst vor einer Anklage wegen Proselytismus haben sie die Brüder unter Druck gesetzt. Mir kommt ein Detail in den Sinn, das ich bisher nicht weiter beachtet, wohl aber in meinem Gedächtnis gespeichert habe: Ich habe seit einigen Wochen den Eindruck, daß die Gesichter der Meßbesucher verschlossener sind; ihre Züge verfinstern sich just dann, wenn wir die Kirche betreten.

Ein weiterer beunruhigender „Zufall", über den Anouar und ich uns bereits ausgetauscht haben, ist die Tatsache, daß die Sicherheitsmaßnahmen verstärkt worden sind: Seit einiger Zeit stehen Gemeindemitglieder an der Kirchentür, die Fremde und potentielle Spione ausfindig machen sollen. Ein Zeichen für ein erhöhtes Risiko – und es ist mehr als wahrscheinlich, daß unsere Anwesenheit der Grund dafür ist.

Ich kann die Befürchtungen und die Gründe dafür durchaus verstehen: die Härte des muslimischen Gesetzes, der Scharia, die Risiken für die ganze Gemeinde – und bis zu einem gewissen Punkt teile ich diese Befürchtungen auch. Dennoch habe ich nicht das Gefühl, daß es besonders unvorsichtig ist, hierherzukommen. Jedenfalls ist mein Durst nach Christus größer als meine Angst.

Ich fühle mich wie von einer unwiderstehlichen Kraft angetrieben, die alle Einwände und Widerstände beiseitefegt, um sich auf ein einziges Ziel zu konzentrieren: die Taufe und mehr noch die Kommunion, die Teilhabe am „Brot des Lebens". Es ist nicht einfach zu erklären, aber zuweilen habe ich das Gefühl, von einer Kraft beschützt zu sein, die nicht aus mir selbst stammt: einer übernatürlichen Kraft. Die Tatsache, daß ich alle bisherigen Prüfungen überlebt habe, gibt mir ein Gefühl der Unverwundbarkeit, in dem, das ist mir bewußt, auch ein Quentchen Stolz enthalten ist.

Dieser vermeintliche Leichtsinn jedenfalls drängt mich dazu, meine Suche fortzusetzen und weiter zu hoffen, daß es irgendwo einen Ausweg aus dieser Situation gibt: Ich muß mein Ziel nur beharrlich weiterverfolgen.

Mit einem leisen Hauch von Geringschätzung staune ich auch über diese von Furcht gelähmte Gemeinde. Für mich ist eine solche Haltung geradezu unvereinbar mit dem Wort Christi, das mich so beeindruckt hat: „Fürchtet euch nicht vor denen, die den Leib töten, die Seele aber nicht töten können" (Mt 10,28).

Eines Sonntagsmittags nach der Messe winkt Abuna Gabriel mich zu sich in den Chorraum. Dort sagt er mir, ich solle am darauffolgenden Mittwoch zu ihm kommen. Dann geht er in die Sakristei, um die Kukulle abzulegen.

Erstaunt über diese ungewöhnliche Vorgehensweise schwanke ich drei Tage lang zwischen der Vorfreude auf einen weiteren Abend mit diesem Priester, für den ich eine große Zuneigung empfinde, und der Angst davor, daß er mir dieses Mal den Besuch der Kirche ganz verbieten wird.

Am verabredeten Tag wird mir der Ernst des Augenblicks bewußt, als Abuna Gabriel mich in sein Zimmer einläßt und sofort die Tür hinter mir schließt.

– Das, was ich dir jetzt sage, darf diesen Raum nicht verlassen, sagt er als erstes. Du mußt mir versprechen, daß du es niemandem erzählst...

Verwirrt durch diese rätselhafte Einleitung warte ich schweigend und mit einem flauen Gefühl im Magen darauf, daß er weiterspricht.

– Du bist nicht getauft, aber du bist ein wahrer Christ, wahrscheinlich mehr als ich und mehr als viele andere hier, fährt er fort. Aber wenn man Christ ist, muß man Christus gehorchen. Und der Vertreter Christi hier auf Erden ist die Kirche.

– Und weiter?, frage ich voller schrecklicher Vorahnungen und flehe ihn mit meinen Blicken an, seine Aufgabe zu Ende zu bringen.

– Im Namen der Kirche befehle ich dir, den Irak vorsichtshalber zu verlassen...

Einige Augenblicke lang verharre ich regungslos und starre ihn an. Dieser ehrwürdige Mann hat mich gerade seelenruhig dazu aufgefordert, mit meinem ganzen bisherigen Leben zu brechen. Der Schock sitzt tief. Selbst in den schwärzesten Momenten der vergangenen Jahre habe ich nie auch nur eine Sekunde lang ernsthaft darüber nachgedacht, das Land zu verlassen.

Ich komme mir vor wie Abraham, von dem Gott verlangt, alles aufzugeben. Nur, daß ich kein Geld habe und auch keinen Beruf...

– Können wir darüber reden, ist die Sache verhandelbar?

– Nein, erwidert Abuna Gabriel mit fester Stimme. Wenn du dich diesem Befehl widersetzt, wiedersetzt du dich der Kirche!

Das Argument sticht, und der Kirchenmann weiß das. Allein schon der Gedanke, daß ich mich auch nur einen Moment lang im Widerspruch zur Kirche befinden könnte, erfüllt mich mit Entsetzen.

Das würde alles in Frage stellen, wofür ich seit zwölf Jahren gekämpft habe. Nachdem ich soviel Kraft darauf verwandt habe, in den Schoß der Kirche aufgenommen zu werden – und ich habe weiß Gott einen hohen Preis dafür bezahlt! –, werde ich mir jetzt ganz sicher nicht den Luxus leisten, auch nur die kleinste ihrer Weisungen zu mißachten.

Im übrigen kommt diese Weisung nicht von irgend jemandem, sondern von einem Mann, den ich mehr verehre als jeden anderen und der meine Entwicklung Schritt für Schritt begleitet hat. Ich darf Vertrauen haben: Der Befehl, den ich erhalte, ist reiflich überlegt ...

Jedenfalls weiß ich nun, weshalb Abuna Gabriel unsere Treffen reduzieren wollte.

Ich habe keine Wahl. Ich muß mich fügen. Aber ich brauche Zeit. Nur eine kleine Weile, um all diese Informationen zu verarbeiten und über die neue Situation nachzudenken.

– Du hast eine Woche, erklärt mir der greise Pater. In sieben Tagen bringst du mir dein Nein oder dein Ja. Wenn du ja sagst, wird die große Kirche dir helfen. Aber wenn du nein sagst, wirst du nie mehr zu mir kommen dürfen. Und du wirst auf die Taufe verzichten müssen.

– Ich kenne kein anderes Land ..., wende ich schüchtern ein.

– Ich bin viel gereist!, antwortet er herzlich, ich kann dir helfen. Aber es ist deine Entscheidung. Ich liebe dich sehr, das weißt du, und wenn dir hier im Irak etwas zustieße, würde ich mir das nie verzeihen. Du bist mein liebster Freund!

Bei diesen Worten spüre ich, wie mir die Tränen in die Augen treten, denn während unserer Treffen war Abuna Gabriel in emotionaler Hinsicht immer sehr zurückhaltend gewesen und hatte jedes Zeichen der Zuneigung unterdrückt.

Doch an diesem Abend, vielleicht einem unserer letzten, höre ich ergriffen, wie diese Worte aus ihm herausprudeln. Er hat sein Herz sprechen lassen. Das tröstet mich ein biß-chen über die schmerzliche Trennung hinweg, auf die ich mich nun werde vorbereiten müssen.

Auf dem Heimweg mache ich mir große Sorgen darüber, wie meine Frau reagieren wird. Sie ist sehr ängstlich. Wie soll ich sie überzeugen, da ich doch selbst allenfalls halb überzeugt bin?

Wenn ich mich weigere, der Anweisung von Abuna Gabriel Folge zu leisten, darf ich mich nicht mehr Christ nennen. Doch die Vorstellung, das Land zu verlassen, macht mir ent-setzliche Angst, schon allein des Unterhalts wegen. Wie soll ich ohne Beruf und ohne Abschluß meine Familie ernähren?

Vor allem aber habe ich Angst vor einem Flüchtlingsdasein, das mir besonders demütigend erscheint. Ich habe Bilder von palästinensischen Flüchtlingen im Kopf, die wie Hunde mit Essen versorgt werden. Das kann ich nicht akzeptieren. Es wäre für mich schon das Äußerste, bei jemand anderem woh-nen und auf fremde Hilfe angewiesen sein zu müssen.

Anouars erste Reaktion ist negativ, wie erwartet. Auch sie kann nicht arbeiten; unser ganzer Haushalt einschließlich der Küche wird von Angestellten geführt. Außerdem sind da die beiden Kinder, der siebenjährige Azhar und die zweieinhalb Jahre alte Miamy. Meine Frau kann sich nicht vorstellen, wie wir mit den Kindern unbemerkt fliehen sollen.

Nachdem wir das Problem von allen Seiten beleuchtet ha-ben, kommen wir immerhin zu einem Ergebnis: Unsere der-zeitige Situation ist unhaltbar, denn wir beide sehnen uns da-nach, getauft zu werden. Also müssen wir zunächst einmal versuchen, unsere panische Angst vor dem Unbekannten zu bezwingen.

Um Klarheit zu gewinnen, beschließt Anouar einige Tage später, einen letzten Versuch bei Abuna Gabriel zu wagen. Wieder täuscht sie einen Streit mit mir vor und geht zu ihrer Familie. Doch diesmal läßt sie unter dem Vorwand, ihre Schwester besuchen zu wollen – sie sagt jedoch nicht, welche –, unsere Kinder bei ihrer Mutter und geht alleine zu dem Ordensmann ...

Sie betritt das Kloster in der Hoffnung, daß sie Abuna vielleicht dazu bringen kann, seine Meinung zu ändern. Sie weiß, daß er sie ebenfalls sehr gerne hat. Doch sie erhält dieselbe Antwort: „Es gibt keine andere Lösung. Alles andere bedeutet den Tod für euch und gewaltige Schwierigkeiten für die christliche Gemeinde ..."

Als die Frist von sieben Tagen verstrichen ist und wir uns keine Hoffnungen mehr auf eine andere Lösung machen können, suche ich den Priester erneut auf, um ihm meine Antwort zu überbringen:

– Die Antwort ist ja, aber ...

Ich zögere.

– Ich will kein Flüchtling sein!

– Warum nimmst du dann keinen Kredit auf?, schlägt mir Abuna Gabriel nach einigem Nachdenken vor.

– Damit mache ich mich auch nur abhängig, das will ich nicht!

– Du wirst eine Arbeit finden. Mit diesem Appell an mein Gottvertrauen ist unser Gespräch beendet.

GEHEIME VORBEREITUNGEN

Bagdad, Januar 2000

Zu Beginn des Jahres fange ich an, unsere Abreise systematisch vorzubereiten. Ich kann nur beten, daß mein Tun unbeobachtet bleibt...

Zunächst einmal muß ich uns Pässe besorgen. Dafür benötige ich eine Geburtsurkunde und einen Ausweis – also ebenjene Dokumente, die meine Familie konfisziert hat.

Außerdem fehlt mir ein Nachweis über meine Nationalität und insbesondere über den Grad meiner Nationalität. Das letztgenannte Dokument ist vor allem ohne Geburtsurkunde schwierig zu bekommen. Es belegt, daß man von Geburt an oder durch Heirat irakischer Herkunft ist.

Glücklicherweise habe ich noch die Bescheinigung über meinen abgeleisteten Militärdienst. Das ist ein Pflichtdokument, das ebensogut ist wie ein Personalausweis. Ich muß es immer bei mir tragen und es bei jeder Gelegenheit, bei der kleinsten Polizeikontrolle vorzeigen. Jetzt bin ich froh darüber, denn es hilft mir, die nötigen Papiere zu beschaffen.

Zum Glück hat meine Familie keinerlei Beziehungen zu den Behörden, im Gegenteil: Sie mißtraut den Funktionären, die in ihren Augen nur Handlanger von Saddam Hussein sind. Es besteht also von vorneherein keine Gefahr, daß meine Vorbereitungen durch irgendeine Indiskretion verraten werden könnten.

Ich meinerseits bin seit der Episode mit der Bibel ein gebranntes Kind und hüte mich aus Angst, daß meine Wachhunde es entdecken könnten, wohlweislich davor, irgendein Dokument im Haus herumliegen zu lassen. Sämtliche Papiere sind bei Abuna Gabriel, der gut darauf aufpaßt. Eine weitere notwendige Vorsichtsmaßnahme besteht darin, daß ich alle diese Dinge ohne meine Frau erledige, um keinen Verdacht zu erregen.

Die Erfahrung hat mich auf schmerzliche Weise gelehrt, daß ich jedem und besonders meinen Verwandten mißtrauen muß.

Deshalb bin ich ständig auf der Hut. Aus Klugheit achte ich darauf, nicht mehr als einen oder zwei Tage – und nie mehr als eine Woche – verstreichen zu lassen, ohne unter irgendeinem Vorwand meinen Vater zu besuchen. Ich bin um so vorsichtiger, als ich die familiäre Bannmeile nur auf einem Weg verlassen kann, der am Haus meines Vaters vorbeiführt.

Was mich traurig macht, ist die Tatsache, daß mein Vater ausgerechnet diesen Zeitpunkt, da ich mich endgültig von ihm entferne, für einen Versuch gewählt hat, mich wieder näher an sich zu ziehen.

In letzter Zeit scheint sein Mißtrauen mir gegenüber nachgelassen zu haben. Was ist daran Kalkül, was Aufrichtigkeit? Schwer zu sagen. Mag sein, daß er Angst vor mir hat und meine Rache fürchtet. In diesem Fall ist es für ihn besser, mich zu besänftigen, als mich in meiner Opferrolle noch zu bestärken.

Davon abgesehen spüre ich jedoch auch deutlich, daß er das Vertrauen zwischen uns wiederherstellen will. Ich weiß, daß er mich im Grunde gernhat und untröstlich wäre, mich zu verlieren. Natürlich sagt er das nicht mit Worten: Er ist viel zu zurückhaltend und stolz, um mir seine Gefühle zu gestehen. Doch sein ganzes Verhalten, seine Gesten und Aufmerksamkeiten sind von einer Bemühtheit, die mir zeigt, daß er den Bruch der letzten Jahre überwinden und die Bande zwischen uns neu knüpfen will. Als ob das, was er mir angetan hat, die glückliche Vergangenheit nicht ausgelöscht hätte …

Doch ich für meinen Teil habe nichts vergessen. So sehr ich es auch versuche, es fällt mir schwer, meinen Haß auf diese Familie zu verbergen, die mich verraten, mich ohne das geringste Bedauern ausgeliefert und mich zu einer denkbar schändlichen Strafe verurteilt hat.

Und selbst wenn ich ihnen vergeben könnte: Wie sollte ich ihnen das, was ich erlebe, erklären? Das erscheint mir völlig unmöglich, so sehr übersteigt meine religiöse Erfahrung ihre Begriffe.

Neben den Pässen gibt es ein zweites Problem: unser Gepäck. Auch hier muß ich mit äußerster Vorsicht zu Werke gehen. Es versteht sich von selbst, daß wir nicht bei uns zu Hause und vor der Nase unserer Kerkermeister unsere Koffer packen können.

Um keine Aufmerksamkeit zu erregen, nehme ich die nötigen Habseligkeiten nach und nach in einem kleinen Rucksack mit, den ich ohnehin bei meinen Ausflügen immer bei mir trage. Jedesmal, wenn ich das Haus verlasse, kommt ein Kleidungsstück in den Rucksack, das ich sodann bei Michael deponiere: Er hat sich bereiterklärt, sein Haus als Kleiderkammer zur Verfügung zu stellen.

Für die Reise habe ich einen großen Koffer gekauft, der sich nun Stück für Stück füllt und nach einigen Wochen aus allen Nähten platzt. Vor unserer Abreise werden wir wohl einiges wieder aussortieren müssen...

Gott sei Dank bleibt das Verschwinden unserer Kleidungsstücke unbemerkt. Dadurch, daß wir unsere indiskreten Bewacher nur selten alleinlassen, ist es uns gelungen, meinen Bruder und meine Schwester von unserem Schlafzimmer fernzuhalten. Doch selbst wenn wir, was selten vorkommt, beide außer Haus sind, haben wir danach den Eindruck, daß sie die Privatsphäre unserer Ehe respektiert haben. Allerdings besitzen wir ohnehin so viele Sachen, daß sie wahrscheinlich auch dann nichts bemerkt hätten, wenn sie wirklich in unser Zimmer eingedrungen wären!

Schließlich muß ich vor unserer Abreise nur noch eine Sache regeln, und das ist keine Kleinigkeit: unsere Reisekasse. Ich weiß nicht, wie lange unser Exil dauern wird, und deshalb brauche ich eine beträchtliche Summe, um uns über Wasser zu halten. Doch ich habe weder Einkünfte noch Ersparnisse...

Zuerst denke ich daran, mein Auto zu verkaufen. Doch Abuna Gabriel, mit dem ich über diesen Plan spreche, rät mir davon ab: zu auffällig für meine Familie. Und außerdem zu riskant. Ich müßte einen Käufer finden, der damit einverstanden wäre, daß er den Wagen nicht sofort, sondern erst am Tag meiner Abreise übernimmt, weil ich ihn vorher noch für die Reisevorbereitungen brauche. Und das würde Mißtrauen erregen. Ein Muslim käme daher als Käufer nicht in Frage, doch selbst ein Verkauf an einen

Christen wäre gewagt. Da mein Leben auf dem Spiel steht, gebe ich den Plan also lieber auf ...

Damit bleibt mir nur noch eine einzige Möglichkeit, um uns Rücklagen zu schaffen: Anouars Schmuck, den sie mir aus freien Stücken anbietet. Ich zögere. Ich selbst hätte sie nie darum gebeten. Dieser Schmuck ist ihr einziges persönliches Vermögen, ihr einziger Besitz. Die muslimischen Frauen hängen im allgemeinen sehr an ihrem Schmuck, denn er ist das einzige, was sie besitzen dürfen.

Als sie ihn mir spontan anbietet, ist mir daher bewußt, daß sie damit sehr viel mehr als nur Geld in meine Hände legt: Anouar beweist mir dadurch, daß sie trotz aller Risiken voll und ganz hinter unseren Abreiseplänen steht. Meine Frau hat ihre Wahl getroffen zwischen dem Leidensweg, zu dem unser Leben inmitten unserer Verwandten geworden ist, und dem Weg in die Verbannung. Als sie mir ihren Schmuck bringt, sagt sie mit großem Feingefühl etwas, das mir die Entscheidung erleichtert:

– Weißt du, dieser Schmuck ist für mich nicht kostbarer als die Liebe zu Jesus. Das ist kein zu großes Opfer für ihn.

Obwohl ich ihr Fälschungen kaufen muß, damit das Fehlen des Schmucks nicht auffällt, bringt der Verkauf der echten Juwelen uns doch eine beträchtliche Summe ein: etwa zehntausend Dollar. In Wirklichkeit sind die Schmuckstücke zwar deutlich mehr wert – ich war in Eile, und der Käufer hat die Situation ausgenutzt –, doch dieser Betrag läßt mich etwas hoffnungsfroher in die Zukunft blicken ...

Dagegen habe ich alle Mühe, Anouar davon abzubringen, daß sie ihr prächtiges Tafelgeschirr mitnimmt, an dem sie sehr hängt. Es kostet mich eine unendliche Menge an Geduld und Erklärungen, sie davon zu überzeugen, daß wir uns nicht mit soviel Gepäck beladen können.

Vier Monate später sind wir nach langwierigen Vorbereitungen beinahe abreisefertig.

Was unser Reiseziel betrifft, habe ich mich informiert und sodann für Jordanien entschieden, denn das ist das einzige Land, das seine Grenzen zum Irak noch nicht geschlossen hat. Der neue König, Abdallah I., ist ein Verbündeter des Westens, und die Flüchtlinge stellen in diesem Land eine nicht unwichtige Einkommensquelle dar: Nur die Reichsten haben die Mittel, Saddams Diktatur zu entfliehen.

Wir müssen nur noch den Familienpaß abholen und den Tag unserer Flucht festlegen. Offenbar haben wir eine Glückssträhne: Es ist beinahe ein Wunder, daß meine Familie nichts bemerkt hat ...

Am vereinbarten Tag inszenieren Anouar und ich einen neuerlichen Ehestreit und machen uns, wie die Behörden es verlangen, als Familie mitsamt den Kindern auf den Weg, um uns das kostbare Dokument aushändigen zu lassen.

Die Enttäuschung ist so groß, wie sie nach so langem und fieberhaftem Warten nur sein kann: In neutralem Ton verkündet mir der Funktionär, daß ich keine Reiseerlaubnis habe ...

Das ist ein entsetzlicher Schlag. Innerhalb von zehn Sekunden ist alles verloren. Wir werden für den Rest unseres Lebens eingesperrt bleiben. Ich bin verzweifelt. Ganz sicher ist auch das wieder eine Intrige meiner Familie ... Sie haben alles vorausgesehen, sogar die Möglichkeit, daß ich versuchen würde, ins Exil zu gehen. Sie müssen mich schon bei der Verwaltung angeschwärzt haben, als ich noch im Gefängnis und als mein Vetter vom Geheimdienst noch am Leben war.

Trotz des Schocks bringe ich einige Worte über die Lippen, artikuliere die letzte Hoffnung eines Verurteilten:

– Was kann ich tun?

Die Antwort erfolgt in frostigem Ton:

– Es gibt nur eine Möglichkeit: Sie müssen sich im Büro nebenan beschweren.

Noch während er redet, kommt mir eine Erleuchtung. Ich erinnere mich, daß Korruption in der irakischen Verwaltung extrem weitverbreitet ist, zumal die Inflation die Gehälter förmlich aushöhlt. Ich habe meinen Vater oft genug beobachtet, und ich weiß, daß man mit Geld vieles erreicht. Warum nicht auch hier? Jetzt oder nie... Ich nehme all meinen Mut zusammen und wage eine weitere Frage:

– Eins noch... Kennen Sie den Grund für dieses Reiseverbot?

– Wissen Sie das nicht selbst?

– Hmm... Ah ja, jetzt erinnere ich mich. Ich mußte Geld von jemandem leihen und konnte es nicht zurückzahlen, aber die Sache ist erledigt, ich habe meine Schulden beglichen.

In diesem Augenblick, wo meine Zukunft am seidenen Faden hängt, arbeitet meine Phantasie wie ein Uhrwerk! Als ich von Geld spreche, scheint das Interesse meines Gegenübers geweckt.

– Wenn das so ist, müssen Sie nur zur Polizei gehen, die regeln dann alles, erläutert mir der Funktionär, der nun etwas zugänglicher wird.

Und nach kurzem Zögern fügt er hinzu:

– Aber die werden Sie mit Fragen und Formalitäten belästigen. Wenn Sie wollen, kann ich mich darum kümmern...

Das ist es. Meine Ahnung hat mich nicht getrogen. Ich gehe auf den Vorschlag des Funktionärs ein und frage ihn nach dem Preis für diesen „Service".

– Eine halbe Million Dinare, antwortet er dreist.

Das ist eine exorbitante Summe, damals ungefähr vierhundert Dollar! Ich rechne schnell: Er muß im Monat etwa dreitausend Dinare verdienen, das heißt, mit einer solchen Summe würde er sich seinen Lebensabend vergolden... Verhandeln ist alles!

Nach einer kurzen Diskussion einigen wir uns auf eine Viertelmillion, 250.000 Dinare, 150.000 sofort, den Rest am nächsten Tag, wenn er uns den Paß übergibt.

Anschließend fahren wir noch am Kloster von Abuna Gabriel vorbei. Ich mache mir Sorgen:

– Und wenn ich morgen wiederkomme und er zu mir sagt: „Ich kenne Sie nicht..."?

– Morgen ist morgen, sagt der Priester beschwichtigend. Heute können wir nur beten, daß alles gut wird. Und wenn nicht, müßt ihr eben versuchen, über den Norden zu fliehen.

Am darauffolgenden Tag stehe ich erneut mit meiner Frau und meinen beiden Kindern im Büro des Funktionärs. Ich bin angespannt. Er legt den Paß mit dem kostbaren Stempel auf den Tisch. Doch als ich genauer hinsehe, entziffere ich neben dem Stempel einen rätselhaften Vermerk: „Er ist nicht der Betreffende." Ich verstehe nicht, was das bedeuten soll. Für einen Rückzieher ist es ohnehin zu spät. Ich gehe mit dem Angestellten hinaus, um ihm das restliche Geld zu geben. Während wir uns der Diskretion halber ein wenig von dem Gebäude entfernen, habe ich einen bitteren Geschmack im Mund und das unbestimmte Gefühl, übertölpelt worden zu sein.

Ich habe zwar mein Ausreisevisum, aber wie werden die jordanischen Grenzer auf diesen seltsamen Vermerk reagieren? Ich wage nicht, ihn danach zu fragen. Außerdem habe ich sowieso keine Wahl.

In meinem Plan ist Jordanien nur eine Etappe. Sobald wir dort sind, werde ich ein Visum für ein westliches Land beantragen, was hier im Irak nicht mehr möglich ist: Seit dem ersten Golfkrieg 1990 haben fast alle ausländischen Botschaften in Bagdad ihre Koffer gepackt.

Mit Schrecken habe ich erfahren, daß man zuweilen Monate oder sogar Jahre in Jordanien warten muß, ehe man ein Visum erhält. Das Geld geht rasch zur Neige, und die irakischen Familien verarmen. Ich kann nur hoffen, daß unsere Ersparnisse ausreichen werden, doch das ist alles andere als sicher...

Unser endgültiges Ziel ist unbekannt. Ich habe den Irak nie verlassen und fühle mich deshalb außerstande, diese drängende Frage zu beantworten... Um meiner Furcht Herr zu werden, verlasse ich mich blindlings auf Abuna Gabriel.

Er bevorzugt Italien, weil er dort einen Bruder hat, der mich aufnehmen könnte. Aber um nichts außer acht zu lassen, bringt er mich auch mit Jean-Pierre Bagaton, einem französischen Diplomaten, zusammen.

Der Diskretion halber kommt der Mann, der Arabisch spricht, mit dem Fahrrad ins Kloster. Er ist sehr liebenswürdig und hilft mir, die Formulare auszufüllen. Zu meiner großen Überraschung bietet er mir sogar ein Visum für Frankreich an. Verblüfft denke ich zunächst zwei Minuten lang nach und lehne sein Angebot dann ab. Ein französisches Visum in meinem Paß könnte die Beamten an der Grenze mißtrauisch machen. Wenn ich den Eindruck erwecken will, das Land nur für kurze Zeit zu verlassen und bald zurückzukehren, wäre das vielleicht nicht unbedingt klug ...

Nachdem der hochrangige französische Funktionär wieder gegangen ist, bleibe ich einen Moment lang mit Abuna Gabriel allein. Vermutlich werde ich ihn vor unserer Abreise nicht mehr oft sehen ... Obwohl er mir bisher bei der Wahl unseres künftigen Aufnahmelandes alle Freiheiten gelassen hat – schwindelerregende Freiheiten –, ist er jetzt plötzlich wildentschlossen:

– Du bleibst eine Nacht in Jordanien, und am nächsten Tag reist du nach Frankreich weiter ...

– Und ... was ist mit meiner Taufe? Sie haben es mir versprochen ...

Diese Frage brennt mir schon eine Zeitlang auf den Lippen, doch bisher hatte ich nicht den Mut gehabt, sie zu stellen. Heute ist das anders. Die bevorstehende Abreise läßt mich alle Hemmungen vergessen.

Die Antwort ist nicht weniger direkt als die Frage.

– Das ist zu gefährlich, sagt er zu mir, du sollst dort unten ein schönes Fest haben ...

Mit diesen Worten zerstört Abuna Gabriel meine schönste Hoffnung, die mich seit so vielen Jahren aufrechtgehalten hatte: Alle meine Anstrengungen waren nur auf dieses eine Ziel ausgerichtet gewesen.

Wir sind im Begriff, unsere Heimat zu verlassen, unser ganzes bisheriges Leben aufzugeben und in ein unbekanntes Land aufzubrechen, und haben nicht einmal die Möglichkeit, die ersehnte Taufe zu empfangen ...

Abschied

Bagdad, 19. April 2000

In den vier Monaten der Vorbereitung habe ich Zeit gehabt, jede Einzelheit unserer Flucht in enger Zusammenarbeit mit Abuna Gabriel genau zu planen, der mir aus gegebenem Anlaß die Erlaubnis erteilt hat, ihn jederzeit aufzusuchen. Gemeinsam lassen wir die einzelnen Etappen Revue passieren, und dabei haben wir ein sehr präzises Ziel: die ständige Wachsamkeit meiner Familie auszutricksen, die allerdings deutlich nachgelassen hat. Dadurch, daß er seine Börse fest verschnürt hält und mir kein Geld gibt, glaubt mein Vater, er habe mich ausreichend fest an sich gebunden und müsse nicht mehr jeden meiner Schritte überwachen lassen.

Also habe ich freie Bahn, um unseren Aufbruch zu organisieren. Der Plan besteht aus vier Teilen – entsprechend den vier Orten, die wir auf unserer Flucht berühren werden.

Vor zwei Tagen hat meine Frau unter dem Vorwand eines neuerlichen Ehezwists unser gemeinsames Haus verlassen, um noch einmal in ihr Elternhaus zurückzukehren und ihrer Familie stumm Lebewohl zu sagen... Das ist eine entsetzliche Prüfung für sie. Sie muß ihre Verwandten verlassen, ohne daß sie es wissen dürfen, und sie muß sich in der Stille ihres Herzens von ihnen verabschieden. Nie mehr wird sie dabeisein, wenn die Familie freitags zusammenkommt – bei jenen Treffen, an denen die Geschwister immer gerne teilgenommen hatten, weil die Atmosphäre so herzlich war. Sie fühlt sich wie ein Ast, den man vom Baum getrennt hat, vertraut sie mir an.

Als letztes Band, das sie jetzt noch mit ihrer Familie verbindet, hat sie sich ein Kopftuch ihrer geliebten Mutter ausgeliehen und versprochen, es ihr bald zurückzubringen...

Nachdem wir alle Mittelsmänner, Funktionäre und Fluchthelfer bezahlt haben, habe ich das Geld, das mir noch bleibt, etwa viertausend Dollar, bei Abuna in der Sicherheit des Klosters zurückgelassen. Wir haben gemeinsam beschlossen, daß ich zweitausend für die Reise mitnehmen werde und daß die andere Hälfte durch kirchliche Kanäle nach Jordanien geleitet werden soll. Der erlaubte Höchstbetrag an der Grenze beläuft sich auf zweihundert Dollar: gerade soviel, wie man für Hin- und Rückreise benötigt...

Unsere Koffer sind bei Michael zwischengelagert und stehen für den Zeitpunkt unserer Flucht bereit.

Bleiben noch das Auto und der Chauffeur, der nach Möglichkeit kein Iraker sein sollte. Nach einigen Recherchen habe ich ein Taxi mit einem jordanischen Fahrer ausfindig gemacht; es besteht also keine Gefahr, daß er mich kennt: Wir treffen uns an einem eher abgelegenen und diskreten Platz in der Stadt, Al-Mansur, der sehr viel weniger belebt ist als der Taxistand von Al-Salhieh.

Endlich kommt der ersehnte und zugleich gefürchtete Tag der Abreise.

Am frühen Morgen steige ich in meinen Wagen. Die Angst schnürt mir die Kehle zu. Ich habe sehr schlecht geschlafen. Immer und immer wieder bin ich in der letzten Nacht das minutiös geplante Programm des kommenden Tages durchgegangen und habe versucht, letzte Fehler zu entdecken, die unseren Untergang bedeuten würden.

Die Sonne geht auf. Ich bin ungeduldig, nun endlich zum aktiven Teil des Plans überzugehen, und gleichzeitig voller Angst, wenn ich an das Risiko denke, das ich meiner Familie zumute. Wenn ich erwischt werden sollte, gibt es für mich keinen Schutz mehr, kein Netz und keinen doppelten Boden. Wenn ich erwischt werde, bin ich tot...

Und selbst wenn mir diese Höchststrafe erspart bliebe, wäre das Schicksal, das mich erwartet, vielleicht sogar noch schlimmer: Ich müßte erneut die Demütigung ertragen, im Schoß meiner eigenen Familie ein Nichts und weniger als nichts zu sein. Bisher habe ich mich dank unseres Fluchtplans ganz gut gehalten. Doch im Falle eines Scheiterns hätte ich nicht die Kraft, diese Schmach auch nur eine Sekunde länger zu erdulden.

Es ist also entschieden. Trotz meiner Angst drehe ich den Zündschlüssel herum, um meine Frau und meine Kinder abzuholen. Ich fahre langsam und sehe ständig in den Rückspiegel, um eventuelle Verfolger zu entdecken, bis ich an einen Parkplatz komme, wo ich den Wagen abstelle und ein erstes Taxi nehme.

In dem Wagen, der uns ein letztes Mal zu Abuna Gabriel fährt, kann man die Angst mit Händen greifen. Niemand sagt ein Wort. Die Anspannung angesichts der Stunden, die uns erwarten, ist körperlich zu spüren.

Auch Abuna ist sehr ergriffen von der Bedeutung des Augenblicks. Er schließt uns in die Arme, all seine Bewegungen sind von feierlichem Ernst durchdrungen. Um nicht in Schluchzen auszubrechen, führt er uns sehr schnell in die Kapelle, zum Marienaltar. Dort beten wir gemeinsam ein Avemaria, dessen letzte Worte in meinen Ohren seltsam widerhallen: „Bitte für uns ..., in der Stunde unseres Todes ..."

Die Zeit drängt. Wir verabschieden uns und versprechen, ihm baldmöglichst Nachricht zu senden. Mein Hals ist wie zugeschnürt: Wir werden einander wahrscheinlich niemals wiedersehen. Unser lieber Abuna drückt uns die Hände und vertraut uns, gleichsam als letzten Rat, seine Berufungsgeschichte an:

– Als ich noch ein Kind war, erzählt er und legt dabei seine Hände auf die Köpfe unserer Kinder, war ich einmal sehr krank. Da versprach meine Mutter, mich der Kirche zu weihen, wenn ich wieder gesund werden würde ... Auch ihr, fügte der alte Mann hinzu und sah uns nacheinander in die Augen, du, Anouar, und du, Mohammed, werdet den Herrn um ein Kind bitten und es Gott weihen ...

Für ihn ist das eine Methode, die Gefahr zu bannen, den göttlichen Schutz auf uns herabzurufen und uns auf die Zukunft, auf das Leben hin auszurichten: ein Leben in Frieden, das ich in diesem Augenblick von ganzem Herzen für die Zeit nach unserer Flucht erhoffe. Dann segnet uns der Priester und drängt uns zum Ausgang; dabei gibt er uns Pässe und Geld. Wir müssen aufbrechen. Nach kurzer Zeit kommt das Taxi, und wieder werden wir ein Stückchen weiter aus unserem Leben hier in Bagdad herausgerissen. In dem Wagen, der uns zu Michael bringt, sind meine Nerven zum Zerreißen gespannt. An jeder Kreuzung rechne ich damit, jemanden aus meiner oder aus Anouars Familie zu sehen. Doch mir ist bewußt, daß ich die Ereignisse jetzt nicht mehr beeinflussen kann. Im Fall eines unglücklichen Zusammentreffens haben wir keine plausible Erklärung für unser seltsames Verhalten.

In meiner Angst kann ich mich nur an den Himmel wenden und hoffen, daß wir ohne Probleme aus der Stadt herauskommen. Alle meine Sinne sind in Alarmbereitschaft, und ich beobachte das Taxi aus den Augenwinkeln. Ich mißtraue allem und jedem während der etwa zwanzigminütigen Fahrt – Minuten, die mir wie Stunden vorkommen... Bei Michael steigen wir alle aus dem Wagen. Ich warte, bis der Fahrer sich entfernt.

Wortlos betreten wir die Wohnung des Kaufmanns. Mit einem Kopfnicken läßt Michael uns ein, damit wir unser Gepäck holen können. Dann rufe ich ein weiteres Taxi, das uns zur vierten Station bringen soll, von der aus wir die Stadt endgültig verlassen wollen.

Der Abschied von Michael ist kurz. Der junge Mann sieht uns nach, wie wir dichtgedrängt im Wagen sitzen, und winkt uns freundschaftlich zu. Je näher wir dem letzten Treffpunkt kommen, desto leichter fühle ich mich. Mit jeder Etappe, die wir hinter uns bringen, fällt mir ein Teil der Last von den Schultern: die Last der Angst. Aufatmen aber kann ich erst, als ich den jordanischen Fahrer sehe, der uns am vereinbarten Punkt erwartet.

Als das Auto endlich auf die Autobahn auffährt, die zur Grenze führt, bittet Anouar mich um eine Zigarette – die erste ihres Lebens. Auch für sie war das Warten auf diesen Augenblick, da wir Bagdad endlich hinter uns lassen, unerträglich.

In zügigem Tempo fahren wir Richtung Südwesten. Die Stunden vergehen, und wir legen Kilometer um Kilometer zurück. Doch mit der Entfernung von Bagdad wachsen auch meine Befürchtungen wieder, die sich nun auf den Grenzübergang richten. Was wird geschehen? Wird dieser rätselhafte Vermerk auf meinem Paß meine Verhaftung und Hinrichtung zur Folge haben?

Unruhig befühle ich mit der Hand die wenigen hundert Dollar, die mir noch bleiben. Diese Summe stellt zur Zeit unseren einzigen Reichtum dar. Von ihr hängt unser Leben ab in diesem Land, das wir nicht kennen. Wie lange werden wir uns über Wasser halten? Ich denke lieber nicht darüber nach.

Nach acht Stunden Fahrt nähern wir uns der Grenze. Ich bitte den Taxifahrer, vor einem Restaurant zu halten. Nicht, daß wir wirklich Hunger hätten, aber ich denke, wir sollten zu Kräften kommen und Vorräte mitnehmen, weil wir nicht wissen, was uns jenseits der Grenze erwartet.

Niemand von uns bringt irgend etwas hinunter. Vor Angst hat es uns allen den Appetit verschlagen. Dennoch tut die Pause uns gut: Wir verlassen das Restaurant und nehmen die eingepackten Reste der kaum angerührten Mahlzeit mit.

Im Licht der untergehenden Sonne zeichnet sich der Grenzübergang gegen den Horizont ab. Die Fahrt hat beinahe zehn Stunden gedauert. Erschöpft von der langen Reise und der emotionalen Anstrengung müssen wir nun noch dieses letzte Hindernis überwinden, ehe wir uns ein bißchen sicherer fühlen dürfen.

Zunächst einmal müssen wir die offizielle Gebühr bezahlen, die jedem Iraker abverlangt wird, der sein Land verlassen will: vierhundert Dollar für jeden Erwachsenen, zweihundert Dollar für jedes Kind, also insgesamt 1200 Dollar.

Ich zahle diese beträchtliche Summe ohne jegliche Erfolgsgarantie, denn der entscheidende Checkpoint kommt erst danach: der Kontrollposten der Polizei. Ich zittere bei der Vorstellung, meinen Paß mit seinem erkauften Stempel vorzeigen zu müssen, dessen Nutzen mir jetzt mehr als fragwürdig erscheint.

Der Zöllner inspiziert mit mißtrauischem Blick den Wagen, geht außen herum und sieht uns alle nacheinander an. Im Inneren rührt sich niemand. Anouar und ich halten den Atem an und beten für die Kinder, vor allem für Azhar, der brav sitzenbleibt, ohne den Mund aufzumachen.

Nachdem er seine Inspektion beendet hat, winkt der Mann mich heraus, damit ich meinen Paß vorzeige. Als ich aus dem Auto aussteige, werfe ich meiner Frau einen angstvollen Blick zu. Meine Beine zittern. Ich weiß, daß das der kritische Augenblick ist: Eine zweite Chance wird es nicht geben, und Scheitern bedeutet Tod...

Das deutliche Bewußtsein, an einem Punkt ohne Wiederkehr angelangt zu sein, gibt mir jedoch neue Kraft. Für einen Rückzieher ist es zu spät. Ich gebe mich entspannt, halte ihm meine Papiere hin... Innerlich bin ich starr vor Angst.

Noch ehe er überhaupt einen Blick auf meinen Paß wirft, fragt der Grenzer mich nach meinem Namen und tippt etwas in den Computer. Ich glaube mich schon verloren. Als ich mich leicht über seinen Schalter beuge, kann ich den Bildschirm einsehen und lese dort das furchtbare Urteil: „Reiseverbot". Panik ergreift mich. Ich bin wie paralysiert, unfähig, mich zu bewegen oder ein Wort zu sagen. Dieser Eintrag bedeutet das Ende unserer Reise.

Stumm sieht der Zöllner weiter auf seinen PC und blättert gleichzeitig zerstreut meinen Reisepaß durch. Ich ziehe den Kopf ein und warte darauf, daß er befiehlt, mich festzunehmen. Doch der Mann läßt sich nicht aus der Ruhe bringen. Ich vermag die Spannung kaum mehr zu ertragen. Endlich sieht er das Visum und den Vermerk des Bagdader Beamten. Er scheint nachzudenken, Sekunden, die mir wie eine Ewigkeit vorkommen. Dann lächelt er mich an und gibt mir den Ausweis zurück.

Ich bin perplex. Das ergibt keinen Sinn. Dann geht mir plötzlich ein Licht auf: Jetzt begreife ich, was der Satz bedeutet: „Er ist nicht der Betreffende". Der korrupte Beamte hat seine Sache gut gemacht, die Situation an der Grenze vorausgeahnt und seinem Kollegen auf diese Weise erklärt, daß der polizeilich gesuchte und im Computer verzeichnete Mann nicht mit dem

Eigentümer dieses Reisepasses identisch ist. Es handelt sich um eine bloße Namensgleichheit.

Mordsmäßig schlau. Im nachhinein werfe ich dem halbseidenen Verwaltungsangestellten ein anerkennendes Lächeln zu. Ich habe ihn zu Unrecht verdächtigt, mich betrogen zu haben...

– Haben Sie vielleicht etwas zu essen dabei?

Die Frage des Zöllners reißt mich aus meinen Gedanken. Ich lächle ebenfalls. Heute abend ist das Glück auf unserer Seite. Oder ist das etwa keine glückliche Fügung, daß wir gerade auf diesen zweifellos unterbezahlten und außerdem auch noch hungrigen Mann gestoßen sind?

– Rühren Sie sich nicht vom Fleck, ich bin sofort wieder da!, sage ich in munterem Ton anstelle einer Antwort.

Blitzschnell bringe ich ihm unsere kaum angerührten und noch warmen Mahlzeiten aus dem Restaurant, die wir uns eigentlich für die Weiterfahrt hatten aufsparen wollen. Zum Teufel mit der Vorsicht! Ich bin über die Wendung, die die Ereignisse genommen haben, so froh, daß ich zu jedem Opfer bereit bin. Ein knurrender Magen ist da wenig genug...

Völlig verblüfft angesichts dieser unerwarteten Üppigkeit vergißt der Mann sogar, Geld von uns zu verlangen, obwohl ich eigentlich damit gerechnet hatte, denn ich bin keineswegs sicher, ob dieser spezielle Vermerk auf meinen Paß hundertprozentig den Vorschriften entspricht. Die Verwaltung ist derart korrupt, daß es völlig üblich und alltäglich geworden ist, die unterbezahlten Funktionäre zu bestechen.

Doch an diesem Abend ist das Verhalten „unseres" Grenzbeamten vor allem von seinem Hunger bestimmt. Er wirft lediglich einen kurzen Blick auf unsere Koffer, die die Wertgegenstände enthalten, auf die wir nicht verzichten konnten.

Nur ein einziges Detail irritiert ihn noch in einer letzten Anwandlung bürokratischen Eifers: Warum nehmen wir so viele Kleidungsstücke mit, wenn es sich doch nur um eine kurze Reise handelt und der Tag unserer Rückkehr bereits feststeht?

Euphorisch, wie ich bin, lasse ich mich von diesem plötzlichen Anfall von Rechtschaffenheit nicht aus dem Gleichgewicht bringen. Ich schlage ihm vor, ihm einen Teil davon abzugeben, und verweise dann auf die Kinder als Unterpfand unserer Glaubwürdigkeit: Wenn wir die Absicht hätten zu fliehen, hätten wir doch niemals so kleine Kinder auf ein so gefährliches Abenteuer mitgenommen.

Dieses letzte Argument überzeugt unseren Grenzer endgültig, der ohnehin nur darauf gewartet hatte, um sein Berufsgewissen zu beruhigen und uns passieren zu lassen.

Als ich wieder ins Auto steige, richte ich ein kurzes Dankgebet an meinen Schutzengel: In Schrittgeschwindigkeit legen wir die letzten Meter zurück, die uns noch von Jordanien trennen.

Wenn meine Berechnungen stimmen, haben wir bis Amman noch drei bis vier Stunden Fahrt durch die Wüste vor uns. Wir fahren durch die Stille der Abenddämmerung und denken über den harten Tag nach, der hinter uns liegt.

Es ist zwar nicht das Gelobte Land, aber ich fühle mich glücklich und erleichtert wie Moses, nachdem er das Rote Meer durchschritten hat. Ich habe die Hälfte meiner Sorgenlast abgeschüttelt.

Ich weiß nicht, wie die Zukunft aussehen wird, aber ich habe den Eindruck, daß ich mit der irakischen Grenze auch die Härten der letzten Jahre hinter mir lasse. Zwar trage ich nach wie vor die grausamen Spuren der Folter, der Krankheit und der während der Haft erlittenen Qualen an meinem Leib, doch all dieser Schmerz hat nun an Schärfe verloren, ist weniger präsent und kommt mir plötzlich erträglicher vor.

Und seltsamerweise scheint die Distanz zwischen uns sogar meinen tiefen Haß auf meine Familie etwas zu mindern.

Es ist dunkel. als wir den Lichtschein der jordanischen Hauptstadt vor uns sehen. Ich frage unseren Taxifahrer nach einem bezahlbaren Hotel.

Entweder haben wir nicht dieselben Vorstellungen von einem bescheidenen Preis, oder der Mann hat uns angelogen... Er setzt uns vor einem Hotel namens „Palace" ab. Das Zimmer kostet einhundert Dollar – das ist ein kleines Vermögen und entspricht einem Drittel unserer gesamten verbleibenden Barschaft!

Doch wir sind erschöpft und nicht mehr imstande, zu diskutieren oder uns nach einer Alternative umzusehen. Ich verschiebe die Suche nach einer anderen Unterkunft auf den nächsten Tag, und wir sinken, von der emotionalen Anstrengung und von körperlicher Müdigkeit übermannt, in unsere Betten.

Im Exil

Amman, Jordanien, 20. April 2000

Am nächsten Morgen habe ich für diesen ersten Tag auf jordanischem Boden zwei Ziele im Kopf: Ich muß eine Ordensschwester treffen, die mir Abuna Gabriel empfohlen hat, und ich muß zum Apostolischen Vikariat von Amman gehen und dort meine zweitausend Dollar abholen.

Also nehme ich mir ein Taxi und lasse mich zu der von Abuna Gabriel genannten Adresse bringen. Es handele sich um ein Frauenkloster, hat mir der alte irakische Priester erklärt: „Du klingelst und fragst nach Schwester Maryam."

Als ich klingle, öffnet sich ein kleines Fenster in der Tür; darin erscheint ein mißtrauisches und verängstigtes Gesicht, das offenbar zu einer philippinischen Schwester gehört.

– Sie ist nicht da. Kommen Sie in einer Stunde wieder!, fertigt sie mich ab und schließt rasch das Fensterchen.

Mein gebräuntes irakisches Gesicht und meine Statur haben ihr vermutlich angst gemacht.

Ich muß also eine Stunde warten und beschließe, in der Zwischenzeit das Apostolische Vikariat aufzusuchen. Doch ich habe keinerlei Papiere bei mir, keine schriftliche Empfehlung. Also erkläre ich der Sekretärin am Empfang ohne Umschweife, daß ich von Abuna Gabriel käme, der hier etwas für mich hinterlegt haben müsse. Die Sekretärin sieht mich völlig perplex an als käme ich vom Mond.

– Wir sind nicht informiert.

Weitere Erklärungen kann ich ihr natürlich nicht geben, denn dann würde ich sofort Aufmerksamkeit erregen.

Verärgert über diesen neuerlichen Mißerfolg kehre ich zum Kloster der Schwestern zurück. Ich bin wildentschlossen, mich diesmal nicht abweisen zu lassen.

Schwester Maryam ist mittlerweile zurückgekehrt und glücklicherweise bereit, mich zu empfangen. Dennoch spüre ich, daß die philippinische Schwester am Eingang mir nur widerwillig öffnet; sie wirkt noch immer etwas verängstigt. Sie führt mich über einen Flur in einen kleinen Raum, wo ihre Mitschwester bereits wartet. Um die sechzig Jahre alt, groß und kräftig gebaut, sieht mich die Ordensfrau entschlossen und mißtrauisch an. Sie wirkt nicht sehr umgänglich… Andererseits hat Abuna Gabriel sie mir wärmstens empfohlen; also kann ich ihr vertrauen.

– Schwester, ich komme von Pater Gabriel, und ich habe einen Brief für Sie, sage ich und überreiche mein Empfehlungsschreiben – das einzige echte Hilfsmittel, das ich in diesem Land überhaupt besitze.

Darauf stehen nur einige wenige Worte: „Das ist eine Familie, die Hilfe braucht." Gewiß eine letzte Vorsichtsmaßnahme von Abuna Gabriel: Für den Fall, daß dieser Brief bei mir gefunden würde, sollte er mich nicht belasten.

– Sehr gut. Wie kann ich Ihnen helfen?, fragt mich die Nonne energisch und mit der Miene eines Menschen, der keine Zeit mit Höflichkeiten verschwendet.

Also erzähle ich ihr in aller Kürze meine Geschichte: meine Bekehrung, die Gründe meiner Flucht aus dem Irak… Sie hört aufmerksam und konzentriert zu. Zum Schluß sage ich, daß ich für die Zeit, die wir hier in Jordanien bleiben werden, eine Mietwohnung suche, denn das Hotel sei unbezahlbar.

Als ich ihr sage, was wir für unsere erste Nacht in Amman bezahlt haben, fährt sie auf und ruft empört:

– Das ist Wucher! Ihr Fahrer hat sie betrogen, der, der Sie nach Jordanien gebracht hat. Er steckt bestimmt mit dem Hotelier unter einer Decke... Das kommt hier oft vor. Die Flüchtlinge werden gemolken.

Immerhin bin ich jetzt klüger – auf meine Kosten. Erleichtert stelle ich außerdem fest, daß die Empfehlung von Abuna Gabriel ihre Wirkung nicht verfehlt hat: Die Schwester nimmt sich meiner an und macht meine Sache zu der ihren.

– Sind Sie mit dem Taxi hergekommen?, fragt sie mich dann argwöhnisch.

– Ja ... Warum?

– Das sollten Sie in Zukunft vermeiden... Das ist der sicherste Weg, sich erwischen zu lassen, wenn man ein Flüchtling ist. Sie müssen sehr vorsichtig sein. Man weiß nie! Wie haben Sie das Taxi bezahlt? Haben Sie Geld?

– Ja, aber es ist im Apostolischen Vikariat, und ich weiß nicht, was ich tun soll, damit man es mir aushändigt. In der Tasche habe ich nur noch ein paar irakische Dinare. Einen habe ich für das Taxi hierher gebraucht. Wenn das so weitergeht, habe ich bald gar nichts mehr...

– Sie haben dem Taxifahrer einen Dinar gegeben?, unterbricht sie mich mitten in meinen Ausführungen.

– Ja, das sagte ich doch, den Rest habe ich dem Fahrer als Trinkgeld gegeben...

Zu meiner großen Verwunderung fängt sie plötzlich schallend an zu lachen. Ihr Lachen ist von einer rauhen Herzlichkeit und paßt gut zu ihrem Gebirgsakzent. Ich frage mich nur, was an meiner Situation eigentlich so komisch ist!

– Wissen Sie, erklärt sie mir noch immer lächelnd, ein Dinar entspricht etwa tausend Fils, das ist die jordanische Währung. Normalerweise hätte das Taxi Sie etwa 400 Fils gekostet, Sie haben dem Fahrer also mehr als das Doppelte bezahlt ... Nein, es ist wirklich besser, Sie benutzen die öffentlichen Verkehrsmittel, Sie sind sonst wirklich viel zu auffällig!

Etwas beschämt über meine Naivität sage ich gar nichts. Schwester Maryam scheint meine Verlegenheit zu spüren und wird wieder ernst.

– Ich werde sehen, was ich wegen Ihrer Wohnung tun kann. Ich habe einen Freund, einen irakischen Christen, der Ihnen vielleicht helfen kann ...

Am Nachmittag stellt die Schwester mir Said vor. Er wohnt in einem Stadtviertel, wo die Häuser nicht sehr viel kosten: etwas weniger als hundert Dinare im Monat. Hier wohnen Iraker, die auf ein Auslandsvisum warten; die meisten wollen in den Westen: Nordamerika oder Europa.

Er hat gehört – was für ein Glücksfall! –, daß nicht sehr weit von seinem eigenen Haus entfernt ein Haus für eine Monatsmiete von 65 Dinaren angeboten wird. „Kommen Sie, wir sehen es uns an", schlägt er mir freundlich vor. Zwei Stunden später ist die Sache erledigt und der Mietvertrag beim Eigentümer unterschrieben. Wir können noch am selben Abend umziehen.

Nur ein Zwischenfall stört den guten Verlauf dieses ersten Tages. Als ich den Vertrag unterzeichne und Said hört, daß ich Mohammed heiße, schreckt er zusammen und ist kurz davor, auf mich loszugehen: Wie kann es sein, daß ein Muslim sich in die christliche Gemeinschaft einschleicht? Das muß ich ihm erklären!

Schwester Maryam hält ihn zurück und packt ihn mit festem Griff am Arm. Leise, aber gebieterisch raunt sie ihm zu: „Später!"

Ich danke dem Himmel, daß er mir diese Schwester geschickt hat, die unsere Situation in die Hand nimmt. Und ich weiß nun auch, daß die Lage der Christen in Jordanien zwar besser als im Irak, aber keineswegs so rosig ist, wie ich sie mir vorgestellt hatte.

Schwester Maryam spielt ihre Rolle als handfester Schutzengel bis zum Schluß und begleitet mich zum Hotel, wo meine Frau und die Kinder auf mich warten. Von dort aus gehen wir zusammen einkaufen, denn das Haus ist leer. Matratzen erhalten wir im Kloster. Sie stammen aus der guten jordanischen Gesellschaft, erklärt mir die Schwester.

Als ich erstaunt auf diese unerwartete Hilfsleistung reagiere, erzählt mir Schwester Maryam, daß sie in häufigem Kontakt mit den Christen im Irak steht. Gemeinsam mit anderen Schwestern fährt sie regelmäßig in mein Land, um die Kinder in den entlegenen christlichen Dörfern im Glauben zu unterweisen. So entlegen seien diese Dörfer, fügt sie hinzu, daß die Kleinen sich zu den Gebetszeiten zu Boden werfen, um es den Muslimen in ihrer Umgebung gleichzutun.

Doch diese Missionen sind nicht ungefährlich. Sehr wahrscheinlich wird sie sogar von der jordanischen Polizei überwacht. Deshalb, gesteht sie mir, habe sie Angst gehabt, als ihre Mitschwestern ihr berichtet hätten, ein großer bärtiger Iraker habe nach ihr gefragt!

Wir haben also jetzt – und damit hatte ich wirklich nicht gerechnet! – ein echtes Haus. Das ist nicht gerade das, was ich mir unter einem Flüchtlingsschicksal vorgestellt hatte ... Auch wenn ich diese Situation so oder so nur als vorübergehend betrachte. Wir werden, davon bin ich überzeugt, Jordanien schnellstmöglich wieder verlassen müssen.

Der Irak ist noch immer sehr nah. Meine Familie wird ganz sicher nicht so ohne weiteres darauf verzichten, die von Ayatollah Muhammad as-Sadr verhängte Fatwa zu vollstrecken.

Aufgrund meiner muslimischen Herkunft ist es zudem alles andere als selbstverständlich, daß die hiesigen Christen mich aufnehmen, denn wie im Irak stelle ich eine Bedrohung für sie dar.

Da ich aber auch nicht die Absicht habe, meinen sehnlichsten Wunsch – die Taufe – aufzugeben, habe ich nicht wirklich eine Wahl: Ich muß alle nötigen Schritte unternehmen, um so bald wie möglich weiterzureisen. Auch wenn ich so eine Ahnung habe, daß es nicht ganz leicht sein wird, ein Visum zu bekommen.

Zwei Tage später geschieht etwas, das mich in meinem Entschluß, das Land zu verlassen, bestärkt. Der Eigentümer unseres Hauses fordert mich auf, ihn auf das für die Aufenthaltserlaubnis zuständige Amt zu begleiten und dort meine Identität anzugeben. Wegen dieser Vorgehensweise leicht beunruhigt, bitte ich ihn, als wir gemeinsam das Haus verlassen, um eine Erklärung.

Auf diese Weise erfahre ich, daß er verpflichtet ist, die Vermietung eines Hauses zeitnah bei den Behörden zu melden. Dann erhält der Mieter beim Ausländeramt der allgemeinen Sicherheitsbehörde eine Aufenthaltsgenehmigung, die drei Monate gültig ist.

Gleichzeitig macht mich der Eigentümer darauf aufmerksam, daß ich nach Ablauf dieser Aufenthaltsgenehmigung das Land auf jeden Fall verlassen muß, weil ich sonst für jeden weiteren Tag, den ich auf jordanischem Boden verbringe, eine Strafe von eineinhalb Dinaren zu bezahlen habe. Außerdem laufe ich Gefahr, von einem Tag auf den anderen abgeschoben zu werden, wenn die Polizei mich nach Ablauf dieser Frist erwischt.

Mit einem Schaudern wird mir bewußt, daß mit der bloßen Angabe meines Namens und meiner Adresse bei der Polizeipräfektur eine weitere große Gefahr für mich verbunden ist, nämlich die, eines Tages von meiner Familie ausfindig gemacht zu werden. Ohne es zu wissen, habe ich das Leben meiner Frau und meiner Kinder in Gefahr gebracht. Mein Entschluß ist in wenigen Minuten gefaßt: Wir müssen so rasch wie möglich umziehen.

Ohne Umschweife setzt die treue Maryam Himmel und Hölle in Bewegung. Innerhalb von zwei Wochen hat sie Freunde ihres Ordens davon überzeugt, uns aufzunehmen. Sie leben in einem christlichen Dorf namens Fouheis, etwa zwanzig Kilometer nordwestlich von Amman.

Die Bewohner dieses grünen, inmitten schöner Täler und unweit der Königspaläste gelegenen Fleckchens Erde haben die Sitte, ihr Land niemals an Muslime zu verkaufen: Die Familien von Fouheis sind daher ausnahmslos christlich. Das ist eine

Ausnahme in Jordanien, wo die demographische Skala definitiv zugunsten der Muslime ausschlägt. Die Christen sind meist in der Minderheit und machen alles in allem 4 % der Gesamtbevölkerung aus. Das ist zwar mehr als nichts, aber in einer Masse von fünf Millionen Einwohnern doch verschwindend wenig.

In Fouheis dagegen tritt das Christentum ganz unverhüllt auf. Es ist der einzige Ort im Land, wo die Glocken läuten und am Karfreitag auf den Straßen der Kreuzweg gebetet wird, kurz: ein sicherer und friedlicher Hafen für unser Alltagsleben. Das hoffen wir zumindest ...

Wir beziehen eine Einliegerwohnung im Untergeschoß des großen Hauses unserer Gastfamilie. Die Mutter, Oum Farah, die hier im Dorf alle meine Tante nennen, ist Witwe. Sie kümmert sich sehr um ihre vier Kinder. Zwei von ihnen tragen Uniform: der eine ist bei der Armee, der andere bei der Polizei. Die Töchter haben ihr Leben der Kirche geweiht. Einer der Söhne ist, da er nun finanziell unabhängig ist, aus der unteren Wohnung ausgezogen, um sich etwas weiter entfernt ein Haus zu bauen, so daß Oum Farah uns diese Bleibe zur Verfügung stellen konnte.

Für mich ist es jedoch schwierig, diese Abhängigkeit zu akzeptieren, die ich als furchtbar demütigend empfinde. Zunächst erkläre ich mich nur unter der Bedingung einverstanden, daß ich Miete zahlen darf. Doch mir wird rasch klar, daß es für unsere Gastgeber nicht in Frage kommt, ihr Geld als Hoteliers zu verdienen.

Also schlage ich vor, etwas zur Stromrechnung beizusteuern. Ich bin keineswegs sicher, daß ich die Rechnung überhaupt einmal zu Gesicht bekomme, aber für den Moment habe ich ein etwas ruhigeres Gewissen ...

Schon bald fühle ich mich sehr wohl in dieser warmherzigen Familie, die mich aufnimmt wie einen Sohn. Vielleicht ein wenig zu wohl. Zuweilen vergesse ich die guten Sitten und den gebührenden Respekt gegenüber unseren Gastgebern.

Eines Tages weigert sich einer der Söhne des Hauses, zu einer Beerdigung zu gehen: die betreffende Familie sei auch nicht zur Beerdigung seines Vaters gekommen! Eine Beerdigung ist jedoch in diesem Land, nicht anders als im Irak, eine überaus wichtige gesellschaftliche Verpflichtung. Ich habe die Diskussion verfolgt und frage ihn boshaft:

– Auge um Auge... ist das christlich?

Im Lauf der Zeit machen mir diese kleinen Details des alltäglichen Lebens bewußt, daß meine Anwesenheit ihre stark gemeinschaftlich geprägte Vorstellung von Religion erschüttert. Sie sind mir deswegen nicht böse, denn neben dem gemeinsamen Glauben verbindet uns inzwischen auch eine echte Freundschaft – doch ich spüre, daß sie sich seit meiner Ankunft selbst hinterfragen.

Wir sind mit unserer Geschichte mitten in diese verschworene, aber auch etwas isolierte Dorfgemeinschaft hineingeplatzt... Sie sind allesamt Christen und dem Islam gegenüber sehr defensiv. Was man ihnen nicht verdenken kann, wenn man weiß, wie sehr ihr Alltag von Schikanen und Aggressionen aller Art seitens der Muslime geprägt ist.

Eines Abends erzählt mir Oum Farah, einmal seien die Christen im Hörsaal aufgefordert worden, aufzustehen. Zwei oder drei Mädchen hatten den Mut, dieser Aufforderung nachzukommen. Die übrigen Studenten ließen einen Hagel von Beleidigungen auf sie los – erstens, weil sie nicht verschleiert, und zweitens, weil sie keine Musliminnen waren!

Als Konvertit bin ich für die Bewohner von Fouheis eine Art Außerirdischer. Vom Islam zum Christentum überzutreten ist für sie absolut undenkbar. Eine Verrücktheit, und dazu noch extrem gefährlich. Allein der Gedanke, zu konvertieren, ist ihnen völlig fremd.

In diesem Kontext berührt mich besonders die Reaktion der Mutter unserer Gastfamilie, Oum Farah. Sie ist ergriffen von unserem Zeugnis und gesteht mir mehrfach, daß wir seit unserer Ankunft hier ihren Glauben „gestärkt" hätten.

Ich meinerseits genieße das Glück, ganz offen mit Christen zusammenleben zu dürfen. Das tröstet mich nach den schweren Zeiten, die wir durchlebt haben. Und ich entdecke die Freude daran, in aller Freiheit jeden Tag zur Messe gehen zu können. Für mich ist das etwas ganz Außergewöhnliches! Unser Aufenthalt in diesem Dorf ist in puncto Sicherheit wie auch in puncto Glauben so beruhigend, daß ich nach einem Monat daran denke, mich für länger hier anzusiedeln. Zumal ich aus Schwester Maryams regelmäßigen Berichten erfahre, daß die Bemühungen um ein Visum nicht die geringsten Fortschritte machen.

Allerdings höre ich ihr nur mit halbem Ohr zu. Was mich sehr viel mehr interessiert, ist die Taufe. Und in dieser Hinsicht könnte unsere Situation, die inzwischen doch sehr viel berechenbarer geworden ist, eine Chance sein. Die Gelegenheit ist einfach zu gut, sage ich eines Tages zu Anouar, als wir aus der Messe kommen: Laß uns einen neuen Vorstoß wagen!

Ich spreche mit Oum Farah darüber, die wie eine Mutter zu mir ist. Ich habe den Eindruck, daß meine Leiden als Konvertit und ihre Leiden als Witwe uns einander rasch nähergebracht haben. Sie glaubt, daß ihre Tochter Sana uns vielleicht helfen könnte; die Ordensfrau ist gut bekannt mit Bischof Bassam Rabah. Gemeinsam beschließen wir, ihm einen Brief zu schreiben.

ALARM

Fouheis, Mai 2000

Eines Morgens gehe ich zum Markt, um ein Huhn für die Familie zu kaufen. Plötzlich sehe ich Schwester Maryam auf mich zulaufen; sie ist völlig aufgelöst. Als sie mich eingeholt hat, ist sie trotz ihrer Eile ganz blaß. Ich ahne, daß etwas Schlimmes geschehen sein muß.

– Ihr müßt sofort hier weg, sie haben euch gefunden…

– Eine Sekunde, was ist mit meinem Huhn? Und überhaupt, wer sind „sie"?

– Deine Schwester Zahra. Und sie ist sicher nicht allein.* Laß dein Huhn hier, ihr müßt die Stadt sofort verlassen!, drängt sie. Seltsamerweise bin ich sehr viel ruhiger als Maryam. Weil Zahra mich sehr liebt. Ich bin sicher, daß sie mit ihrem Mann gekommen ist, um sich mit mir zu versöhnen. Ich glaube nicht von vornherein, daß sie ein Sicherheitsrisiko für uns darstellt.

Doch der gebieterische und zugleich angstvolle Ton der Nonne duldet keinen Widerspruch: Gemeinsam eile ich mit ihr zu unserer Wohnung. Unterwegs erzählt Maryam mir, was zu Hause passiert ist. Anders als ich ist meine Frau durch die Nachricht völlig außer sich geraten, hat angefangen zu weinen und völlig die Nerven verloren.

Ich laufe schneller und frage mich besorgt, in welchem Zustand ich meine Familie und vor allem Anouar wohl vorfinden werde. Seit unserem Exil und unserer Irrfahrt von Versteck zu Versteck lebt sie ohnehin in einem Zustand dauernder Unruhe und Anspannung. Ich habe Angst, daß dieser jüngste Vorfall das Faß zum Überlaufen gebracht hat…

Ich habe kaum die Schwelle zu unserer Wohnung überschritten, als meine Frau sich schutzsuchend in meine Arme stürzt. Die Kinder haben sich von ihrer Aufregung anstecken lassen und klammern sich schreckerfüllt an ihre Röcke.

Um auf der Straße kein Aufsehen zu erregen, dränge ich sie alle hinein; Maryam folgt mir. Als das Schluchzen ein wenig verebbt, erzählt sie mir die Geschichte in allen Einzelheiten.

---

* Eine Frau reist niemals allein, das verbietet der *Marham*, ein System, das vorschreibt, daß eine Frau nur in Begleitung ihres Mannes, ihres Sohnes, ihres Bruders oder ihres Vaters reisen darf.

– Said hat mich heute morgen angerufen, beginnt sie, um mir vom Besuch deiner Schwester zu berichten. Sie sucht dich…

– Wie hat sie mich gefunden?

– Wahrscheinlich über die Polizei, du hast ja bei der Ausländerbehörde deinen Namen angegeben. Dann hat sie deinen früheren Vermieter aufgesucht, und der hat ihr Saids Adresse gegeben, antwortet die Ordensfrau. Hör zu, was weiter passiert ist, das ist einfach unglaublich!

Wir setzen uns, während Maryam ihren Bericht fortsetzt:

– Vor drei Tagen klingelt also deine Schwester am späten Vormittag an der Tür. Saids Frau Nawal öffnet ihr: *„Salam Aleikum.* Ich bin Zahra Fadela al-Moussaoui, und ich suche meinen Bruder Mohammed", sagt sie in eisigem Ton. „Mein Mann ist nicht da…" – „Darf ich eintreten, um auf ihn zu warten?", fragt Zahra. Saids Frau ist starr vor Angst, aber sie bittet Zahra herein, um das unumstößliche Gebot der Gastfreundschaft nicht zu verletzen. Sie ist um so ängstlicher, als ihr Sohn Rami sich gerade an diesem Morgen die Augen nach seinem besten Freund Azhar ausgeweint hat.

Als Maryam das sagt, fällt mir wieder ein, daß die beiden Jungen in den vierzehn Tagen, die wir in Amman verbracht haben, ihre Leidenschaft füreinander entdeckt hatten: Sie waren gleich alt, beide sieben Jahre, und verstanden sich so gut, daß sie rund um die Uhr zusammenwaren! Azhar wollte beinahe jeden Tag bei Rami übernachten. Und als wir dann von Amman wegziehen mußten, war der Abschied der beiden herzzerreißend gewesen…

– An diesem entscheidenden Punkt, nimmt Maryam den Faden wieder auf, hat Ramis Mutter also allen Grund, zu befürchten, daß ihr Sohn alles ausplaudert und über seinen Freund spricht. Doch für einen Rückzug ist es zu spät, der Feind hat seine Truppen bereits in Stellung gebracht. Deine große Schwester setzt sich also aufs Sofa und erklärt, ihr Vater habe sie geschickt, um einen Familienkonflikt zu regeln. Genau neben ihr auf dem Boden hockt Rami und spielt ganz unschuldig; die Dramatik der Situation ist ihm natürlich nicht klar. Währenddessen ist seine Mutter in der Küche und kocht Kaffee für den Gast, dabei zittert sie vor Angst, daß ihr Sohn den Mund aufmachen und wieder davon anfangen könnte, wie sehr er seinen Freund Azhar vermißt... Doch Nawal ist vor Furcht wie gelähmt und kommt gar nicht auf die Idee, ihn zu rufen und woandershin zum Spielen zu schicken. Was passieren muß, passiert. Deine Schwester fragt das Kind hinterhältig nach seinen Freunden aus: mit wem er denn so spiele? Und sie fragt ihn, ob er einen kleinen Jungen kenne, etwa so alt wie er selbst, Azhar... Und dann geschieht das Außergewöhnliche. Derselbe Rami, der seinem Freund gerade noch heiße Tränen nachgeweint hat, antwortet jetzt: nein, den kenne er nicht! Und dabei hatte ihm niemand auch nur irgend etwas über Azhars Familie gesagt oder eingeschärft. Verstehst du? So etwas ist eigentlich völlig unmöglich. Also, ich glaube, das ist ein Wunder, sagt die Ordensfrau energisch.

Mir kommt ein anderes Kind in den Sinn, nämlich mein eigenes, das in einer ähnlichen Situation weniger vorsichtig gewesen ist. Die Folgen waren so katastrophal, daß allein der Gedanke daran mir noch jetzt Schauder über den Rücken jagt. Die Wege der Vorsehung sind wirklich rätselhaft: warum gestern und warum nicht heute...? Vielleicht hat Rami am Tonfall meiner Schwester die Absicht hinter ihrer Frage erraten und gespürt, daß sie Böses im Sinn hatte...

– Hör weiter, fährt Schwester Maryam fort. Deine Schwester hat sich davon nicht entmutigen lassen. Als Said mittags zurückkommt, befragt sie ihn ebenfalls. Sie will wissen, ob er die Familie Moussaoui in Jordanien getroffen hat. Said antwortet ihr: „Da war tatsächlich ein Iraker bei mir; er hat sich nach einem Haus in der Nachbarschaft erkundigt. Aber ich habe ihn nicht wiedergesehen und weiß auch nicht, wo er jetzt ist..." Doch deine Schwester Zahra ist offenbar nicht dumm und hat gespürt, daß man sie an der Nase herumführt: Sie hat Said fünftausend Dollar angeboten, wenn er ihr deine neue Adresse gibt! Ich bin sprachlos, als ich das höre! Wenn mein Vater bereit ist, soviel Geld zu investieren, dann bedeutet das, daß er sehr weit, vielleicht bis zum Äußersten gehen wird, um mich zu finden und in den Irak zurückzubringen. Das beruhigt mich keineswegs … Gleichzeitig kenne ich meine Schwester, sie ist die Intelligenteste in unserer Familie: Vielleicht hat sie geblufft und hatte gar kein Geld in der Tasche …

Mit grenzenloser Bewunderung dagegen höre ich, daß Said das Angebot meiner Schwester abgelehnt hat. Er hält sich hier in Jordanien mehr schlecht als recht mit kleinen Arbeiten über Wasser. Seine Ersparnisse sind aufgebraucht, und er hätte das Geld nehmen und davon sein Visum nach Kanada bezahlen können. Ganz davon zu schweigen, daß er uns erst seit kurzem kennt. Trotzdem hat er nichts gesagt. Ich bin ihm unendlich dankbar.

– Deine Schwester ist zwei Tage später noch einmal zu Said gegangen und hat einen neuen Versuch unternommen: „Der Eigentümer des Hauses hat mir gesagt, daß du die Moussaouis bei ihrer Abreise begleitet hättest", sagt sie. Ihr Ton ist argwöhnisch und drohend, aber Said bleibt standhaft … Als er mir die ganze Geschichte erzählt hat, beendet Maryam ihren Bericht, bin ich sofort zu euch gefahren. Er hat es nicht gewagt, mich zu begleiten, weil er Angst hat, verfolgt zu werden. Er wird mit seiner Familie nachkommen.

Ich habe auf den Straßen meiner Verbannung wahrhaft kostbare Freunde getroffen! Doch das genügt nicht. Ich muß eine schwierige Entscheidung fällen: Sollen wir diesen geschützten Ort verlassen oder nicht? Sind wir in diesem Dorf wirklich sicher? Das ist die Frage aller Fragen. Wenn sie mich in Amman gefunden haben, können sie mich wohl auch hier in Fouheis aufstöbern.

Was mich trotz allem ein bißchen beruhigt, ist die Tatsache, daß sie von diesem Ort nur erfahren werden, wenn sie die christlichen Gemeinden infiltrieren. Das ist für sie als Muslime sehr viel schwieriger, als sich bei der Präfektur zu erkundigen. Es sei denn, jemand denunziert uns. Doch selbst dann müßte die Information erst einmal bis zu ihnen gelangen.

Zudem hat der irakische Dinar stark an Wert verloren; ihr Aufenthalt hier muß sie extrem viel Geld gekostet haben: Hotel, Verpflegung, Fahrten … Deshalb bin ich davon überzeugt, daß sie nicht lange in Jordanien bleiben werden, selbst wenn mein Vater für alles aufkommt. Was im übrigen sehr wahrscheinlich ist.

Vermutlich also werden meine Schwester und ihr Mann nun, da sie die Spur verloren haben, in den Irak zurückkehren oder sind vielleicht sogar schon wieder zu Hause. Die Sache liegt bereits drei Tage zurück. Der Alarm war keine Übung, aber es kann sein, daß die Gefahr vorüber ist. Meiner Einschätzung nach können wir das Risiko eingehen, zumal, das gebe ich zu, die Aussicht auf ein neuerliches Exil mir heute unerträglich erscheint. Das würde mir eine beträchtliche Kraft abverlangen, die ich momentan nicht aufbringe. Ich habe mich noch nicht von unserer gefährlichen Ausreise aus dem Irak erholt. Es ist besser, sich in diesem bequemen und gastfreundlichen Haus noch etwas auszuruhen. Und dann sehen wir weiter.

Wenn wir beschließen, noch einen oder zwei Monate hierzubleiben, müssen wir jedoch einige zusätzliche Vorkehrungen treffen. Es bleibt trotz allem das Risiko, daß jemand von meiner Familie nach Jordanien zurückkehrt, um weitere Nachforschungen anzustellen.

Gemeinsam mit Maryam kommen wir überein, daß es besser ist, das Haus nur noch möglichst selten zu verlassen – nicht einmal, um die Einkäufe zu erledigen. Oum Farah ist so liebenswürdig, alle Besorgungen für uns zu übernehmen.

Auch unsere einzigen Freunde, Said und seine Familie, sollen uns zunächst nicht mehr besuchen dürfen. Wir sind also dazu verdammt, in der Wohnung im Kreis zu laufen wie Tiger im Käfig!

Ich befürchte vor allem, daß dieses Eingesperrtsein dem Gleichgewicht meiner Familie und vor allem meiner Frau noch mehr schaden wird, deren psychischer Gesundheitszustand mich mehr und mehr beunruhigt. Seit meine Schwester unsere Fährte aufgenommen hat, sind Anouars Nerven zum Zerreißen gespannt, und das kleinste Problem bringt sie völlig aus der Fassung. Sie schläft nicht mehr, weint nur noch, vergißt alles, verliert alles und ist unfähig, sich auf ihre Arbeit zu konzentrieren.

Ich bin ihrem Leiden gegenüber sehr hilflos: Sie erträgt es nicht, alleingelassen zu werden, aber wenn ich bei ihr bin, weiß ich nicht, wie ich mich verhalten soll, um sie nicht noch mehr zu reizen. Zum Glück wird sie ruhiger und entspannt sich ein wenig, wenn die Schwestern da sind. Das hilft mir, ihr gegenüber geduldig zu sein.

Anouars Nervosität springt auf unsere Kinder über, vor allem auf unseren Sohn, der die Unruhe seiner Mutter sehr deutlich spürt. Mit seinen acht Jahren versteht er schon sehr viel. Zumal er diese Situation ja unbewußt herbeigeführt hat, als er sich in aller Unschuld vor seinem Großvater bekreuzigte. Diese Verantwortung ist für das arme Kind unerträglich. Er hat Alpträume, die ich nicht zu verscheuchen vermag.

Gleichzeitig kann Azhar unsere veränderten Lebensumstände nicht verstehen. Im Irak war er der gehätschelte Enkel und Liebling seines Großvaters. Und was für eines Großvaters! Mächtig war er und Herrscher über einen großen Clan … Dank seiner Zuneigung hatte der Kleine den Eindruck gewonnen, daß ihm alles gehörte: die großen Häuser, Platz, Überfluß … Alles stand ihm zu Gebote, seine kleinsten Wünsche wurden ihm erfüllt, kaum daß er sie aussprach, auf seine Launen wurde selbstverständlich Rücksicht genommen.

Jetzt aber ist der kleine König von einst aus seinem irdischen Paradies vertrieben worden und muß weit weg vom Großvater und dem Rest der Familie das prekäre und sorgenvolle Leben seiner Eltern teilen. Wie oft er mich schon gefragt hat, warum wir weggegangen sind, warum wir diese Entscheidung getroffen haben! Und ich, sein Vater, habe nicht die richtigen Worte gefunden, um es ihm zu erklären …

Unglücklich muß ich feststellen, daß wir wieder in einer Art Gefängnis gelandet sind: Zwar sind die Gitter aus Gold, aber wir bleiben den ganzen Tag eingesperrt. Das weckt schmerzliche Erinnerungen in mir …

Ich spüre, daß unsere Situation auf Dauer untragbar ist.

Taufe

Fouheis, Juni/Juli 2000

Wir gönnen uns nur eine einzige Ausnahme von unserem selbstauferlegten Hausarrest, und das ist die Messe in der Kirche nebenan. Wir gehen mit der ganzen Familie dorthin, beinahe täglich, um sieben Uhr früh, und sonntags zum Hochamt um zehn Uhr. Das gibt mir Trost und hilft mir, die Ungewißheit unserer Lage besser zu ertragen. Gleichzeitig spüre ich jedoch eine wachsende Unzufriedenheit darüber, daß ich nicht kommunizieren darf. Voller Ungeduld warte ich darauf, daß Bischof Rabah endlich auf meinen Brief reagiert, in dem ich ihn um die Taufe gebeten habe.

Leider aber verzögert sich die Antwort, und mit jedem Tag, der ohne Neuigkeiten verstreicht, wird meine Ungeduld größer. Mein ganzer Tag kreist nur noch um diesen einen Augenblick, wenn die Post kommt, und es kommt mir grausam vor, daß man sich mit der Antwort soviel Zeit läßt – grausam und demütigend, weil offenbar Zweifel an der Berechtigung meines Anliegens bestehen.

Endlich, Ende Juni, erreicht mich das ersehnte Schreiben. Aus Angst, erneut furchtbar enttäuscht zu werden, zögere ich, es zu öffnen. Rasch überfliege ich die Zeilen und finde mich in meinen Befürchtungen bestätigt. Sein lapidarer Inhalt nimmt mir beinahe jede Hoffnung, von der Kirche in diesem Land gehört zu werden. Mein Brief scheint schlecht formuliert, denn Bischof Rabah bittet mich, einen weiteren zu schreiben.

Ich bin außer mir, so sehr gibt mir dieser vorsichtige und ungeschickte Brief das Gefühl, daß mir die Türen der Kirche wieder einmal verschlossen sind. Ich glaube nicht mehr daran, daß die Gemeinschaft der Christen in dieser Region mich jemals aufnehmen wird ... Muß ich immer noch warten, muß ich wieder fliehen, immer weiter, bis nach Europa, um endlich getauft werden zu können?

Als der mit Trauer vermischte Zorn ein wenig nachläßt, versuche ich zur Vernunft zu kommen: Bischof Rabah versucht vermutlich nur Zeit zu gewinnen. Er bittet mich um Geduld. Als ich seinen Brief noch einmal langsam und Wort für Wort lese, ahne ich eine schüchterne Öffnung von seiten der Amtskirche. Jetzt ist es an mir, meine Chance zu ergreifen und die Bresche zu erweitern – auch wenn ich eigentlich nicht weiß, wie ich mein Anliegen anders formulieren soll.

Noch ehe ich eine Lösung gefunden habe, bin ich einige Tage später, Anfang Juli, zu einer Kindstaufe eingeladen. Der Zelebrant ist … Bischof Rabah!

Während der Zeremonie bin ich innerlich in Aufruhr: Dasselbe Sakrament, das er mir verweigert, spendet er völlig bedenkenlos einem Neugeborenen! Ich brenne darauf, ihm die Meinung zu sagen, und achte nicht einmal mehr auf die Worte der Liturgie. In meinem Kopf gehe ich die Argumente und meine Geschichte immer wieder durch, die ich ihm Stück für Stück erzählen will, damit er mir endlich zuhört. Weil ich sie nicht äußern kann, verknoten sich die Gedanken in meinem Kopf, stolpern übereinander und kehren wie in einer Warteschleife immer wieder.

Plötzlich kommt mir der Schock von vor einigen Wochen wieder in den Sinn. Zum Glück ist alles glimpflich ausgegangen. Doch wenn so etwas wieder passieren und diesmal für mich oder meine Familie tragisch enden sollte, dann wäre mir die Vorstellung unerträglich, ungetauft zu sterben – und das so kurz vor dem Ziel!

Das Ende der Tauffeier naht heran. Ich sehe den Kirchenmann in der Sakristei verschwinden. Jetzt oder nie. Also drehe ich mich zu Oum Farah und ihrer Tochter Sana um und flehe sie an, mich dem Bischof vorzustellen. Ich bin wildentschlossen, mir diese Chance nicht entgehen zu lassen. Vielleicht ist es meine letzte …

Sie sind einverstanden, und ich springe von meinem Sitz auf, packe die beiden am Arm und zerre sie beinahe im Laufschritt vor den Prälaten. Er scheint sich an meinen Brief zu erinnern, aber er wirkt nicht im mindesten peinlich berührt. Ich hole tief Luft und sage in einem Atemzug:

– Dieses Neugeborene mußte Ihnen keinen Brief schreiben, um getauft zu werden! Also gut, ich bin ein Neugeborener im Glauben…

Während der gesamten Zeremonie hatte ich mich im Geist auf diesen Moment vorbereitet. Ich hatte jeden Gedanken, den ich äußern wollte, mehrmals formuliert, mir überlegt, wie ich ihn vorbringen wollte, alles genau durchdacht – alles, bis auf diesen impulsiven, abrupten Satz, der mir jetzt praktisch gegen meinen Willen über die Lippen kommt, direkt aus der Tiefe meines gequälten Herzens. Mir wird übel…

Doch der Mann sieht mich aufmerksam an, als würde er jedes meiner Worte abwägen. Er wirkt nicht schockiert, sondern denkt einfach nur einige Augenblick nach, ehe er mir antwortet.

– Ich habe mich offenbar nicht deutlich ausgedrückt. Was ich sagen wollte, ist, daß Sie die Möglichkeit bekommen sollen, sich richtig auf die Taufe vorzubereiten. Ich schlage Ihnen vor, daß wir uns bald treffen, um alles im Detail zu besprechen.

Die darauffolgenden Wochen gehören zu den schönsten meines ganzen Lebens. Von unserer ersten Begegnung an geht mir Bassam Rabahs einfache Art zu Herzen. Gleich zu Beginn vertraut er mir an, daß ihn mein Bild vom „Kind" im Glauben und auch meine Beharrlichkeit sehr beeindruckt hätten.

Gewiß hatte ich zwei gewichtige Empfehlungen auf meiner Seite: Abuna Gabriel und Schwester Maryam. Zwei wichtige Persönlichkeiten in der jordanischen und in der irakischen Christengemeinde. Durch sie kennt er meine Geschichte, und er weiß auch, daß er ihnen vollkommen vertrauen kann. Wenn sie sich meiner angenommen haben, dann aus gutem Grund. Also muß auch er mein Anliegen ernstnehmen.

Im Verlauf der vier Abende, die wir im Juli miteinander verbringen, wird mir bewußt, daß dieser Kirchenmann etwas zutiefst Menschliches und Zuvorkommendes ausstrahlt. Er besitzt eine seltene Güte, die sich in seiner Aufmerksamkeit für die kleinen Details manifestiert: Er will, daß wir uns wohlfühlen und daß seine schwarze Soutane und sein großes Brustkreuz keine Distanz zwischen uns herstellen.

Was die Taufe betrifft, so lerne ich nicht viel Neues; Abuna Gabriel hatte uns in puncto Glauben und Lehre gründlich vorbereitet. Dennoch sind diese geistlichen Gespräche beeindruckend und schön.

Mit einfachen Worten erklärt er uns die Symbolik des Wassers, die bei diesem Sakrament zum Tragen kommt. Da ich die Wüste kenne, ist es für mich leicht zu verstehen, daß Wasser Leben ist. Doch dieses Wasser, so fährt der Bischof fort, reinigt auch von der Sünde und erlaubt uns ein neues Leben mit Christus.

Was mich mehr erstaunt, ist das Thema der Märtyrer, das Bischof Bassam Rabah an unserem vorletzten Abend anspricht: Sie haben die Taufe des Bluts empfangen. Sie sind für ihren Glauben gestorben und erfreuen sich nun im Himmel des ewigen Lebens.

Dieser Gedanke berührt mich tief, denn die Vorstellung, daß ich für Christus sterben könnte, ist mir seit Jahren vertraut. So vertraut, daß mich die Möglichkeit eines banalen, natürlichen Todes manchmal sogar traurig macht...

Bischof Rabah ist ein echter Hirte, der uns nach dem Vorbild des „guten Hirten" im Evangelium (Joh 10,11) in die Praxis des geistlichen Lebens einweist. Ich habe nicht mehr das Gefühl, einem zeremoniellen, hochmütigen und unnahbaren Prälaten gegenüberzusitzen.

Nach diesen vier Treffen spricht Bischof Rabah, der uns nun offenbar für ausreichend vorbereitet hält, diesen einen Satz, der sich wie ein lindernder Balsam über viele Wunden der Vergangenheit legt, die mich bis zu diesem Zeitpunkt noch immer geschmerzt haben:

– Du klopfst an die Tür der Kirche, und ich sehe keinen Grund, dich nicht einzulassen.

Dank dieser wenigen Worte fühlen wir uns zum allerersten Mal seit unserer Hochzeit und Anouars Bekehrung als Teil der Kirche, aufgenommen als vollwertige Mitglieder und nicht mehr als nur geduldete, aber mißtrauisch beäugte Eindringlinge. Denn so hatte ich mich im Irak gefühlt, wo man unsere Anwesenheit als störend empfand.

Mein verrücktester Traum ist es nun, hierzubleiben, in Jordanien, bei diesem Mann Gottes. Tatsächlich hat sich die Situation seit zwei Monaten deutlich entspannt: Meine Schwester Zahra ist nicht zurückgekehrt, und Bischof Rabah, dessen Aufmerksamkeit unsere Bedürfnisse nicht entgangen sind, denkt über eine Arbeit für mich nach. Ich glaube, daß er sich auch deshalb bereiterklärt hat, uns zu taufen, weil er hofft, daß wir uns für einige Zeit hier in der Gegend niederlassen werden.

Leider ist dieser schöne Plan auf lange Sicht nicht durchführbar, und das weiß ich auch. Als wir das erste Haus in Amman bezogen hatten, hatte man mir eine dreimonatige Aufenthaltserlaubnis ausgestellt, weil ich eine Adresse angeben konnte. Seit wir nach Fouheis gezogen sind, habe ich aus Vorsicht keine neue Adresse hinterlegt, und der Zwischenfall mit meiner Schwester hat mir gezeigt, daß ich gut daran getan habe.

Dadurch befinde ich mich allerdings in einer irregulären Situation. Das ist nicht eben vorteilhaft; vor allem besteht das Risiko, bei der kleinsten Polizeikontrolle, beim geringfügigsten Zwischenfall, bei dem ich mich ausweisen müßte, in den Irak abgeschoben zu werden. Diese Bedrohung verdüstert unseren Horizont. Auch wenn es mir nicht gefällt: Ich weiß, daß wir eines Tages wieder werden fliehen müssen.

Deshalb müssen wir darauf achten, daß unsere Taufe geheim bleibt und diskret vollzogen wird, um keine negative Reaktion seitens der muslimischen Gesellschaft zu provozieren. Einer Gesellschaft, die zwar weniger gewalttätig, aber der Religionsfreiheit gegenüber auch nicht aufgeschlossener ist als im Irak.

Eine weitere Folge unserer Situation ist die, daß ich Bischof Rabah nicht um eine Taufbescheinigung bitte. Wenn sich die Dinge zum Schlechten wenden sollten und ich in den Irak zurückgebracht werde, wird niemand wissen, daß ich offiziell Christ geworden bin.

Am 22. Juli begeben wir uns als Familie mit unseren Kindern am frühen Nachmittag in eine große Klosterkirche mitten im christlichen Viertel von Amman. Es ist ein Wohnviertel abseits des eigentlichen Amman; dennoch leben hier keine Exilanten, sondern Jordanier.

Bischof Bassam Rabah hat sich aus Sicherheitsgründen für diese Kirche entschieden, weil sie zu einem größeren Komplex mit mehreren Eingängen gehört. Sie läßt sich einfacher unauffällig betreten als eine normale Pfarrkirche.

Es sind nicht viele, die im Inneren des Betongebäudes auf den Holzbänken sitzen, und die Kirche wirkt beinahe leer. Da sind der Priester, der der Tauffeier vorstehen wird, ein weiterer Priester in Soutane, der zum Taufpaten bestimmt ist, und die Patin, eine gottgeweihte Frau, die für den Prälaten arbeitet. Sie alle sind von Bischof Rabah handverlesene, vertrauenswürdige und zur Geheimhaltung fähige Personen.

Weiterhin sind eine Ordensschwester und unsere Gastfamilie in Gestalt von Oum Farah anwesend. Von unseren beiden Kindern abgesehen, die ebenfalls getauft werden sollen, sind wir insgesamt neun Personen. Bischof Bassam Rabah hat uns von einer Taufe in Fouheis abgeraten, denn das wäre den Leuten dort ganz sicher nicht verborgen geblieben, und eines Tages wäre die Neuigkeit vielleicht an muslimische Ohren gedrungen …

Zu meinem Bedauern können weder Bischof Rabah – eine Vorsichtsmaßnahme – noch, aus anderen Gründen, Schwester Maryam dabeisein. Als der Termin festgelegt wurde, war die Schwester gerade im Irak. Als ich sie benachrichtigte, bat sie mich, den Tag der Taufe zu verschieben, damit sie an der Feier teilnehmen könne.

Doch nach einer so langen und schmerzlichen Wartezeit hatte ich weder die Geduld noch den Mut, die ersehnte Zeremonie noch weiter hinauszuschieben. Wenn ich den Termin jetzt noch einmal verlege, dachte ich bei mir, ändert Bischof Rabah vielleicht seine Meinung und sagt die Taufe ab. Ich hatte ja bereits meine Erfahrungen mit der sehr großen Vorsicht der Kirche gemacht, die angesichts der ihr verheißenen Ewigkeit vermutlich ein anderes Zeitempfinden hat, und ich war nicht bereit, dieses Risiko auf mich zu nehmen ...

Jetzt sitzen wir also in der Kirche, alle vier, in weiße Gewänder gehüllt, die eine Ordensschwester eigens für uns genäht hat. Mit brennendem Herzen warten wir auf den Beginn der Zeremonie.

Unsere Freude über das ersehnte Ereignis wird ein bißchen von der Feindseligkeit getrübt, die man den Christen in diesem Land entgegenbringt. Das Mißtrauen hat uns zu beträchtlichen Vorsichtsmaßnahmen veranlaßt, damit die Taufen so diskret vonstatten gehen wie nur irgend möglich. Wir wissen, wie gefährlich es ist, in einem muslimischen Land vom Islam zum Christentum zu konvertieren. Deshalb haben wir gemeinsam mit Bischof Rabah und Maryam beschlossen, uns nicht alle gemeinsam taufen zu lassen.

Diesem Plan gemäß kommen zuerst die Kinder an die Reihe, während Anouar und ich die Kirche verlassen. Auf diese Weise besteht keine Gefahr, daß Azhar, der von diesem Moment an Paul heißen wird, und die bald dreijährige Miamy – Thérèse – uns eines Tages – auch nicht unabsichtlich – verraten werden. Ich bin sehr stolz darauf, in gewisser Hinsicht meine Pflicht getan und meine Kinder, Fleisch von meinem Fleisch, zu Christus geführt zu haben. Anouar und ich haben sie besonders sorgfältig auf diesen wichtigen Moment in ihrem Leben vorbereitet.

Anschließend gehen die Kinder zum Spielen nach draußen, und nun sind wir an der Reihe, das kostbare Sakrament zu empfangen. Mit geneigtem Kopf und bereit, vom Priester mit dem geweihten Wasser übergossen zu werden, höre ich die feierlichen

Worte des Zelebranten: „Ich taufe dich im Namen des Vaters und des Sohnes und des Heiligen Geistes…" Und ich denke an all die Jahre des Wartens und Leidens, an die Augenblicke, da ich mein letztes Stündlein gekommen glaubte, an diese ganze Zeit, in der ich nur ein einziges Ziel gekannt habe: lange genug zu leben, um diesen Moment hier zu erleben.

Mich überkommt eine ganze Flut der unterschiedlichsten Gefühle.

Da ist natürlich die Freude über diese Wiedergeburt, von der Bischof Rabah gesprochen hat: den Sieg über das Böse. Für mich ist das nicht nur irgendeine hohle Phrase, sondern im Gegenteil etwas sehr Konkretes, dessen Bißspuren ich noch an meinem Körper trage. Und um diesen Übergang, dieses Neue eindeutig kenntlich zu machen, habe ich als Vornamen den Namen des Evangelisten gewählt, durch den ich Christus entdeckt habe: Jean – Johannes. Anouar hat sich für Maria entschieden…

Doch neben diesem noch zerbrechlichen Glück befällt mich auch die Angst. Auf unserer kleinen Zeremonie lastet – nicht zuletzt, weil sie in aller Heimlichkeit stattfindet – eine Atmosphäre des Schreckens. Ganz zu schweigen von den Verfolgungen, die dieser unumkehrbare Schritt uns in Zukunft vielleicht eintragen wird…

Und dann fühle ich noch eine gewisse Traurigkeit darüber, daß meine eigene Familie meine Freude am heutigen Tag nicht mit mir teilen kann…

Nach zwei Stunden kommen schließlich alle, Eltern, Kinder und Freunde, in einem kleinen angrenzenden Raum zu einem Imbiß zusammen. Der Priester, der die Tauffeier zelebriert hat, hatte diese schöne Idee. Ich danke ihm von ganzem Herzen. Wir erheben unsere Gläser und feiern unsere Aufnahme in die Familie der Christen. Die Herzlichkeit der Anwesenden tröstet mich über die Abwesenheit meiner biologischen Familie hinweg.

Trotz der Umstände herrscht in unserer kleinen Versammlung eine festliche Stimmung… Die Kinder sind entzückt, denn sie haben von Maryam und Said Geschenke bekommen; die andere Ordensschwester hat sie ihnen mitgebracht. Jeder beglückwünscht uns. Ich wundere mich, als der Priester, der uns getauft hat, zu mir sagt, daß diese Taufe seinen eigenen Glauben gestärkt habe. Selbst mein Pate, ebenfalls Priester, versichert mir, daß er sich niemals bereiterklärt hätte, mich zu taufen; seiner Ansicht nach ist mein Glaube stärker als der seine!

Einige Stunden später liest er die Messe, und aus seinen Händen empfange und koste ich tiefbewegt zum ersten Mal das „Brot des Lebens"...

Für mich beginnt heute ein neuer Lebensabschnitt. Endlich kann ich jenem Mann antworten, der mich damals, in jener Vision, die mir noch heute, dreizehn Jahre später, mit unverminderter Frische vor Augen steht, zu sich gerufen hat.

Dieser Mann, dessen strahlende Güte mich so sehr angezogen hat, dieser Christus, für den ich vom ersten Augenblick an eine echte Leidenschaft empfand, ist mir seit damals Tag für Tag ein geliebter Freund gewesen. Selbst in den schwärzesten Stunden war ich nicht einmal einen kurzen Augenblick lang versucht, ihn zu verlassen, um zu dem goldenen Leben von einst zurückzukehren.

Und jetzt kann ich von seinem Leben kosten, von der Ewigkeit, die der Sohn Gottes mir verheißt. Wenn ich kann, will ich jeden Tag an diesem Brot der Engel teilhaben, meine Kraft und meine Freude daraus ziehen, sogar mehrmals am Tag, wenn die Kirche es erlaubt...

Nach der Messe erfüllt mich eine ungewohnte Zuversicht, als ob die Taufe und die Kommunion einen neuen Menschen aus mir gemacht hätten. Wie ein Krieger, der in die Schlacht eilt, vergesse ich meine Situation und das christenfeindliche Umfeld und würde am liebsten herumspringen und meine überbordende Freude mit allen Menschen teilen.

Prosaischer gesprochen gibt diese Freude mir die Kraft, an diesem Abend meine, wie ich glaube, letzte Zigarette auszutreten. Ein Erfolg, der mich ziemlich stolz macht, wenn man bedenkt, daß ich sehr jung angefangen habe zu rauchen...

Doch das ist nicht alles. In meiner Begeisterung würde ich am liebsten auch christlich heiraten. Bischof Bassam Rabah hat mir jedoch erklärt, daß das nicht nötig sei: Wir waren bereits vor unserer Taufe verheiratet. Also muß ich nicht mehr kirchlich heiraten, auch wenn wir im Rahmen einer anderen Religion getraut worden sind. Ich kann nicht sagen, daß mich diese Erklärung vollkommen überzeugt. Doch für den Moment gebe ich mich damit zufrieden ... bis ich einen Kleriker finde, der mehr Verständnis hat!

Am Ende dieses erfüllten Tages fahren wir, völlig erschöpft von der Vielzahl der Emotionen, nach Fouheis zurück, um uns wieder in unserer Wohnung einzuschließen. Doch diesmal tun wir es voller Dankbarkeit für alles, was uns heute geschenkt worden ist.

„DER EIFER FÜR DEIN HAUS VERZEHRT MICH"

Fouheis, Ende Juli 2000

Einige Tage nach unserer Taufe telefoniere ich mit Bischof Rabah, um ihn erneut um einen Gefallen zu bitten: Ich möchte, daß er mir hilft, eine Arbeit zu finden, damit ich nicht länger in dieser Wohnung eingesperrt bin.

Am nächsten Tag ruft er mich an und schlägt mir vor, ihn im Lauf des Tages auf einer Kirchenbaustelle in Amman zu treffen. Der Geldgeber ist ein jordanischer Unternehmer; er stammt aus einer großen christlichen Familie, und es macht ihn stolz, eine Kirche zu bauen. Es unterstreicht seine Bedeutung innerhalb der Gemeinde.

Bischof Rabah hat mit ihm über meine Situation gesprochen. Offenbar hat er Arbeit für mich. Wir verabreden uns für den Nachmittag.

Bei unserem Treffen drückt mir der Unternehmer, der gleichzeitig auch der Baustellenleiter ist, herzlich die Hand und fragt nach meinem Namen.

– Ich heiße Youssef, antworte ich stolz.

Diesen häufigen Vornamen hatte ich aus schlichter Bequemlichkeit schon vorher oft benutzt. Denn in Fouheis, diesem christlichen Dorf, konnte ich mich unmöglich weiterhin Mohammed nennen, wie es in meinen offiziellen Papieren steht. Also hatte Schwester Maryam mir zu diesem Namen geraten, den auch viele ältere Muslime tragen. Er hat in der Tat den Vorteil, sowohl bei den Christen als auch bei den Muslimen gebräuchlich zu sein. Nach der Taufe hatte ich ihn beibehalten, weil alle Welt mich eben als Youssef kannte. Ich frage mich sogar, ob meine Frau sich nicht vielleicht deshalb für den Vornamen Maria entschieden hat ...

– Und dein Vater, wie heißt dein Vater?

Ich stehe stumm da, denn mit seiner zweiten Frage hat mich der Unternehmer in äußerste Verlegenheit gebracht. Es kommt natürlich nicht in Frage, daß ich ihm den Nachnamen Moussaoui nenne. Selbst hier in Jordanien würde er, was meine Religionszugehörigkeit betrifft, Verdacht erregen. Dennoch ist es üblich, nach dem Familiennamen zu fragen, um den Gegenüber auch auf der sozialen Stufenleiter einordnen zu können.

– Du weißt nicht, wie dein Vater heißt?, hakt der Baustellenleiter nach.

Ich werde rot vor Verlegenheit. Zum Glück kommt mir Bischof Rabah zu Hilfe und sagt lächelnd:

– Der Name seines Vaters ist Bassam Rabah!

Was in gewisser Weise nicht einmal gelogen ist – zumindest auf der Ebene des Glaubens. Innerlich bin ich voller Bewunderung und Dankbarkeit für die Geistesgegenwart des Prälaten. Einmal mehr hat er genau richtig reagiert und mir aus der Klemme geholfen.

Danach ist die Sache im Handumdrehen geregelt. Der Unternehmer will mich gleich am nächsten Tag auf der Baustelle sehen. Ich habe keine Ahnung vom Baugewerbe, aber ich soll darauf achten, daß unter den Arbeitern alles gut läuft, und mich um den Wachdienst kümmern.

Am Ende wird sogar vereinbart, daß wir im Pfarrhaus wohnen dürfen. Für die kommenden Monate ist unsere Zukunft gesichert… Ich fange an, mit dem Gedanken zu spielen, daß wir vielleicht doch in diesem Land Asyl finden könnten, vorausgesetzt, das Problem mit der Aufenthaltsgenehmigung läßt sich regeln.

Einerseits bin ich sehr froh, im Rahmen meiner Möglichkeiten zum Bau einer Kirche beitragen zu können, doch andererseits bin ich enttäuscht, als ich feststellen muß, daß die Arbeiter auf der Baustelle ausschließlich Muslime sind und die Christen nicht mögen.

Als ich versuche, ihrer tiefsitzenden Antipathie auf den Grund zu gehen, sagen sie mir unumwunden, daß das Evangelium verfälscht worden sei.

– Gebt mir ein Beispiel, entgegne ich.

– In eurer Bibel steht, daß man seine Feinde lieben soll…

Für sie ist diese von Christus geforderte Haltung mit dem Koran völlig unvereinbar. Sie zeigt, daß die Christen verachtenswerte Schwächlinge sind. Das tut mir weh, aber ich muß feststellen, daß meine ehemaligen Glaubensbrüder für die Kirche nichts als Haß empfinden: tiefverwurzelten Haß.

Manchmal habe ich sogar das Gefühl, gegen eine Wand zu laufen; das erfüllt mich mit hilflosem Zorn. Wie an jenem Tag kurz nach der Weihe der Kirche, die jetzt Heilig-Geist-Kirche heißt. Das Innere des Gebäudes ist noch nicht ganz fertig; ein Muslim ist dort mit einigen kleineren Arbeiten beschäftigt.

Als ich hereinkomme, macht der Mann gerade Anstalten, mit seinen Schuhen auf den Altar zu klettern, um einen Leuchter zu befestigen.

Ich eile hinzu:
– Rühr dich nicht vom Fleck, ich hole dir eine Leiter. Oder zieh wenigstens deine Schuhe aus…
– Nein, das lohnt nicht!
Doch, doch, ich bitte dich, stell dich nicht auf den Altar, der ist heilig!
Ungerührt macht sich der Arbeiter daran, auf den Altar zu klettern, und murmelt dabei Worte vor sich hin, die in meinen Ohren sehr nach einer Schmähung des Christenkreuzes klingen.
Als ich diese Blasphemie höre, verliere ich die Beherrschung. Ich ziehe ihn zurück, werfe ihn auf den Boden und beginne völlig außer mir, auf ihn einzuschlagen. Angesichts meiner Kraft und meines Gewichts leistet der Mann nur schwachen Widerstand. Er begnügt sich damit, sein Gesicht mit den Armen zu schützen.
Plötzlich höre ich ein trockenes Geräusch, ein Krachen, und der Mann brüllt los. Abrupt halte ich inne, schwer atmend vom Kampf und in dem unguten Gefühl, vielleicht doch zu weit gegangen zu sein…
Der Baustellenleiter fährt den Arbeiter zum Krankenhaus; nach einigen Stunden kommt er mit einem Gips zurück: Der Arm ist gebrochen. Ich stehe abseits von den anderen Arbeitern, die sich zusammengerottet haben, sehe zu Boden und fühle mich dem Unternehmer gegenüber sehr unbehaglich. Er hat sich für mich eingesetzt und hat nun meinetwegen Unannehmlichkeiten. Gleichzeitig verspüre ich nicht die geringste Reue. Für mich ist es inakzeptabel, daß jemand das Heiligste, was es in meiner Religion gibt, auf so grobe Weise beleidigt; käme ich noch einmal in eine solche Situation, würde ich, ohne zu zögern, wieder genau dasselbe tun…
Der Baustellenleiter packt mich am Arm, führt mich ein Stück weg und sagt in barschem Ton:
– Du bist Iraker, du hast keine Papiere, du kannst dir einen solchen Ausrutscher einfach nicht leisten!
– Aber ich habe ihn angefleht…

– Das ist kein Grund, so gewalttätig zu werden! Du mußt mit Bischof Rabah sprechen…

Im Grunde meines Herzens weiß ich, daß er recht hat. Ich habe instinktiv gehandelt, ohne nachzudenken. Ich hätte wissen müssen, daß es im Islam – mir selbst ist es ja genauso eingetrichtert worden! – völlig normal ist, andere Religionen zu schmähen. Die Muslime sind davon überzeugt, daß die Christen das Evangelium verfälscht und insbesondere, daß sie Christus am Kreuz durch einen Doppelgänger ersetzt haben (Koran 4,156).

Jetzt aber, da ich auf der anderen Seite stehe, kann ich diesen mangelnden Respekt gegenüber dem Christentum nicht dulden, zumal ich innerhalb der christlichen Minderheit trotz aller Angst, aller Schikanen und zuweilen sogar Verfolgungen nie auch nur das geringste Anzeichen von Feindseligkeit gegenüber dem Islam beobachtet habe. Dieses Ungleichgewicht im Verhalten der beiden Gemeinschaften bereitet mir Kummer und ist für mich sehr schwer zu akzeptieren.

Genau das erkläre ich Bischof Bassam Rabah, der durch den zornigen Unternehmer von der Sache erfahren hat und dennoch gewillt ist, sich die Geschichte auch noch einmal aus meiner Perspektive erzählen zu lassen. Vor dem Prälaten werde ich dann doch ein bißchen unsicher, doch mein Vertrauen zu ihm ist so groß, daß ich ihm alles sage, was ich auf dem Herzen habe.

Obwohl er besorgt wirkt, habe ich den Eindruck, daß meine Aufrichtigkeit bei ihm nicht ohne Echo bleibt. Er muß die Ungerechtigkeit, unter der die Christen in diesem Land zu leiden haben, im Grunde wohl ganz ähnlich empfinden wie ich.

Es folgen einige Momente des Schweigens. Ängstlich erwarte ich Bischof Rabahs Urteil. Schließlich begnügt er sich mit einigen seufzend ausgesprochenen Worten:

– Du hättest dich beherrschen müssen…

– Aber das war unmöglich! Wenn es nur um meine Familie gegangen wäre… Aber er hat die ganze Kirche angegriffen!

Obwohl auf der Baustelle ja schon seit geraumer Zeit gearbeitet wurde, hatte ich mich innerhalb weniger Wochen vollkommen mit diesem Projekt identifiziert. Für mich war das nicht einfach irgendeine Tätigkeit, sondern eine ganz konkrete Möglichkeit, der gesamten Kirche – meiner neuen Familie – meine Liebe zu beweisen.

Ich hatte dieses religiöse Gebäude entstehen, aus der Erde wachsen sehen. Ich kenne es in- und auswendig bis in die kleinste Ecke. Wenn ich es mir genau überlege, dann erinnert mich das, was mir mit diesem Arbeiter passiert ist, an das Schriftwort in der Episode, als Jesus die Händler mit einer Geißel aus dem Tempel jagt: „Der Eifer für dein Haus verzehrt mich" (Joh 2,15–17).

Ich hänge auch deshalb so sehr an dieser ganz neuen Kirche, weil Bischof Rabah uns noch vor ihrer Weihe die Erlaubnis gegeben hat, mit unserer ganzen Familie hier zu leben. Das war mein größter Wunsch seit meiner Taufe: so nahe wie möglich bei einer Kirche zu wohnen.

Ich habe die Schlüsselgewalt – wie der heilige Petrus –, und ich kann die Kapelle aufschließen, wann immer ich will. Das erfüllt mich mit einem großen Verantwortungsgefühl: Ich mache mich nützlich und ich bin ein Diener im Hause des Herrn. Und es ist ein Zeichen meiner Liebe zu Christus, der mich von den Ketten des Islams befreit und mir den Weg zum wahren Glück gewiesen hat.

Doch heute habe ich mit meiner Unbeherrschtheit alles aufs Spiel gesetzt. Das ist mir deutlich bewußt. Ein Wort von Bischof Rabah genügt, und wir sitzen wieder, eingesperrt und isoliert wie Parias, in unserer Wohnung in Fouheis.

Stand der Gnade

Amman, September – Dezember 2000

Zu meinem großen Glück erfahre ich ein weiteres Mal die Güte und Barmherzigkeit von Bischof Rabah: Er ist wahrhaftig ein Hirte, der sich um seine Herde sorgt.

Als ganze Buße übernimmt er meine Verteidigung bei meinem Arbeitgeber und bittet ihn, die Affäre mit dem verletzten Arbeiter so zu regeln, daß dieser keine Anklage erhebt. Eine Lösung ist rasch gefunden: Dem betreffenden Muslim wird eine noch interessantere und besser bezahlte Arbeit auf einer anderen Baustelle angeboten; außerdem erhält er ein beträchtliches Bakschisch, um ihm das Vergessen zu erleichtern!

Ich für meinen Teil bin überaus dankbar und stürze mich mit desto größerem Eifer in meine neue Arbeit als Küster, die der Bischof mir nach dem Abschluß der Bauarbeiten übertragen hat.

Da die Kirche sich rasch zu einem vielbesuchten Ort entwickelt, achte ich mit äußerster Sorgfalt darauf, daß alles einschließlich des Pfarrhauses makellos sauber ist. Ich bringe sogar meine Kinder dazu, mir zu helfen und mich zu begleiten, wenn am Ende des Tages die Stunde der Putzkolonne schlägt. Für mich ist es ein großes Vergnügen zu sehen, mit welchem Elan sie sich an diesem Spiel beteiligen und wie sie sich von der Begeisterung ihres Vaters anstecken lassen.

Als Küster kann ich sehr viel Zeit mit ihnen in der Kapelle verbringen. Paul erinnert sich noch an die Zeremonien im Irak; er ist schon recht weit. Thérèse aber hat erst hier, in den vergangenen Monaten, das Vaterunser und das Avemaria und vor dem Tabernakel auf meinen Knien sogar schon einige Kirchenlieder gelernt. Noch heute muß ich lachen, wenn ich daran zurückdenke, wie sie eines Tages empört zu mir kam und sich darüber beschwerte, daß ihre Puppe kein Kreuzzeichen machen will!

Anouar-Marie sagt mir, sie hätte mich seit unserer Hochzeit noch nie so glücklich erlebt. Vielleicht auch deshalb, weil ich die Gefahr, daß mein Vater unsere Verfolgung noch immer nicht aufgegeben haben könnte, tief in meinem Inneren verschlossen habe, um nicht daran denken zu müssen, daß wir vielleicht eines Tages erneut gezwungen sein werden, zu fliehen und diese trügerische Sicherheit hinter uns zu lassen.

In diesem sehr beruhigenden Rahmen, den die Kirche und meine Arbeit mir geben, habe ich weder den Mut noch die Motivation, neue Aufbruchspläne zu schmieden. Und so höre ich auch immer nur mit halbem Ohr zu, wenn Maryam mir erzählt, was sie alles unternimmt, um ein Visum für uns zu bekommen.

Hinzu kommt, daß ich mich bei meiner Arbeit als Küster auch nicht über mangelnde Beschäftigung beklagen kann.

Morgens begleite ich den Priester, bei dem wir wohnen. Er liest täglich die Frühmesse in einem Frauenkloster im Viertel Tlal al-Ali.

Den Rest des Tages verbringe ich damit, dem Priester in der Kirche zu helfen. Er versäumt keine Gelegenheit, mich beim geringsten Anlaß um Hilfe zu bitten, so daß ich schon bald das schmeichelhafte Gefühl habe, unentbehrlich zu sein. Meine Tage sind lang und angefüllt mit verschiedenen Besuchen und mit Hochzeiten; hierbei besteht meine Aufgabe darin, die Kirche zu schmücken und die Gäste zu empfangen.

Die Kinder fahren währenddessen jeden Morgen ganz allein mit dem Bus zur Schule. Bischof Rabah war so liebenswürdig, die Schulgebühren aus eigener Tasche zu bezahlen.

Er ist für unsere ganze Familie eine Art Vater, der auf alle unsere Bedürfnisse achtet. Das bewegt mich zutiefst. Er hat mich schon mehrfach eingeladen, ihn auf seinen Pastoralbesuchen zu begleiten. Das tue ich liebend gern, denn ich bewundere sein Gespür für die Situation und für die Menschen, denen er begegnet. Dieser Prälat versteht es, mit den Leuten umzugehen – und vor allem mit den Kindern, denn er begibt sich auf ihre Ebene, wenn er mit ihnen spricht.

So reich beschenkt bin ich nahe daran, die latente Bedrohung zu vergessen – wäre da nicht die feindliche Umgebung unseres Viertels. Die Bewohner der angrenzenden Häuser, mehrheitlich Muslime, sind nicht bereit, die neue Kirche in ihrer unmittelbaren Nähe zu akzeptieren. Ihre Antipathie richtet sich vor allem gegen die Glocken, die jeden Morgen um sechs Uhr zum ersten Mal läuten.

Das äußert sich in wiederholten böswilligen Übergriffen, namentlich Steinwürfen gegen die Kirche. Nach einem Monat beschließt der Pfarrer daher, das Sechsuhrläuten auf die großen religiösen Feste und auf Tage zu beschränken, an denen eine Hochzeit stattfindet.

Trotz der Zeit des Friedens und der Atempause, die uns seit unserer Taufe vergönnt gewesen ist, erinnern mich diese kleinen Zwistigkeiten daran, daß wir vorsichtig sein müssen; deshalb vermeide ich es, mich allzuoft auf der Straße sehen zu lassen, wozu mir im übrigen auch Bischof Bassam Rabah geraten hat.

Also kommen unsere Freunde, Said und die Klosterschwestern, uns abwechselnd besuchen. Sie stellen uns auch andere Christen vor, Ausländer, die fremde Sprachen sprechen, aber unseren Glauben und unsere Hoffnung teilen. Dieses Gefühl, jetzt Teil der Weltkirche zu sein, lindert unser Exil ein wenig. Auf diesem Weg machen wir die Bekanntschaft eines bezaubernden und begeisterten französischen Paares, Thierry und Aline. Er ist Mitarbeiter einer humanitären Organisation, sie stammt aus dem Libanon, was unsere Gespräche erleichtert.

Bei einem seiner Besuche bringt Said einen seiner Freunde mit, Iraker wie wir. Ich erfahre, daß er aus den Bergen im Norden stammt, jener von alters her besiedelten Gegend an der Grenze zu Kurdistan,* wo noch heute zahlreiche Christen leben, die im Lauf der Jahrhunderte hierher geflüchtet sind.*

---

* In dieser Region liegt auch die biblische Stadt Ninive.
* Vgl. Sébastien de Courtois. Le nouveau défi des chrétiens d'Orient, Paris (Éditions Jean-Claude Lattès) 2009.

Als ich ihn ein bißchen über seine Heimat befrage, entdecke ich überrascht, daß er aus demselben Dorf stammt wie Massoud, der erste Christ, den ich in meinem Leben kennengelernt habe. Als ich ihn dränge, mir von ihm zu erzählen, blickt er betreten zu Boden: Massoud ist bei einem Autounfall ums Leben gekommen, nur drei Tage nach dem Ende seines Militärdiensts...

Plötzlich wird ein ganzes Stück meiner Vergangenheit vor meinen Augen wieder lebendig, als hätten die Ereignisse in den Jahren danach es einfach nur überdeckt. Einige Augenblicke lang denke ich an die Familie, die er hier auf der Erde zurückgelassen hat... Ergriffen denke ich an die gesegneten Monate, die ich gemeinsam mit Massoud in der Kaserne verbracht habe, als wir miteinander die Psalmen beteten und verrückte Pläne schmiedeten, um meiner Familie zu entfliehen. Mit einem Mal bin ich wieder der junge Wehrpflichtige, der sich an den Geschichten der frühchristlichen Märtyrer berauscht. Massouds Stimme klingt mir in den Ohren: wie er mir von den ersten Christen erzählt, die trotz aller Verfolgung ihren Glauben nicht verleugneten. Ich erinnere mich, wie ich mir damals gewünscht habe, eines Tages von derselben Kraft und demselben Mut beseelt zu sein. Inzwischen habe ich die Verfolgung weiß Gott kennengelernt...

Und ich erinnere mich an den Schmerz, den ich empfunden habe, als Massoud auf so unerklärliche Weise aus meinem Leben verschwand. Die ganze Zeit über, als ich gegen die verschlossenen Kirchentüren anrannte und bei den Priestern auf Granit biß, habe ich Massoud gezürnt.

Doch jetzt, endlich, erfahre ich die Lösung dieses Rätsels und finde Frieden. Jetzt kann ich meinem Schicksal ins Auge blicken, diesen dreizehn Jahren pausenloser Flucht: meiner Geschichte einer langen und schmerzhaften Suche, die mich heimatlos und vaterlos gemacht hat und mich zwingt, mich zu verstecken.

Damals mit Massoud hatte ich es mir problemlos vorstellen können, in seinem Dorf, seiner isolierten, homogenen, friedlichen Christengemeinde zu leben und dort einen Hausstand zu gründen. Auf diese Weise wären mir Gefängnis, Folter und die Not der Verbannung erspart geblieben. Statt dessen habe ich meine Familie und mein Land verlassen müssen. Ich hatte keine Wahl, ich mußte handeln.

Doch dieser Weg hatte mich auch zu wirklichen Ausnahmechristen wie Abuna Gabriel, Schwester Maryam und Bischof Bassam Rabah geführt. Ihnen verdanke ich es, daß sich die Türen der Kirche schließlich doch für mich geöffnet haben.

Vom ersten Tag an hatte ich diesen Durst, unstillbaren Durst nach der Gemeinschaft mit dem Gottmenschen. Er hat sich mir eines Nachts in einer Vision geoffenbart, die mein Leben verändert hat. Und weil diese Gemeinschaft mir eine unsägliche Freude bereitet, weil sie meinem Herzen eine ganz unvorstellbare Fülle schenkt, wage ich zu hoffen, daß ich über alle Entfernungen hinweg mich doch immer überall dort zu Hause fühlen kann, wo die Kirche ist.

Das heißt nicht, daß es keine Leiden und keine schmerzlichen Trennungen geben wird – Massoud, der Bruch mit meinem Vater, mein Heimatland... Wer weiß, was ich noch alles werde erleiden müssen? Die Zukunft ist nach wie vor unsicher und bedrohlich. Trotzdem glaube ich jetzt, daß alles, was mir zugestoßen ist, Teil eines Plans war, den Gott mit mir hatte. Jetzt, da ich verspätet von Massouds Tod erfahre, begreife ich, daß alles so sein mußte. Ich hatte nie eine Chance auf ein ruhigeres Leben.

Ich bin versöhnt mit meiner eigenen Geschichte und fühle mich imstande, in meinem Vertrauen und in meiner Hingabe an den undurchdringlichen, aber unendlich liebevollen Willen Gottes einen neuen Schritt zu wagen.

Von nun an bin ich bereit, mich mit der Möglichkeit auseinanderzusetzen, auch dieses Land, wo ich viele gute Freunde habe, zu verlassen. Seit meiner Ankunft in Jordanien habe ich es nicht gewagt, mich bezüglich meines Visums an die französische Botschaft zu wenden, wie Abuna Gabriel es mir empfohlen hatte.

Drei Monate später hat Schwester Maryam den Faden wiederaufgenommen und sich dank ihrer Beziehungen dreimal hintereinander mit der französischen Konsulin Catherine du Noroit getroffen. Auf deren Bitte hin kommt schließlich ein Vertreter des Flüchtlingshochkommissariats der Vereinten Nationen (UNHCR) eigens in die französische Botschaft, um mich zu sehen und mein Gesuch zu prüfen.

Er heißt Sofiane, ist Anwalt und stammt aus Algerien. Bei seiner Ankunft lassen die Konsulin und Maryam mich mit ihm allein, damit ich ihm meine Geschichte erzähle. Ich bin instinktiv sofort auf der Hut. Ich weiß, daß dieser Mann Muslim ist – wie also soll ich ihm erklären, daß meine Konversion all diese Verfolgungen ausgelöst hat? Außerdem habe ich noch die Geschichten im Gedächtnis, die ich im Gefängnis gehört habe, von Personen, die gleich nach ihrem Kontakt mit einem Vertreter der Vereinten Nationen verhaftet worden sind.

Daher lehne ich rundheraus ab, als er mich nach Fotos und einem schriftlichen Bericht über meine Flucht aus dem Irak fragt:

– Das ist unmöglich...

Ich kann ihm mein seltsames Verhalten nicht erklären, denn dann müßte ich mit ihm über den Islam diskutieren. Mir bleibt nichts anderes übrig, als auf stur zu schalten. Was ihn zur Verzweiflung treibt:

– Du bist verrückt! Du weißt nicht, was für ein Glück du hast! Es gibt Tausende Iraker wie dich, die bei uns Schlange stehen – für einen bloßen Termin wie diesen hier... Und ich bin extra deinetwegen in die Botschaft gekommen.

Auf dem Weg hierher hat Maryam mir erklärt, daß das Büro des UNHCR in Amman eigens für die irakischen Flüchtlinge eingerichtet worden ist. Es nimmt täglich dreißig bis vierzig Familien auf; jährlich haben nur 15 % aller Gesuche Erfolg.

Deshalb campieren die Flüchtlinge manchmal drei Tage hintereinander auf der Straße vor dem Sitz der NRO – und das alles für die schlichte Gelegenheit, innerhalb von fünf Minuten das Drama ihres ganzen Lebens und die Gründe ihre Flucht darzulegen und ihr Gegenüber vielleicht zu überzeugen.

Der Mann, der mir gegenübersitzt, kann es nicht fassen.

– Außerdem kenne ich deine Geschichte schon!, fügt er in gekränktem Ton hinzu.

– Wenn du sie kennst, brauche ich sie ja nicht aufzuschreiben...

Als wir die Botschaft wieder verlassen, berichte ich Schwester Maryam, wie die Begegnung verlaufen ist; sie hat sich schon gewundert, denn der UNHCR-Vertreter ist mit wutverzerrtem Gesicht an ihr vorbeigerauscht und hat sich nicht einmal die Mühe gemacht, sich von ihr zu verabschieden. Nachdem sie mir zugehört hat, versucht die Nonne, mich zur Vernunft zu bringen:

– Du übertreibst, wäscht sie mir den Kopf. Dieser Sofiane hatte ganz sicher gute Absichten. Nicht alle Muslime sind böse...

– Du bist Ordensschwester, du glaubst immer an das Gute im Menschen. Du wirst sehen, dieser Algerier wird nichts tun, um uns zu helfen, im Gegenteil, er wird uns Steine in den Weg legen...

Es stimmt, daß Sofianes Staatsangehörigkeit nicht gerade geeignet ist, mein Vertrauen zu wecken. Reflexartig habe ich ihm gegenüber die halb arrogante, halb verächtliche Haltung eingenommen, die die Araber aus der Golfregion ihren Brüdern aus dem Maghreb gegenüber an den Tag zu legen pflegen.

Ich muß jedoch zugeben, daß ich Schwester Maryams Hartnäckigkeit unterschätzt habe, als ich dachte, daß sie ihre Bemühungen beim Flüchtlingskommissariat nun sicherlich aufgeben würde. Wenn der Mann sich weigert, denkt sich Maryam, die nicht weniger stur ist als ich, dann wenden wir uns eben an die Frau! Und es gelingt ihr, nicht nur meine Frau Marie, sondern auch Sofiane, dessen Wut verraucht zu sein scheint, zu einem Treffen zu überreden. Sehr wahrscheinlich wollte der Algerier, der mit einer Französin verheiratet und unter den frankophonen Bewohnern von Amman gut vernetzt ist, keinen Anstoß erregen; deshalb hat er sich seinen Zorn nicht anmerken lassen, obwohl sein Status ihm alle Macht über uns gibt.

Bei ihrer Unterredung mit dem Vertreter der humanitären Organisation hat Marie weniger Skrupel als ich: Sie erzählt ihm von meiner und ihrer und von der Konversion unserer Kinder, vom Gefängnis, und sie verheimlicht nichts von alledem, was den Glauben eines Muslims verletzen könnte.

Einige Wochen nach diesem Treffen erfahren wir, daß das Flüchtlingskommissariat bereit ist, zwar Marie und den Kindern, nicht aber mir ein Visum auszustellen! Die Begründung? Sofiane hat bei einer Zusammenkunft mit den Franzosen erklärt, er habe Informationen darüber, daß ich während meiner Zeit bei der Armee im Norden des Iraks an der Zerstörung von Kirchen beteiligt gewesen sei. Und ich hätte sogar – ebenfalls während meines Militärdiensts – in derselben Region bei Giftgasangriffen auf Kurden mitgewirkt. Deshalb sei ich in seinen Augen nicht vertrauenswürdig; sogar meine Konversion sei anzuzweifeln, weil ich selbst Christen verfolgt hätte, ehe ich zu ihrem Glauben übergetreten sei.

Sofiane weiß offenbar ganz genau, was er mit diesen Argumenten bei seinen westlichen Gesprächspartnern bewirkt, die seiner Ansicht nach zwangsläufig Christen sind. Und bestimmt ist ihm auch bekannt, wie man in Europa über Saddam Husseins Angriffe auf die Kurden denkt. Meine angebliche Beteiligung an diesen Greueltaten kann mich also nur in Mißkredit bringen.

Als Maryam mir von der Doppelzüngigkeit dieses Mannes berichtet, kann ich mich nicht darüber freuen, recht behalten zu haben. Zunächst einmal, weil er meine Glaubwürdigkeit beschädigt hat. Und dann, weil meine Frau noch nicht auf den Vorschlag des UNHCR reagiert hat.

Ich erkenne jetzt ganz deutlich, daß die von Sofiane vorgebrachten Argumente trotz allem und trotz seiner angeblich laizistischen Einstellung den Stempel seiner islamischen Religionszugehörigkeit tragen. Wie kann man die Aufrichtigkeit meiner Konversion ernsthaft in Zweifel ziehen, und das unter dem einzigen Vorwand, daß ich selbst Christen verfolgt hätte?

Das ist für mich der Beweis einer völligen Unkenntnis des Christentums und seiner Geschichte, angefangen beim heiligen Paulus, der selbst ein großer Verfolger der Anhänger Christi war...

Das eigentliche Problem aber ist Marie. Wie wird sie reagieren? Für sie sind die Visa zum Greifen nah, sie kann nach Frankreich ausreisen – mit den Kindern, doch ohne mich. Das bedeutet für sie das Ende aller Verfolgungen, die Hoffnung auf ein stabileres und weniger gefährliches Leben in einem christlichen Land. Ich könnte später nachkommen, wenn ich einen Weg gefunden habe, die Grenze zu überqueren. Auch wenn die Gefahr, daß wir einander vielleicht niemals wiedersehen, nicht zu unterschätzen ist. Es ist schwierig, das Leben eines christlichen Flüchtlings aus dem Irak vorherzusehen – nicht nur in Jordanien, sondern auch in Frankreich ... Vor allem will ich sie in ihrer Entscheidung nicht beeinflussen, denn die Verantwortung ist mir deutlich bewußt, gerade auch den Kindern gegenüber. Mutig antwortet sie dem UNHCR, sie habe den Irak wegen des Glaubens ihres Mannes und deshalb verlassen, weil es in diesem Land so schwierig sei, den christlichen Glauben offen zu praktizieren, denn jeder, der Christus nachfolge, riskiere dort sein Leben. Also sei es auch nicht richtig, wenn sie allein mit den Kindern ausreise und ihren Mann zurücklasse, der ja in erster Linie von diesem rettenden Exil betroffen sei.

Für mich ist das der größte Liebesbeweis, den sie mir je geschenkt hat, noch größer als ihre Konversion, die sich ja vor allem in ihrem Inneren, in ihrem Gewissen abgespielt hatte. Heute jedoch nimmt sie um meinetwillen und nur um meinetwillen das Risiko auf sich, neuen Gefahren entgegenzugehen. Und an Gefahren wird es, das ist ihr vollkommen bewußt, sicherlich nicht mangeln, wenn wir erst einmal das Land verlassen haben. Die Entscheidung meiner Frau ist für mich wie ein Balsam auf meine durch Sofianes Verleumdungen verletzte Ehre.

BRUDERMORD

Amman, 22. Dezember 2000

Obwohl Weihnachten vor der Tür steht, ist unsere kleine Thérèse untröstlich. Wie in jedem Jahr bekommt ihr Bruder Paul, der im Dezember geboren ist, seine Geburtstagsgeschenke. Doch diesmal hat – wie um das Unglück seiner kleinen Schwester noch zu vergrößern – ein fürsorglicher Freund, der auf der Durchreise ist und unsere Notlage kennt, Paul etwas Neues zum Anziehen geschenkt!

Thérèse empfindet das alles als eine einzige, große Ungerechtigkeit. Als ihre Traurigkeit nach Tagen noch immer nicht nachgelassen hat, beschließe ich mitleidig, in die Unterstadt zu fahren und ihr ein kleines Geschenk zu kaufen, ein Kleid, das sie mit dem Glück ihres Bruders aussöhnen soll.

Ich weiß, daß das nicht wirklich klug ist: Der Plan war, möglichst wenig aus dem Haus zu gehen, lieber im Viertel einzukaufen als im Stadtzentrum, auch wenn es dort nicht so teuer ist. Doch es ist Weihnachten, und mein Vaterherz spricht lauter als mein Verstand; außerdem, so versuche ich mich selbst zu überzeugen, bin ich ja ganz bald zurück.

Es ist früher Nachmittag, ich habe also einige Stunden Zeit, ehe es in der Kirche wieder etwas für mich zu tun gibt. Ich nehme eines der weißen „Service-Taxis", in denen man meist zu dritt auf der Rückbank sitzt und die immer nur zwischen zwei Haltestellen hin und herfahren, um das Stadtzentrum verkehrstechnisch anzubinden. Rasch suche ich ein Kleid aus, um keine Zeit zu verlieren, und reihe mich in die Schlange der Wartenden ein, um wieder mit dem Taxi zurückzufahren.

In diesem Augenblick höre ich, wie die Insassen eines Wagens mir etwas zurufen; fünf Personen sitzen darin, deren Gesichter ich hinter der staubigen Windschutzscheibe nicht erkennen kann. Neugierig nähere ich mich dem Auto. Ein fataler Irrtum... Nach all diesen Jahren bin ich noch immer so arglos!

Entsetzt erkenne ich durch das Fenster vier meiner Brüder und meinen Onkel Karim, den jüngsten Bruder meines Vaters. Früher, als wir noch zum selben Haushalt gehörten und ich auf dem Gipfel meiner Macht war, hatten sie alle Angst vor mir. Aber heute bin ich nicht mehr derselbe; ich habe mich verändert. Ich würde es ihnen so gerne erklären, ihnen begreiflich machen, zu was für einem Menschen ich geworden bin. Bis heute ist es mir nicht gelungen, meiner eigenen Familie gegenüber zu meinem neuen Glauben zu stehen. Beim ersten Mal, vor Ayatollah as-Sadr, hatte ich meinen christlichen Glauben verleugnet ...

Doch diesmal fühle ich mich stark und mutig genug, Zeugnis abzulegen und ihnen in aller Offenheit von Christus zu erzählen. Mir ist sogar sehr daran gelegen, daß sie von meiner Taufe erfahren, damit sie ihrerseits der ganzen Familie und ihrem Bekanntenkreis davon berichten können. Was für eine Naivität!

Alle außer dem Fahrer steigen aus dem Wagen aus. Sie bilden einen Kreis um mich. Merkwürdigerweise habe ich keine Angst. Wenn es zu einer Schlägerei kommt, nun gut, ich bin größer und stärker als sie. Sie stehen zwar nicht mehr unter meinem Einfluß, aber ich fühle mich noch immer in der Lage, mir Respekt zu verschaffen – notfalls auch mit den Fäusten.

Natürlich denke ich keine Sekunde lang daran, daß sie Waffen bei sich tragen könnten. Deshalb bin ich auch nicht wirklich eingeschüchtert, als einer von ihnen mich auf die Rückbank des Wagens stößt und im Befehlston zu mir sagt:

– Komm mit, wir müssen reden. Und mach bloß kein Theater, wir sind in einem fremden Land!

Trotz des brutalen Tonfalls fühle ich mich stark. Ich sehe in diesem Zusammentreffen eine gute Gelegenheit, mich ein für allemal mit meiner Familie auszusprechen. Endlich kann ich zumindest indirekt auch die Rechnung mit meinem Vater begleichen, meinen Groll ansprechen und alles, was er mir angetan hat und was ich ihm schon so lange nachtrage.

Ich steige in den Wagen. Binnen zehn Minuten haben wir das Gedränge von Amman hinter uns gelassen und befinden uns in einem Wüstental. Der Wagen wird langsamer und hält schließlich am Seitenstreifen. Die Spannung ist beinahe mit Händen zu greifen. Ich beginne mich zu fragen, ob es nicht ein Fehler war, mitzukommen. Wir sind allein. Wenn die Situation eskaliert, ist niemand in der Nähe, der mir hilft. Doch die Würfel sind gefallen. Wir steigen aus, um zu reden.

Drei Stunden lang versucht jeder, den anderen zu überzeugen: sie mich von der Notwendigkeit, zu meinem Vater zurückzukehren, und den Vorteilen, die ich davon hätte, ich sie von der Stichhaltigkeit des Christentums, die mich daran hindert, der Mohammed zu werden, der ich früher war. Trotz der Drohung, die ich in ihren Augen und ihrer Körperhaltung lese, bin ich gar nicht unglücklich darüber, nun endlich in aller Öffentlichkeit Zeugnis von meinem Glauben ablegen und ihnen von Christus erzählen zu können. Was auch immer aus mir wird, vielleicht sind diese Worte an sie nicht verschwendet… Ich habe den Eindruck, zum Zusammenbruch des Islams beizutragen, auch wenn ich aus eigener, leidvoller Erfahrung weiß, daß das Gewicht der islamischen Gesellschaft ein mächtiger Hemmschuh für jeden ist, der konvertieren will.

Das beweisen auch die Neuigkeiten von meiner Familie, die ich im Lauf des Gesprächs erfahre. Ich bekomme zu hören, daß unsere Flucht zum Konflikt zwischen den Moussaoui und meiner Schwiegerfamilie geführt hat. Nach einem Monat hat die Polizei den Wagen gefunden, den ich auf einem Parkplatz in Bagdad hatte stehenlassen. Mit Hilfe der Nummer haben sie die Spur bis zu meinem Vater zurückverfolgt. Der hat sofort begriffen, daß ich das Land verlassen habe, und hat getobt vor Wut. Und auch meine Schwiegerfamilie hat übel darauf reagiert. In ihren Augen konnte unsere gemeinsame Ausreise nur eines bedeuten: Ihre Tochter machte mit mir gemeinsame Sache, weil sie ebenfalls Christin geworden war. Eine unerträgliche Vorstellung! Daraufhin verwandelte sich ihre Trauer in eine nicht enden wollende Kette von Vorwürfen gegen die Moussaoui, die sie beschuldigten, sich nicht ausreichend um ihre Schwiegertochter gekümmert zu haben. Vor allem meinen

Vater machten sie verantwortlich, denn schließlich war er es, dem sie ihre Tochter anvertraut hatten …

Erst jetzt wird mir wirklich bewußt, wie wenig in dieser Gesellschaft die individuelle Zuneigung zählt, wenn die Ehre der Familie auf dem Spiel steht.

Moralisch ist das sicher der härteste Schlag, den ich an diesem Tag einstecken muß: daß ausgerechnet mein Onkel Karim als erster einen Revolver zieht und ihn auf mich richtet. Ich sehe, daß er völlig erschöpft und mit den Nerven am Ende ist, weil es ihm nicht gelungen ist, mich zu überzeugen. Wie konnte ich, der sich doch früher immer für ihn eingesetzt hatte, es jetzt so zum Äußersten kommen lassen?

Ich erinnere mich noch an die Beträge, die er aus der Familienkasse nahm, ohne sie zurückzuzahlen, jener Kasse, die mein Vater beaufsichtigte. Jedes männliche Mitglied der Familie war verpflichtet, seinen jährlichen Beitrag zu zahlen, durfte sich im Bedarfsfall aber auch Geld herausnehmen. Wenn jemand Schulden hatte, waren die Regeln, die mein Vater festgelegt hatte, sehr streng: Bei Fälligkeit gab es keinen einzigen Tag Aufschub. Also gab ich mir alle Mühe, Karim vor der Unnachgiebigkeit meines Vaters zu schützen.

Wenn mein Vater ihn für diese Mission ausgewählt hat, dann heißt das, daß er zu allem bereit ist, um mich zurückzuholen. Selbst dazu, sich eines Mannes zu bedienen, zu dem er nur begrenztes Vertrauen hat. Und das heißt auch – was mich nicht wirklich beruhigt –, daß mein Onkel die Erlaubnis hat, die Waffe zu benutzen, die er gerade auf mich gerichtet hat… Mein Vater muß zu ihm gesagt haben: „Bring ihn mir zurück, tot oder lebendig!"

Was dann passiert, ist mir bis heute ein Rätsel. Wie kommt es, daß die erste Kugel, die Karim auf mich abschießt, mich nicht getroffen hat? Was ist das für eine Frauenstimme in meinem Inneren, die mir den Gedanken eingibt, davonzurennen, so schnell ich nur kann? Und die anderen Kugeln, die sie auf mich abfeuern, die mich beinahe streifen und die mir um die Ohren pfeifen, haben sie mich wirklich verschont?

Ehe ich das Bewußtsein verliere, denke ich verwundert darüber nach, daß ich nur einen einzigen Treffer gespürt habe: den, der mich zu Fall gebracht hat. Und so liege ich nun im Schlamm, mitten in einem menschenleeren Tal.

Als ich aufwache, sehe ich den Eingang eines Krankenhauses. Verschwommen nehme ich wahr, daß man mich auf eine zweiflügelige Tür zuschiebt, und höre, wie mir jemand zuflüstert: „Das ist die Notaufnahme." Ich bin benommen, in meinem Bein spüre ich einen bohrenden Schmerz, und ich habe das Gefühl, aus einem bösen Traum zu erwachen – einem langen und quälenden Alptraum. Im Inneren des Krankenhauses komme ich nach und nach wieder zu Bewußtsein, immerhin so weit, daß die gewalterfüllten Bilder der vergangenen Stunden wieder lebendig werden. Beinahe habe ich das schreckliche Gefühl, das Attentat auf mich ein zweites Mal zu durchleben; noch immer höre ich den ohrenbetäubenden Lärm der Schüsse, die in meinem Kopf widerhallen…

Erschöpft lehne ich mich an eine Wand und warte auf den Arzt, der mich untersuchen soll. Zeit für eine kurze Bestandsaufnahme. Betreten stelle ich fest, daß ich erbärmlich aussehe: durchnäßt und schlammverkrustet von oben bis unten. Außerdem bin ich davon überzeugt, von Kugeln durchsiebt zu sein, auch wenn ich den Schmerz jetzt noch nicht spüre.

Bei näherem Hinsehen entdecke ich zwischen Arm und Brustkorb ein Loch in meinem durchnässten Hemd. Ich werde blaß. Nur wenige Zentimeter haben zwischen Leben und Tod entschieden! Bei allem Unglück habe ich doch das unfaßbare Glück gehabt, daß Karim ein jämmerlicher Schütze ist und mich bei seinem ersten Schuß aus nächster Nähe verfehlt hat… Es besteht kein Zweifel: Ich stand unter einem besonderem Schutz!

Ebenso unglaublich ist, daß ich aufrecht stehe und die kleine Tüte mit dem Kleid meiner Tochter noch immer in der Hand halte. Sie ist voller Dreck, aber ich habe sie weder bei meiner Flucht noch auf dem Weg hierher in die Klinik losgelassen…

Und durch welches Wunder man mich bewußtlos am Straßenrand aufgelesen hat, vermag ich noch gar nicht zu sagen!

Der Arzt kommt und schiebt mich in einen kleinen Raum mit einer mobilen Liege. Ich gerate ein wenig aus der Fassung, als er mich ansieht, denn ich lese in seinen Augen eine stumme, aber eindringliche Frage. Natürlich, mein Aufzug… Ich sehe mich gezwungen, ihm sofort die Wahrheit zu gestehen, um seinen Argwohn zu beschwichtigen:
– Ich habe ein Problem: Man hat auf mich geschossen …
– Haben Sie die Polizei verständigt?
Diese Frage trifft mich vollkommen unvorbereitet. In der Panik der letzten Stunden habe ich mich einzig und allein mit meinem Gesundheitszustand und nicht mit dem kriminellen Aspekt des auf mich verübten Attentats befaßt.

Aus der Sicht des Arztes wäre es jedoch logisch, wenn ich sofort die Polizei gerufen hätte. Es sei denn…
Mir kommt eine Idee:
– Hören Sie, ich möchte wissen, ob ich wirklich verletzt bin und ob es schlimm ist. Ich bitte Sie, untersuchen Sie mich und sagen Sie mir, ob mein Leben in Gefahr ist. Wenn ja, rufen wir die Polizei. Wenn nein, gehe ich ganz einfach wieder nach Hause… Ich will keinen Ärger!

Ich weiß, daß ich selbst mit einer Verwundung meine Ausweisung riskiere, wenn die jordanischen Behörden auf mich aufmerksam werden. Aus Sicht des jordanischen Gesetzes bin ich illegal im Land. Wenn sie außerdem erfahren, daß man auf mich geschossen hat, weil ich ein Konvertit bin, werden sie mich wahrscheinlich sogar hinrichten lassen, um dem islamischen Gesetz Genüge zu tun!

Nachdem er mich untersucht hat, läßt mich der Arzt gedankenverloren auf dem Metallbett allein.

Seine Abwesenheit beunruhigt mich nur noch mehr. Ich erwarte das Schlimmste, sehe mich bereits in Handschellen und hinter Gittern … Als er zurückkommt, befindet er sich jedoch glücklicherweise und zu meiner allergrößten Erleichterung nicht in Gesellschaft eines Polizisten, sondern einer Nonne! Ich bin beruhigt und sicher, nun in guten Händen zu sein – den Händen Gottes, oder wenigstens fast!

Sie ist die Leiterin des Krankenhauses, und man hat sie unverzüglich über diesen gelinde gesagt ungewöhnlichen Fall informiert. Ich vertraue ihr sofort – wenigstens soweit, daß ich es wage, sie zu fragen, ob sie Schwester Maryam kennt, was ja in dieser kleinen christlichen Gemeinschaft von einigen Zehntausend Gläubigen immerhin nicht so unwahrscheinlich ist. Und tatsächlich: Schwester Maryam hat die Klinik, in der sie regelmäßig Krankenbesuche macht, gerade erst verlassen. Wahrscheinlich sind wir uns sogar über den Weg gelaufen. Ich kann mein Glück kaum fassen!

Per Handy benachrichtigt kommt die Schwester sofort zurück ins Krankenhaus. In der Zwischenzeit erkundige ich mich bei der Direktorin über meinen Gesundheitszustand. Der Arzt versichert ihr, daß die Verletzung nicht sehr schwer ist. Nur die Wade ist getroffen. Ich atme auf ... Rund zwanzig Minuten später platzt Schwester Maryam in den Raum, sie ist vom Laufen noch ganz außer Atem. In wenigen Worten informiert sie sich über meine medizinische Situation und bittet darum, daß ich vorsichtshalber im Krankenhaus bleiben kann, um dort versorgt zu werden.

Seltsamerweise schüttelt die Direktorin ablehnend den Kopf. Als Maryam eine Erklärung verlangt, sagt sie leicht verlegen, man könne mich nicht hierbehalten.

– Das ist zu gefährlich für das Krankenhaus, wenn das herauskommt, wird es vielleicht auf Dauer geschlossen. Außerdem... Bischof Rabah selbst hat mir aufgetragen, diesen Mann nach Hause zu schicken...

Maryam ist außer sich. Doch ich selbst hege keinen Groll gegen Bischof Bassam Rabah, dafür habe ich ihn viel zu gern. Außerdem verstehe ich seine Gründe, kenne die Last der Verantwortung, weiß, wie vorsichtig er sein muß, um nicht die ganze Christengemeinde zu gefährden. Und es stimmt ja auch, daß mein Leben nicht in Gefahr ist, zumindest nicht wegen dieser kleinen Schußverletzung.

Dennoch fühle ich mich von neuem zurückgewiesen, verstoßen wie ein Aussätziger, weil ich das größte Verbrechen begangen habe, das es im Islam gibt: Ich habe mich vom Koran losgesagt und mich für das Christentum entschieden. Was ist daran gerecht? Soll ich mein Leben lang auf der Flucht sein, um diese Schuld zu sühnen?

Ich fühle mich entsetzlich alleingelassen mit diesen Fragen. Die Direktorin sieht zu Boden, sie wagt es kaum, mich anzusehen. Sie ist sich der Grausamkeit ihrer Entscheidung sicherlich irgendwie bewußt, auch wenn sie meine Geschichte nicht kennt. Doch sie hat ihre Wahl getroffen. Ich mache ihr das nicht zum Vorwurf. An ihrer Stelle hätte ich vielleicht genauso gehandelt...

Doch Gott sei Dank gibt es Maryam. Wie immer behält sie einen kühlen Kopf. Ich bewundere sie für diese praktische Intelligenz, die ihr hilft, auch in den gefährlichsten Situationen die Oberhand zu behalten.

Gebieterisch fordert sie die Direktorin auf, mir ein Taxi zu rufen. Um mich vor neugierigen Blicken zu schützen, will sie mich in ein weißes Laken hüllen.

Diese Vorsicht ist keineswegs überflüssig: Es ist durchaus möglich, daß meine Brüder noch in der Nähe sind und das Kommen und Gehen im Krankenhaus beobachten. Ich weiß auch noch immer nicht, wer der gute Samariter gewesen ist, der mich am Straßenrand aufgelesen hat. Als ich Maryam den genauen Hergang erzähle, sagt sie mir, sie habe beim ersten Mal, als sie das Krankenhaus verlassen habe, jemanden gesehen. Er sei ihr aufgefallen, weil er mit quietschenden Reifen wegfuhr, obwohl es doch normalerweise umgekehrt ist und die Leute es eher auf dem Hinweg zum Krankenhaus eilig haben...

Der will schnell nach Hause, es ist Ramadan, und er hat den ganzen Tag über gefastet, hat die Nonne im Stillen gedacht...

Wahrscheinlich hatte mein Lebensretter es deswegen so eilig, weil es nicht ungefährlich war, einen Verwundeten aufzulesen:

Vielleicht war ich ein gefährlicher Verbrecher. Das würde ihm bestenfalls das Mißtrauen der Polizei und lange Verhöre eintragen. Oder – eine andere Hypothese – er hatte die ganze Szene des Attentats, dessen Opfer ich geworden war, beobachtet und war, gleich nachdem er mich ins Krankenhaus gebracht hatte, geflohen, weil er Angst hatte, von meinen Angreifern verfolgt worden zu sein.

In meinem Laken auf der Rückbank des Taxis verliere ich mich in Spekulationen über die Identität meines Wohltäters und mehr noch über das Geheimnis meiner Rettung mitten in der Wüste. Ich hätte ebensogut da liegenbleiben und verbluten können.

Noch etwas gibt mir Rätsel auf: Wie konnte dieser Unbekannte mich mit meinen 85 Kilo bis zu seinem Auto schleppen? Und wie war es möglich, daß meine Brüder geflohen waren, ohne nachzusehen, ob ich wirklich tot war? War es Nachlässigkeit oder die Panik, zu weit gegangen zu sein und meinem Vater Rechenschaft geben zu müssen? Oder sind sie durch die Ankunft meines Retters gestört worden... Auf diese Frage werde ich wohl niemals eine Antwort erhalten, aber ich danke dem Himmel für seinen Schutz, wer auch immer sein Werkzeug gewesen sein mag.

Bei Einbruch der Nacht kommt das Taxi gleichzeitig mit Schwester Maryam an der Kirche an. Sie hat inzwischen meine Familie und drei Ärzte informiert, einer von ihnen ist Chirurg. Sie sind allesamt Christen und mit der Schwester befreundet, es gibt also in puncto Diskretion nichts zu befürchten.

Meine Frau steht völlig unter Schock. Sie zittert allein bei dem Gedanken, daß meine Brüder wiederauftauchen könnten. Unsere Kinder drängen sich an sie; das Entsetzen ihrer Mutter macht ihnen angst. Ich drücke sie an mich, finde jedoch auch nicht die richtigen Worte, um sie zu beruhigen.

Ich bin selbst am Ende meiner Kräfte. Der Kampf gegen diese Feindseligkeit hat mich moralisch und körperlich ausgelaugt. Neben der Todesangst hat es mich vor allem extrem schockiert, daß meine eigenen Brüder auf mich geschossen haben.

Vielleicht ist das sogar das Allerschwerste: Ich habe das Gefühl, daß eine kalte und unversöhnliche Gewalt gegen mich entfesselt worden ist. Die Tatsache, daß sie von meiner eigenen Familie ausgeht, verstärkt noch die Brutalität dieser Haltung. Es ist ein Verrat, der mich in meinem tiefsten Inneren erschüttert: dort, wo die Liebe meiner Verwandten mir bisher ein festes Fundament und ein grundsätzliches Vertrauen ins Leben geschenkt hatte.

Selbst die schwere Zeit im Gefängnis hatte diese Sicherheit in mir nicht tangiert, denn für mich war offensichtlich gewesen, daß mein Vater mich trotz allem noch immer liebte. Das Leben inmitten meines Clans war für mich unerträglich geworden, doch mit der Entfernung war auch die Überzeugung in mir wieder gewachsen, daß es möglich sein könnte, einander wieder zu verstehen und zu akzeptieren – über alle religiösen Unterschiede hinweg. Jetzt wird mir mit grenzenloser Traurigkeit und großer Bitterkeit bewußt, daß das unmöglich ist; die Bande zwischen uns sind endgültig zerrissen.

Als ich Marie umarme, schreie ich laut auf – ganz unvermittelt hat sich der Wundschmerz eingestellt. Ich muß mich hinlegen, um nicht an Ort und Stelle zusammenzubrechen.

An meinem Bett erklärt mir einer der Ärzte, nachdem er mich untersucht hat, daß die Kugel eingedrungen, aber nicht wieder ausgetreten ist: Es gibt nur eine Wunde. Dann zeigt er mir die Stelle, wo diese Kugel sich ganz sicher befindet – er kann sie unter meiner Haut sogar fühlen.

Der Mediziner fügt hinzu, daß dieses verspätete Schmerzempfinden bei einer Schußverletzung ganz normal ist. Anfangs hatte ich keine Schmerzen, weil das Projektil sehr heiß ist; erst wenn die Kugel abkühlt, stellt sich der Schmerz ein wie ein Stachel im Fleisch…

Das Ärgerlichste aber ist, daß die Kugel noch immer in meiner Wade steckt. Das bedeutet, daß sie herausgeschnitten werden muß; dafür aber braucht man einen OP, das heißt ein Krankenhaus... Aber wo? Unterstützt von Maryam hängen sich die drei Ärzte ans Telefon und rufen sämtliche Privatkliniken in der Umgebung an, um mir dort einen Platz zu verschaffen. Vergebliche Liebesmüh! Niemand will das Risiko eingehen, einen Patienten mit Schußverletzung aufzunehmen. Das ist zu gefährlich, denn es bedeutet zwangsläufig Ärger mit der Polizei.

Ich liege währenddessen auf meinem Bett, das Bein hochgelagert, und höre sie darüber diskutieren, was in dieser gefährlichen Situation am besten zu tun ist. Wenn ich nicht bald operiert werde, besteht das Risiko, daß sich der Knochen entzündet: Die Wunde ist tief und nach Ansicht der drei Ärzte sicherlich erheblich verunreinigt, zumal ich ja in den Schlamm gefallen bin. Was in letzter Konsequenz sogar eine Amputation erforderlich machen könnte...

Als ich mich gerade mit dieser erschreckenden Perspektive auseinandersetze, spüre ich plötzlich, wie mir etwas Warmes und Flüssiges das Bein hinunterläuft bis zum Oberschenkel.

– Kommen Sie schnell! Ich blute..., rufe ich aufgeregt.

Die drei Mediziner stürzen herbei und stellen fest, daß tatsächlich Blut austritt, jedoch nicht aus der Wunde, sondern von der anderen Seite meiner Wade, genau gegenüber von der Stelle, wo die Kugel eingetreten ist. Ich verstehe nicht, was mit mir passiert. Und ich habe das ungute Gefühl, daß auch die Ärzte überfragt sind. Sie stehen mit hängenden Armen vor mir und sind sprachlos angesichts dieses Phänomens, das in der Schulmedizin offenbar nicht vorgesehen ist.

Am liebsten würde ich schreien, teils aus Angst, teils, um sie aus ihrer Gedankenverlorenheit aufzuschrecken. Doch dann reißt sich der Chirurg zusammen und macht sich daran, mir einen Verband anzulegen. Er nimmt mein Bein und beginnt es mit weißer Gaze zu umwickeln, als er plötzlich mitten in der Bewegung erstarrt.

Von neuem tastet er meine Wade ab:

– Die Kugel...

– Ja?, fragen die beiden anderen.

– Sie... sie ist weg!

193

Daraufhin betasten die drei nacheinander mein Bein und gehen dann dazu über, um mein Bett herum jeden Quadratzentimeter des Zimmers zu durchkämmen – doch ohne das Projektil zu entdecken. Die Kugel ist unauffindbar!

Am Ende amüsiere ich mich über diese kleine Komödie, die eine gute halbe Stunde dauert, doch zu keinem Ergebnis führt... Ich vergesse sogar meinen Schmerz, der angesichts dieses Schauspiels ohnehin deutlich nachgelassen hat!

Als sie die Kugel nicht finden können, vollendet schließlich einer der Ärzte den angefangenen Verband. Gewissenhaftigkeit und Berufsehre veranlassen ihn dazu, für den nächsten Tag ein Krankenhaus zu finden, das sich bereiterklärt, zur Kontrolle eine Röntgenaufnahme zu machen, um angesichts des Unerklärlichen der Wissenschaft wieder zu ihrem Recht zu verhelfen.

Am nächsten Morgen werde ich wieder in eine Decke gehüllt und von Maryam in ein Krankenhaus gebracht. Zur allgemeinen Überraschung zeigt die Röntgenuntersuchung keinerlei Verletzung im Inneren meines Beins.

Normalerweise wäre bei einer solchen Wunde der Knochen in Mitleidenschaft gezogen worden, und man hätte mir ein Stück des Beins abnehmen müssen. Es scheint jedoch, als hätte die Kugel in meinem Bein einen seltsamen Weg eingeschlagen: Sie hat weder den Muskel noch den Knochen berührt. Sie ist also durch die eine Wunde ein- und dann in einem veritablen Zickzackkurs durch die andere Wunde wieder ausgetreten!

Eine Stunde später gesteht der Arzt, der darauf bestanden hatte, mich ins Krankenhaus zu fahren – seiner Geisteshaltung nach eher ein Agnostiker – Schwester Maryam, daß man diesen Tag mit einem dicken roten Kreuz im Kalender markieren müsse. Alles, was seit gestern passiert sei, habe seine Überzeugungen als rationalistischer Mediziner zutiefst erschüttert. Jetzt könne er ebensogut auch an die Auferstehung Christi glauben!

Da ich kein Mediziner bin, habe ich überhaupt keine Schwierigkeiten damit, an ein göttliches Eingreifen zu meinen Gunsten zu glauben. Es wäre schließlich nicht das erste Mal, und es scheint tatsächlich so, als gewöhne man sich an alles – sogar an Wunder…

Was mich dennoch erstaunt, ist die Tatsache, daß ich mich so schnell von meiner Verletzung erhole. In weniger als einer Woche ist die Wunde beinahe verheilt, und ich habe fast gar keine Schmerzen mehr. Ich bin praktisch wieder auf den Beinen, wenn man einmal von der Krücke absieht, die mich vorübergehend auf all meinen Gängen begleitet!

Und wieder auf der Flucht

Kerak, 26. Dezember 2000

Vier Tage nach dem Anschlag auf mein Leben fährt Schwester Maryam uns überstürzt zu einem kleinen gottverlassenen Dorf im Süden, in der Region Kerak, drei Stunden von Amman entfernt.

Ich habe ein schlechtes Gewissen. Das alles ist ein bißchen meine Schuld. Die Nonne hatte mir eingeschärft, unsere Wohnung nicht zu verlassen. Aber ich mußte es trotzdem tun, um unserem Pfarrer zu helfen.

Er hat gesundheitliche Probleme und ist ohne mich verloren in dieser neuen Kirche, die ich wie meine Westentasche und ganz sicher sehr viel besser kenne als er. Ohne mich kann er nicht einmal den Strom abschalten… Also habe ich trotz meiner Krücken auf seine Hilferufe reagiert und unsere Sicherheit aufs Spiel gesetzt. Als Maryam zu Besuch kommt und davon erfährt, gerät sie außer sich:

– Du machst dir nicht klar, was für ein Risiko du eingehst! Wenn man dich sieht, bist du tot!

Also müssen wir noch am selben Abend trotz der späten Stunde die Kinder wecken und mit der ganzen Familie umziehen. Wir geben nicht einmal dem Priester Bescheid, der mit meiner Abreise sicherlich nicht einverstanden gewesen wäre. Ich hatte mich unserer blitzeschleudernden Beschützerin mutig in den Weg gestellt und den Vorschlag zu äußern gewagt, uns von diesem braven Kirchenmann zu verabschieden, denn ich war sehr glücklich gewesen, solange ich mich gemeinsam mit ihm um diese Kirche hatte kümmern dürfen. Doch da hatte ich die Rechnung ohne die Unnachgiebigkeit unserer gestrengen Schwester Maryam gemacht...

Ich habe mich ohne weiteren Kampf ergeben. Inzwischen habe ich aus der Erfahrung gelernt und weiß, daß unsere Sicherheit von unserer Diskretion abhängt.

Nach stundenlanger Fahrt durch die dunkle Nacht und auf einer Wüstenstraße, die sich über Hügel und durch Täler schlängelt, kommen wir endlich in der kleinen Ortschaft an. Hier leben Stämme, die in einer weitgehend muslimischen Umgebung christlich geblieben sind. Maryam besucht sie von Zeit zu Zeit im Rahmen einer katechetischen Mission.

Die immer vorausschauende Schwester hat am Nachmittag einige Einkäufe gemacht, damit wir ein paar Tage lang autark sind, und bringt uns in einem kleinen Haus gleich neben der Dorfkirche unter. Nachdem sie sich vergewissert hat, daß wir zurechtkommen, bricht sie auf und verspricht, in zwei oder drei Tagen mit weiteren Vorräten wieder da zu sein.

Bei ihrem zweiten Besuch ist es Abend, und Maryam bringt einen Überraschungsgast mit: Oum Farah. Die Witwe aus Fouheis hat so lange gedrängt, uns besuchen zu dürfen, daß die Nonne schließlich nachgegeben hat.

Es wird recht spät, ohne daß einer von uns die zerbrechliche Harmonie der Zusammenkunft stören will, die für uns wie ein Fest ist, weil sie uns vorübergehend aus der Monotonie des Eingesperrtseins herausreißt! Marie und ich wissen, wie prekär unsere Lage ist, und deshalb sind wir glücklich, im Kreis unserer Freunde ein wenig Herzlichkeit und Geselligkeit zu finden.

Gegen zehn Uhr hämmert plötzlich jemand heftig gegen die Tür. Eine laute Stimme läßt uns alle zusammenzucken:
– Polizei!
Ich bin wie gelähmt und außerstande zu der geringsten Reaktion.

Ich hätte niemals gedacht, daß man mich an diesem gottverlassenen Ort aufstöbern würde. Selbst Maryam, die sonst nie den Kopf verliert, wirkt wie betäubt von diesem neuerlichen Schicksalsschlag.

Die Polizisten – dem Anschein nach mindestens zwei – hämmern weiter gegen die Tür, und die immer kürzer werdenden Abstände verraten ihre Ungeduld.

Endlich faßt sich Oum Farah ein Herz und ergreift die Initiative. Entschlossen geht sie zur Tür und öffnet sie vorsichtig einen Spalt:
– Was kann ich für Sie tun?
– Wir wollen den Iraker sehen, der hier im Haus wohnt! Wir müssen seine Papiere überprüfen...
– Kommen Sie herein, lädt Oum Farah sie seelenruhig ein und macht die Tür ganz auf.
– Nein, antwortet einer der Männer energisch. Unser Auftrag lautet, ihn mitzunehmen und ihn auf der Wache zu befragen.
– Ich bitte Sie, trinken Sie wenigstens einen Kaffee mit uns, beharrt die Witwe, faßt die Männer am Arm und schiebt sie mit sanfter Gewalt ins Innere – in der wohlwollenden, aber unnachgiebigen Haltung der Hausherrin, die es nicht duldet, daß das Gesetz der Gastfreundschaft vernachlässigt wird.

Angesichts einer solchen Zuvorkommenheit haben die beiden Polizisten in Zivil keine Wahl. Sie nehmen im kleinen Salon Platz, gleich mir gegenüber. Plötzlich wirken sie verunsichert: Auf dem Terrain der Umgangsformen fühlen sie sich offenbar weniger wohl, als wenn es darum geht, ein Verhör zu führen. Doch ihre Verlegenheit hält nicht lange an und sie finden rasch in die Rolle des Fragestellers zurück:
– Wie heißt der Mann da?, fragen sie Oum Farah und zeigen dabei auf mich. Er sieht aus wie der Mann, den wir suchen!

– Ich heiße Youssef..., antworte ich und entschuldige mich beinahe dafür, daß ich das Wort ergriffen habe.

Ich mache mir keine großen Illusionen: Ich bin unfähig, auch nur drei vernünftige Worte aneinanderzureihen, geschweige denn, daß ich eine Idee hätte, wie ich mich aus dieser Zwickmühle herauswinden könnte. Glücklicherweise kommt Oum Farah mir ein weiteres Mal zu Hilfe.

– Ich nehme an, Sie kennen Raad Balawi, er ist ebenfalls bei der Polizei, ein ziemlich hohes Tier, glaube ich... Das ist mein Sohn!

– ...

Einen Augenblick lang verschlägt es den beiden Polizisten die Sprache. Sie haben es mit jemandem zu tun, der ihnen Schwierigkeiten machen kann. Zu unserer großen Verblüffung nutzt Oum Farah den Überraschungseffekt zu ihrem Vorteil und dreht den Spieß um:

– Können Sie mir sagen, wen Sie eigentlich genau suchen?, fragt sie mit honigsüßem Lächeln. Ich will Ihnen gerne helfen, wenn ich kann...

– Wir suchen einen Iraker mit einer Frau und zwei Kindern, fängt sich der ältere der beiden wieder. Der Mann, der hier bei Ihnen ist, entspricht dem Profil. Wir wollen wissen, ob er es ist. Zeigen Sie uns seinen Paß...

Der Mann spricht wie jemand, der es gewohnt ist, daß man ihm gehorcht. Er muß der Chef sein. Er macht nicht den Eindruck, als ließe er sich von Oum Farahs gespielter Liebenswürdigkeit einwickeln, oder zumindest vergißt er darüber nicht seine Pflicht.

Unsere Beschützerin wagt einen letzten Versuch:

– Sein Paß ist leider noch auf der Botschaft. Ich verspreche Ihnen, daß wir ihn morgen vorbeibringen...

Die letzten Worte spricht Oum Farah in weit weniger selbstsicherem Ton. Sie ähneln eher einer flehentlichen Bitte... Jetzt, da alle Möglichkeiten ausgeschöpft sind, bleibt mir, so fürchte ich, wohl nichts anderes übrig als mit ihnen zu kommen. Wieder einmal erscheint unsere Zukunft reichlich düster...

Doch der gefürchtete Befehl bleibt aus. Verblüfft sehe ich, wie die beiden Polizisten aufstehen und sich verabschieden, wobei sie mir allerdings mißtrauische Blicke zuwerfen. Sie sind nicht von meiner Unschuld überzeugt, aber sie gehen! Am liebsten würde ich Oum Farah für ihre Geistesgegenwart umarmen, mit der sie die Situation gerettet hat.

Sehr wahrscheinlich haben das distinguierte Auftreten der Witwe und ihre Beziehungen ausgereicht, um die Polizisten auf Abstand zu halten, so daß sie es nicht gewagt haben, auf ihre Autorität zu pochen und mich mit Gewalt aufs Revier zu bringen.

In den entscheidenden Minuten dieses Nervenkriegs, der sich vor unseren Augen zwischen Oum Farah und den Polizisten abgespielt hat, haben wir alle als passive Beobachter den Atem angehalten... Jetzt bringt Marie uns etwas zu trinken, um unsere zum Zerreißen gespannten Nerven etwas zu beruhigen.

– Was für eine Fügung, staune ich, daß Oum Farah ausgerechnet heute darauf bestanden hat, herzukommen. Das ist außerordentlich! Ohne sie hätte ich den Polizisten keine Sekunde lang Paroli geboten.

Zumal, so fügt die Witwe hinzu, es sich offenbar um Beamte des Geheimdienstes gehandelt hat, weil sie keine Uniform trugen. Doch das erklärt nicht, wie sie mich so schnell gefunden haben... Wieder ein Rätsel, genau wie die Anwesenheit meiner Brüder in Amman.

Ich beginne zu glauben, daß man mich permanent überwacht, unmerklich, vielleicht via Satellit. Das ist natürlich paranoid, aber ich weiß nicht, wie ich mir diese erschreckenden „Zufälle" sonst erklären soll. Und wenn der Geheimdienst mich sogar in diesem kleinen Dorf aufgespürt hat, dann bin ich nirgendwo sicher.

Maryam dagegen neigt zu einer anderen Erklärung: In den vergangenen Tagen sind zwei Nachbarn miteinander in Streit geraten. Ihrer Meinung nach hat dieser Konflikt, wie so häufig, ein Ventil gebraucht, und da war ich ein willkommener Sündenbock – nichts ist leichter, als einen Fremden für alles verantwortlich zu machen und bei den Behörden anzuzeigen.

Sei dem, wie es sei, jedenfalls sind wir in Gefahr. Wieder müssen wir fliehen – doch wohin? Maryam hat keine Idee, und ich schon gar nicht. Schließlich schlägt Oum Farah vor, nach Fouheis zurückzukehren, bis sich eine andere Lösung findet.

Am nächsten Tag wecken Marie und ich die Kinder um vier Uhr in der Frühe und machen uns auf den Weg Richtung Amman. Ohne Bedauern verlassen wir das Dorf, wo man uns mißtrauische Blicke zugeworfen hat. Selbst die Schwester sieht ein, daß sie ihre Mission hier nicht mehr erfüllen kann: Das ist zu gefährlich. Sie wird ab sofort andere Schwestern herschicken müssen.

Um keine Verhaftung zu riskieren, nehmen wir nicht denselben Weg wie auf der Hinfahrt. Der war zwar kürzer gewesen, aber auch befahrener und wird daher möglicherweise von der Polizei überwacht.

Wir erreichen Fouheis am frühen Vormittag. Unser Plan ist, so bald wie möglich wieder von hier abzureisen und nur so lange zu bleiben, wie nötig ist, um Bischof Rabah anzurufen und ihn um Hilfe zu bitten, damit er ein Versteck für uns findet. Doch ohne Ergebnis...

Vier Stunden später sitzen wir wieder im Auto, die Kinder auf dem Schoß, diesmal in Richtung Norden, nach Zarka. Diese Stadt ist so groß, daß unsere Anwesenheit vermutlich kein Aufsehen erregen wird. Und Maryam hat Kontakte dort: bei Missionaren, die in Zarka eine technische Schule und eine Pfarrei betreiben.

Unterwegs erklärt mir die Ordensfrau, daß diese Industriestadt sehr bekannt ist. Im September 1970 wurden dort drei Flugzeuge von palästinensischen Terroristen entführt. Im Anschluß daran entschied König Hussein, die palästinensischen Flüchtlinge im Rahmen der Operation „Schwarzer September" auszuweisen.

Nach rund zwanzig Kilometern hält der Wagen vor einem Pensionat, wo wir dank Maryams Hilfe die Erlaubnis haben, uns in einem Teil des Schlafsaals einzuquartieren: zehn Tage lang – bis zum Ende der Schulferien.

ATEMPAUSE

Zarka, Februar 2001

Als die Ferien zu Ende sind, ziehen wir in ein geräumiges Haus am Stadtrand um, das Bischof Rabah uns zur Verfügung stellt. Bei der Ankunft entdecke ich zu meiner großen Freude mitten auf einem Feld eine kleine Kapelle, die zum Anwesen gehört. Vermutlich werden wir mehrere Monate hier bleiben – die Zeit, die Maryam braucht, um die langwierigen bürokratischen Vorgänge in die Wege zu leiten, die nötig sind, um mir ein Visum zu beschaffen.

Inzwischen bin ich davon überzeugt, daß wir das Land werden verlassen müssen. Letztlich können wir als konvertierte Christen hier auf Dauer genausowenig bleiben wie im Irak, solange die Regierungen dieser Länder das islamische Gesetz, die Scharia, als einzige Rechtsquelle anerkennen; und solange sie ihren Bürgern nicht die grundlegende Freiheit zugestehen, ihre Religion zu wechseln und den Islam zu verlassen.

Ich hoffe – ohne sehr daran zu glauben –, daß wir nicht in den Westen fliehen müssen, wo die Sprache unsere Integration sehr erschweren würde. Wenn ich die Wahl hätte, würde ich eines der arabischen Länder vorziehen, in denen die genannte Gewissensfreiheit eher gewährleistet ist. Ich denke zum Beispiel an den Libanon, wo die Christen noch einen offiziellen und anerkannten Status besitzen, oder an Syrien.

Doch wohin auch immer es uns verschlagen wird, die Ausreise aus Jordanien stellt ein weiteres Problem und ein Hindernis dar, das nicht so ohne weiteres zu überwinden ist. Das zumindest entnehme ich den Andeutungen eines ehemaligen Soldaten, der jetzt im Ruhestand ist, eines Onkels von Oum Farah, dem ich mich in dieser Sache anvertraut habe: Seiner Ansicht nach besteht ein nicht geringes Risiko, daß wir an der Grenze verhaftet werden.

Bis auf weiteres will ich mich davon jedoch nicht beunruhigen lassen, denn ich habe andere und unmittelbarere Sorgen.

Zunächst einmal muß ich eine Schule für unseren kleinen Paul finden, der sich keine weiteren Unterrichtsausfälle leisten kann, nachdem er aufgrund unserer zahlreichen Irrfahrten ohnehin schon soviel versäumt hat.

Mit Hilfe von Bischof Bassam Rabah wird er an einer kleinen christlichen Schule angenommen. Ein Bus holt ihn jeden Morgen ab und bringt ihn abends zurück. Sobald er da ist, schließe ich die Tür und die Fensterläden, und wir schotten uns wieder ab bis zum kommenden Morgen – es sei denn, es hat sich Besuch angekündigt.

Der „Hausarrest", den ich mir auf Maryams Rat hin selbst auferlegt habe, besteht im wesentlichen aus zwei Vorschriften: das Haus außer zur Messe niemals zu verlassen und niemandem die Tür zu öffnen, ganz gleich, unter welchem Vorwand er Einlaß begehrt – es sei denn, Freunde hätten ihr Kommen im voraus angekündigt.

Ich fühle mich nicht sicher. Vielleicht werde ich mich niemals sicher fühlen. Die Angst sitzt mir im Nacken: Angst davor, daß die Polizei mich entdeckt, und Angst vor unserer muslimischen Nachbarschaft. Denn ich glaube nicht, daß wir hier im Viertel willkommen sind.

Manchmal schrecken wir am Ende des Tages zusammen, weil harte Schläge wie ein starker Hagelschauer gegen das Haus prasseln. Eines Abends bin ich hinausgegangen, um der Sache auf den Grund zu gehen, und mußte besorgt feststellen, daß das Haus von der Straße aus mit Kieselsteinen beworfen worden war. Natürlich hat sich niemand zu dieser Feindseligkeit bekannt.

Die Menschen, die um uns herum leben, müssen bemerkt haben, daß das kleine Haus wieder bewohnt ist, und nutzen die Gelegenheit, um ihrer Abneigung gegen das Christentum Ausdruck zu verleihen, das durch die kleine Kapelle repräsentiert wird.

Was mich betrifft, so bin ich an diese Gewalt von seiten der Muslime gewöhnt und habe Schlimmeres erlebt als Steinwürfe. Aber ich habe Angst um meine Kinder, die sich jedesmal erschrocken an Marie und mich schmiegen.

Trotz dieser Feindseligkeit von außen verbringen wir hier glückliche Tage und Wochen. Auch wenn wir das Haus nicht verlassen, sind wir dennoch nicht isoliert, denn unsere Freunde – Maryam, Oum Farah, Bischof Bassam Rabah oder Said und seine Familie – kommen zum Essen und leisten uns Gesellschaft.

Sicherlich hat das auch etwas mit unserer ungewissen Zukunft zu tun. Sie läßt uns diese glücklichen Zeiten intensiver genießen: wie eine Oase vor der Rückkehr in die Wüste unseres Flüchtlingslebens. Paradoxerweise haben diese Momente der Freundschaft trotz ihrer Vergänglichkeit etwas Ewiges an sich – vielleicht auch deshalb, weil wir immer wieder im Kreis der Familie in die Kapelle gehen, um zu beten.

Mit Hilfe der Gesangbücher und des Evangeliars, die der Pfarrer der Heilig-Geist-Kirche, wo ich als Küster gearbeitet hatte, uns geschenkt hat, speist sich unser Gebet vom Wort Gottes und von seinem Lobpreis.

Tag für Tag schöpfe ich trotz unserer mißlichen Lage insbesondere aus den Psalmen eine Gelassenheit und Zuversicht, die mich selbst überrascht. Trotz allem trage ich unbegreiflicherweise so etwas wie eine Gewißheit in mir, daß ich nicht allein bin.

So gelingt es mir, den Gedanken an unsere unausweichliche Abreise vollkommen zu verdrängen und mich ganz auf den Alltag zu konzentrieren.

– Am meisten fehlt mir die Arbeit, vertraue ich Schwester Maryam eines Tages an …

– Rede du mir nicht vom Arbeiten und Rausgehen, mein Blutdruck ist sowieso schon zu hoch!

Also tröste ich mich damit, daß ich auf dem Grundstück rund ums Haus Gemüse ziehe, doch das genügt mir nicht. Ich müßte Geld verdienen, um nicht von der Großzügigkeit der Schwestern abhängig zu sein.

Eines schönen Tages will ich in einer Anwandlung von Stolz und Unabhängigkeit die Vorräte zurückweisen, die Maryam gerade bringt.

– Ich habe sie von deinem Geld bezahlt, antwortet mir die Nonne seufzend, von den zweitausend Dollar, die du bei uns hinterlegt hast.

Ich bin nicht sicher, ob das stimmt. Aber insgeheim mache ich mir doch Sorgen, daß unsere geringen Rücklagen dahinschmelzen könnten wie Schnee in der Sonne!

Abschied vom Orient

Zarka, Juli 2001

Während wir fern der Hauptstadt Amman im Exil sind, gibt Maryam sich alle Mühe, unsere Angelegenheit bei der Botschaft voranzubringen. Das ist die einzige Chance auf Ausreisevisa, die uns noch bleibt, nachdem unser Vorstoß beim Flüchtlingshochkommissariat gescheitert ist. Heimlich mobilisiert sie ihre Kontakte, ohne mir genau zu sagen, in welche Richtung sie arbeitet oder welches Bestimmungsland sie im Sinn hat.

Ende Juli verkündet sie mir triumphierend, daß es ihr gelungen sei, uns Visa zu verschaffen; damit sie uns ausgestellt werden, müssen wir in Frankreich eine Familie benennen können, die uns aufnimmt. Maryam vertraut mir an, daß das auf mich verübte Attentat ihr sehr geholfen hat, die französischen Behörden zu überzeugen...

Zwei Tage später soll ich mit der Konsulin Catherine du Noroit zusammentreffen, um die kostbaren Stempel zu erhalten und die letzten Details unserer Ausreise zu besprechen.

Auf dem Weg zu diesem Treffen wage ich es nicht, Maryam irgendwelche Fragen zu stellen. Ich habe Angst vor ihrer Antwort: daß wir nach Frankreich fliehen müssen. Ich kenne dieses Land nicht, aber eines ist sicher: Ich muß diese Region verlassen, meine Region, die arabische Welt, um in einem Land zu leben, wo ich ein Fremder sein werde, weil ich die Sprache nicht beherrsche.

Dennoch teilt Schwester Maryam mir mit, daß unser Exil unmittelbar bevorsteht; wir werden in weniger als einem Monat ausreisen. Diese Neuigkeit erschreckt mich zutiefst: Ich ringe nach Luft, denn die Angst vor diesem plötzlichen Aufbruch schnürt mir die Kehle zu.

Mit einem flauen Gefühl im Magen betrete ich mit Maryam die Botschaft durch eine versteckte Tür an der Rückseite des Gebäudes. Trotz dieser Vorsichtsmaßnahme treffen wir auf dem Flur auf einen Iraker, der mich lange ansieht und schließlich zu mir sagt: „Du da, ich kenne dich!" Ich antworte nicht und tue so, als hätte ich nichts gehört. Doch die Tatsache, daß ich so unerwartet angesprochen worden bin, läßt nichts Gutes ahnen...

Im Büro der Konsulin halte ich mich zurück; ich bin ein wenig eingeschüchtert. In gewohnter Manier nimmt Schwester Maryam die Dinge in die Hand. Die beiden Frauen unterhalten sich einen Augenblick mit gesenkter Stimme. Ich verstehe kein Wort von ihrem Getuschel, doch ich sehe, daß die Ordensfrau plötzlich blaß wird. Meine Kiefer verkrampfen sich:

– Was ist los? Sagen Sie mir die Wahrheit!

Die Nonne antwortet mir mit einer Geste der Machtlosigkeit:

– Es gibt ein Problem...

Ich schweige, ahne eine Katastrophe, rechne schon mit dem Schlimmsten.

– Ihre Namen sind an der Grenze registriert...

– Das heißt...?

– Das heißt, schaltet sich Catherine du Noroit dazwischen, daß Sie wahrscheinlich von der jordanischen Polizei gesucht werden. Selbst wenn Frankreich Ihnen ein Visum gewährt, was ja der Fall ist, ist der Versuch, ins Flugzeug zu steigen, überaus riskant.

Ich bin niedergeschmettert. Zunächst einmal hat sich bestätigt, daß Frankreich unser Ziel ist, was mich nicht eben fröhlich stimmt. Doch davon ganz abgesehen, stehen die Chancen sehr schlecht, daß es uns mit unseren unsichtbaren Verfolgern auf den Fersen überhaupt gelingen wird, dieses Ziel zu erreichen. Und selbst wenn es uns gelingen sollte, den Grenzposten am Flughafen von Amman zu passieren, werden mich, so stelle ich mir schreckerfüllt vor, überall Geheimagenten verfolgen, in Frankreich ebenso wie im Irak oder in Jordanien. Ich werde dem Rachedurst meiner Familie niemals entgehen... Vor meinen geistigen Augen sehe ich schon, wie ich in Frankreich festgenommen und ins Gefängnis gebracht werde, weil diese dauernde Bedrohung, die auf mir lastet, mir vorausgeeilt ist.

Doch Schwester Maryam scheint ihre Fassung zurückgewonnen zu haben und wendet sich energisch an die Konsulin:
– Die französische Botschaft muß etwas tun, um ihn rauszubringen! Geben Sie Weisung, daß man ihn und seine Familie passieren läßt.
Ich gebe zu, daß ich mir keine großen Hoffnungen mache. Mit einem Mal schätze ich unsere Chancen, dieser internationalen Menschenjagd mit heiler Haut zu entkommen, sehr pessimistisch ein.

Bisher habe ich an den göttlichen Schutz geglaubt, mich aber auch auf meine eigenen Stärken und meine Widerstandskraft verlassen, die mir geholfen hat, die härtesten Prüfungen zu bestehen und in allen Schwierigkeiten zu triumphieren. In gewissem Sinne war ich sogar stolz auf meinen guten Stern. Jetzt aber bin ich an einem Punkt der absoluten Hilflosigkeit angelangt. Ich sehe keinen Weg, der uns aus dieser Sackgasse herausführen könnte, und mir bleibt nichts mehr übrig, als mich den unergründlichen Plänen der Vorsehung anheimzugeben.
Nach menschlichem Maßstab ist die Situation eher hoffnungslos. Vielleicht muß ich mich damit abfinden, daß mein Leben gescheitert ist. Ich hatte mich schon als Märtyrer für

die Sache Gottes ruhmreich sterben sehen – und jetzt bin ich dazu verdammt, wie ein gehetztes Tier immer wieder zu fliehen, wohl wissend, daß ich meinen Jägern doch eines Tages in die Falle gehen werde. Es macht mich unendlich traurig, all diese Qualen durchlitten zu haben, um nun doch im Elend zu enden. Das einzige, was mir noch bleibt, ist mein armseliges Gebet, in dem ich kaum Worte finde: Meine Gedanken ähneln eher einem hoffnungslosen Kampf gegen mich selbst, den ich führe, um nicht in eine zerstörerische Bitterkeit zu verfallen. Meine Feinde würden mich besiegen, ohne überhaupt noch einmal zur Waffe greifen zu müssen. Der Islam und die Gesellschaft, die diese Religion hervorbringt, versagen mir die grundlegendste aller Freiheiten – und die einzige, die es mir erlaubt hätte, in Frieden in diesem Orient zu leben, der doch auch das Land der Christen ist.

Innerhalb weniger Tage hat Maryams Hartnäckigkeit meinen Anfall von Fatalismus überwunden. Ihr Glaube ist offenbar fest mit ihrer Persönlichkeit verwachsen und tiefer verwurzelt: ein Glaube von der Sorte, die Berge versetzt. Ihr Glaube und ihre guten Beziehungen! Die Ordensfrau hat hin und her überlegt, und schließlich ist ihr eingefallen, daß eine ihrer Mitschwestern der Frau eines hohen Beamten der französischen Botschaft, Pierre Tivelier, Katechismusstunden gibt.

Am nächsten Tag wird seiner Gattin meine gesamte Akte ausgehändigt: Sie enthält sämtliche Schritte, die wir bei den Behörden unternommen haben, meine komplette Geschichte und einige Fotos. Und vor allem einen handgeschriebenen Brief, der ihren Mann, den Diplomaten, davon überzeugen soll, mir die Ausreise aus Jordanien zu ermöglichen. Gott will, was die Frauen wollen.

Wieder einmal bestätigt sich die Redensart: Eine Woche später teilt Maryam mir mit, daß zwei Mitarbeiter des jordanischen Geheimdienstes am Flughafen sein werden, um mich zu beschützen, wenn es Schwierigkeiten gibt. Ein besonderer

Schutz, den ich, wie mir die Nonne erklärt, ohne Zweifel einer Eingabe des Botschafters beim König selbst zu verdanken habe. Die Abreise ist für den 15. August vorgesehen – in weniger als zwei Wochen.

Am Abend des 14. kommt Bischof Rabah persönlich, um uns Lebewohl zu sagen – eine Geste der Aufmerksamkeit, die mich zutiefst berührt, denn er ist mir binnen weniger Monate ans Herz gewachsen wie ein Vater.

An diesem Abend tut mir seine Gesellschaft besonders gut, weil ich mich so entwurzelt fühle, herausgerissen aus meiner Heimat wie ein vom Baum gefallenes Blatt, vom Wind umhergewirbelt und mit Füßen getreten …

Im Lauf dieser sechzehn Monate, die wir in Jordanien verbracht haben, war meine Begegnung mit Bischof Bassam Rabah einer der großen Glücksfälle, die ich erlebt habe, denn seine väterliche Gegenwart hat mir über die emotionale Leere in meinem Innern hinweggeholfen. In meiner Familie im Irak hatte es mir nie an Aufmerksamkeit und Respekt gefehlt. Auf der Straße grüßten mich die Leute und nannten mich *Sayid Malouana*, das heißt „unser Herr". Wenn ich meine Taufe widerrufen und zu meiner Familie zurückkehren würde, stünden mir Paläste, Diener und Kurtisanen zur Verfügung … Aber ich will nur in einem Irak leben, wo die Christen Bürgerrecht haben, ich will, daß die Gesellschaft sich verändert oder, besser noch, christlich wird. Und in der Zwischenzeit bin ich dazu verurteilt, ein Fremder zu sein, allein mit meiner Familie und von Exil zu Exil getrieben. Ich glaube, daß Bischof Rabah diese Leere in mir geahnt und mich deshalb so fürsorglich behandelt hat …

Ich werde nie vergessen, wie er sich eines Tages selbst als meinen Vater bezeichnet hat!

Außerdem glaube ich, daß unsere gemeinsame orientalische Herkunft eine besondere Nähe zwischen uns geschaffen hat. Mit Abuna Gabriel war es anders. Unsere Beziehung war distanzierter, eher die eines Schülers zu seinem Lehrer. Der europäische Ordensmann hat uns, Marie und mich, im Glauben unterwiesen und uns geholfen, darin Fuß zu fassen, doch die emotionale Bindung war nicht so stark. Noch heute tut es mir weh, daß er sich nicht mehr nach uns erkundigt hat, seit wir den Irak verlassen haben …

An diesem Vorabend unserer Ausreise denke ich auch an jene Stelle aus dem Evangelium zurück, die Abuna Gabriel uns zitiert hatte: Man muß imstande sein, für Christus alles zu verlassen, und es wird uns hundertfach vergolten werden. Ein bißchen wie Abraham, jener irakische Vorfahr aus uralten Zeiten …

Ich lasse vieles von mir selbst zurück, wenn ich den Orient verlasse – insbesondere diese beiden Priester, die mich alles gelehrt haben.

Ich würde mir wünschen, daß dieser Abend ewig dauert, um die beinahe kindliche Freude noch länger zu genießen, die ich immer verspüre, wenn ich mit diesem so einfachen und gotterfüllten Mann zusammensein darf. Wie immer nimmt er nicht viel zu sich. Nur einen Kräutertee und ein bißchen Wasser …

An diesem Abend wird mir bewußt, daß das vermutlich sein Geheimnis ist, der Schlüssel zu dieser besonderen Güte, die er ausstrahlt: Er ist ein asketischer Mensch, der seinen Leib und seine Triebe unter Kontrolle hat; er gibt nichts und niemandem Raum außer Christus allein, und Christus ist es auch, den er ausstrahlt.

Als wir uns verabschieden, nachdem Bischof Rabah uns bereits vier Stunden seiner kostbaren Zeit geschenkt hat, ist die Trauer, die ich über unsere Trennung verspüre, nicht unerträglich. Als ob ich ahnen würde, daß wir uns wiedersehen … Bischof Rabah seinerseits ist so sensibel und taktvoll, mich darauf hinzuweisen, daß dieser Abschied ganz sicher nicht endgültig ist, weil er sehr wahrscheinlich früher oder später nach Frankreich kommen wird.

Wegzehrung

Amman, 15. August 2001

Der Abflug unserer Maschine ist für acht Uhr morgens vorgesehen. Wir müssen also um sechs Uhr am Flughafen in Amman sein. Am Vorabend bestelle ich unser Taxi, das uns in Zarka abholen soll, für drei Uhr – das ist viel früher als nötig.

Um vier Uhr morgens – es ist noch dunkel – klingele ich bei Bischof Rabah. Ich bin noch etwas verschlafen, aber ich freue mich unbändig auf die Überraschung, die ich ihm bereiten werde. Er kommt persönlich an die Tür, um mir zu öffnen, ein Lächeln auf den Lippen. Ich war sicher, daß ich ihn nicht aus dem Schlaf reißen würde, denn ich weiß, daß er im allgemeinen sehr früh aufsteht: Das ist der einzige Moment des Tages, wo er in Ruhe beten kann. Doch ich hatte nicht damit gerechnet, daß er mir persönlich öffnen würde!

– Als ich die Klingel gehört habe, habe ich mir gedacht, daß du es bist, erklärt er mir.

So also ist dieses seltsame Zusammentreffen zustande gekommen: Ich war in seinen Gedanken und Gebeten präsent. Es ist beinahe so, als hätte er mich erwartet! Ich erkläre ihm mein außerordentliches Anliegen, das ich seit gestern abend mit mir herumtrage:

– Ich möchte, daß Sie vor unserer Abreise die Messe für uns lesen ...

In Anbetracht der Gefahren, die ganz sicher am Flughafen auf uns warten, empfiehlt sich eine gute Wegzehrung. Es ist nicht gesagt, daß wir das Ende dieses Tages erleben ...

Als wäre es das Natürlichste von der Welt, bittet Bischof Bassam Rabah uns herein und geht uns voran in die Kapelle. Wir verharren einige Minuten schweigend, während er Albe und Meßgewand anlegt. Dann verbeugt er sich tief vor dem kleinen Altar, ehe er ihn respektvoll küßt.

Nach der Messe bleibe ich noch einen Augenblick allein vor dem Tabernakel zurück. Wieder einmal hat das „Brot des Lebens" aus der Hand des Priesters meinem Herzen Frieden geschenkt. Noch zu Beginn der Meßfeier hatte ich mir die kommenden Stunden in den schwärzesten Farben ausgemalt.

Doch jetzt gelingt es mir, die Furcht ein Stückweit wegzuschieben und der Hoffnung wieder Raum zu geben. Vor allem habe ich das Gefühl, daß die Anspannung bei dieser neuerlichen Ausreise weniger stark ist. Als wir den Irak verließen, waren die Wochen davor durch den beständigen Druck von seiten meiner Familie fast unerträglich gewesen.

Hier ist alles anders; die Gefahr ist weiter weg, weniger konkret. Deshalb haben wir unsere letzten Tage in Jordanien auch einigermaßen friedlich verleben können. Als ich aus der Kapelle heraustrete, bin ich so zuversichtlich, daß ich das Evangelium und ein Gebetbuch in der Hand behalte. Ich stopfe sie in meine Tasche, ohne daran zu denken, daß sie mich am Flugplatz in Gefahr bringen könnten: Sie sind unstrittige Beweise für meine Konversion...

Es ist fünf Uhr. Die Zeit drängt. Wir müssen aufbrechen und hoffen, daß unser Zeitpolster für die Kontrollen am Flugplatz ausreicht.

Der Abschied von Bischof Rabah ist kurz, aber voller Emotionen. Wenn ich jetzt die Wahl hätte, bei ihm zu bleiben, müßte ich nicht überlegen. Jetzt zerreißt es mir das Herz, ihn verlassen zu müssen. Gleichzeitig spüre beinahe körperlich die Erleichterung, unsere Freunde – Bischof Bassam Rabah, Maryam, Oum Farah – von der beständigen Gefahr zu befreien, die es für sie bedeutet, einem konvertierten Muslim zu helfen. Mir ist wohl bewußt, daß ich eine Last für sie gewesen bin, und so kommt das Schuldgefühl noch zu meiner Bürde hinzu, die ich zu tragen habe.

Am Flughafen bleiben wir im Taxi sitzen und warten auf Maryam. Sie sucht die beiden jordanischen Agenten, die unsere Abreise sicherstellen sollen.

Die Minuten verstreichen unaufhaltsam. Meine Anspannung wächst. Meine Phantasie geht mit mir durch: Ist dieser ganze Trubel hier und die ganze Aufregung um dieses Flugzeug nicht vielleicht einfach ein böser Traum? Beinahe wünsche ich es mir, um den Schrecken der Paßkontrolle zu entgehen. Davor habe ich die allergrößte Angst.

Plötzlich öffnet sich die Tür. Maryam ist allein. Sie braucht nichts zu sagen; ich sehe schon, daß es ein Problem gibt.

– Keine Spur von den Agenten, stößt sie hervor. Sie ist bitter enttäuscht.

– Und? Was sollen wir tun …?

Ich fühle mich wie ein kleines Kind, das seine Mutter ängstlich ansieht. Doch unsere Zeit läuft ab, wir müssen eine Entscheidung treffen.

– Wir gehen trotzdem!, erklärt die Schwester endlich in einem Ton, der keinen Widerspruch duldet.

Unter ihrer Führung steigen wir mit unseren Koffern beladen aus dem Wagen Richtung Check-in-Schalter. Der Schalterbeamte wirft einen prüfenden Blick auf die Tickets, die Maryam ihm hinhält; dann sieht er sich unsere Pässe an, dann wieder die Tickets …

– Ich komme wieder, sagt er, ohne jemanden anzusehen.

Und verschwindet mit unseren Pässen. Das habe ich gar nicht gerne. Erst die Abwesenheit der Agenten, die uns eigentlich alle Hindernisse aus dem Weg räumen sollten, und jetzt die Pedanterie dieses Schalterbeamten … Wir warten gut zehn Minuten. Als er zurückkommt, hängen wir an seinen Lippen und warten auf die Worte, die uns das Tor zur Freiheit aufstoßen sollen.

– Die Rückkehr ist nicht vorgesehen?, fragt er.

– Nein …, antworte ich zögernd, weil ich nicht genau weiß, was ich sagen soll.

– Ich brauche die Rückflugtickets, sonst können Sie nicht einchecken.

Gegen dieses Urteil gibt es keine Berufung. Es ist niederschmetternd.

Kaum haben wir den Flughafen betreten, als sich die Schwierigkeiten auch schon häufen. Doch Maryam gibt sich nicht geschlagen.

– Aber die können sie doch vor Ort kaufen …

– Ich brauche die Rückflugtickets, wiederholt der Mann ohne das geringste Entgegenkommen.

Die Nonne läßt ihn stehen und geht zielstrebig zu einem etwas entfernten Reisebüro. Die Informationen sind nicht gerade ermutigend: Der Rückflug soll pro Person siebenhundert Dinare kosten, das ergibt für uns vier eine beträchtliche Summe, mehr als das Dreifache dessen, was wir für den Hinflug bezahlt haben...

Das kommt für mich nicht in Frage.

– Das ist unmöglich, Maryam, siebenhundert Dinare, das ist Wucher!

Ich wende mich noch einmal an den Schalterbeamten und versuche ihn mit meiner kläglichsten Stimme zu erweichen:

– Hören Sie doch, siebenhundert Dinare, das ist zu teuer für uns, das können wir nicht bezahlen ...

– Das ist mir egal. Wenn Sie keine Rückflugtickets haben, können Sie nicht abreisen!

Schwester Maryam ist nicht bereit, unsere Ausreise am Geld scheitern zu lassen. Wildentschlossen, die Tickets zu kaufen, läßt sie mir keine Wahl und macht sich wieder auf den Weg zum Reisebüro. Ich kann sie für ihren Einsatz nur bewundern ...

Doch in der Zwischenzeit hat das Reisebüro geschlossen. Wir sind in einer Sackgasse. Und was das Schlimmste ist: Ich habe unsere Pässe bisher nicht wiedergesehen. Nachdem er sie im Hinterzimmer überprüft hat, hat der Schalterbeamte sie uns nicht zurückgegeben. Während unserer Diskussion hat er sie manchmal in der Hand gehalten, aber keinerlei Anstalten gemacht, sie uns wieder auszuhändigen.

Seit unserer Ankunft am Schalter ist eine Stunde vergangen. Ich bin kurz davor, aufzugeben, aber Maryam scheint nicht bereit, die Waffen zu strecken.

Als die Schwester mit unverminderter Energie Anstalten macht, die Diskussion von neuem zu beginnen und den Schalter so lange zu belagern, bis sie ihren Willen durchsetzt, ist der Beamte es schließlich leid und läßt sich dazu herab, seinen Standpunkt noch einmal zu überdenken. Vermutlich ist ihm bewußt, daß er seine Zuständigkeiten überschritten hat. Er überprüft unsere Tickets ein weiteres Mal, um vielleicht doch noch eine andere Lösung zu finden.

Diese Prozedur dauert lange, sehr lange. So qualvoll ist diese Langsamkeit, daß sich mir davon der Magen umdreht. Endlich hebt der Mann den Kopf, sieht uns mit einem leicht herablassenden Lächeln an und macht sich daran, unser Gepäck abzufertigen.

Erleichtert atme ich auf – und gerate gleichzeitig in Zorn über diesen obskuren Subalternen. Woher nimmt er diesen Ermessensspielraum? Wer oder was gibt ihm eine solche Macht über uns? Von wem empfängt er seine Befehle? Und wieso will er offenbar um jeden Preis verhindern, daß wir in dieses Flugzeug steigen?

„Passieren", sagt er endlich und dirigiert uns zur Bußgeldstelle. Dort muß sich jeder irakische Flüchtling vor seiner Ausreise aus Jordanien vorstellen, damit überprüft werden kann, ob er sich regulär im Land aufgehalten hat. Alle, die irregulär in Jordanien geblieben sind, müssen eine Gebühr bezahlen: eineinhalb Dinare für jeden Tag. Zahlt man nicht, versieht die Verwaltung den Paß mit einem fünfjährigen Aufenthaltsverbot für Jordanien. Das ist in unserem Fall das geringere Übel, denn die Rechnung ist gesalzen: Sie beläuft sich auf 1200 Dinare.

Offenbar erhalte ich jedoch auf diesem Flugplatz eine Sonderbehandlung. In meinem Fall, so erklärt mir der Funktionär, kommt die zweite Lösung, das Aufenthaltsverbot, nicht in Frage – aus irgendeinem obskuren Grund, den ich widerspruchslos hinnehmen muß.

Natürlich fällt niemand von uns darauf herein, aber wir haben keine Wahl. Zumal es dem Beamten ein boshaftes Vergnügen zu bereiten scheint, den Einsatz zu erhöhen. Auch er nimmt unsere Pässe und verschwindet eine ganze Weile damit in einem Hinterzimmer. Ich wische mir die Stirn, sie ist schweißgebadet, und Maryam tritt von einem Fuß auf den anderen.

Wieder ein Beleg für meine Hypothese, daß man mich um jeden Preis hierzubehalten versucht. Aber wer? Immerhin hat die französische Botschaft sich für unsere Ausreise starkgemacht...

Ich teile Schwester Maryam meine Besorgnis mit; sie geht jedoch eher von einer grundsätzlichen Böswilligkeit in den Niederungen des bürokratischen Räderwerks aus. Wieder ein Zeichen der Ablehnung gegenüber den Christen...

Endlich kehrt der Schalterbeamte zu uns zurück, sieht die Nonne mißtrauisch an und fragt in barschem Ton:
– Wer sind Sie denn eigentlich? Wie stehen Sie mit dieser Familie in Verbindung? Warum mischen Sie sich ein?
– Ich bin eine Freundin, und wenn Sie so weitermachen, ist das nicht gut für meinen Blutdruck! Ich habe hohen Blutdruck, und Sie wissen, daß das gefährlich werden kann... Also, geben Sie uns jetzt die Pässe?
– Das kostet 1200 Dinare!
Nachdem Maryam ihm das Geld gegeben hat, hält der Zöllner die Pässe noch immer in der Hand und macht keinerlei Anstalten, sie uns zurückzugeben. Als wollte er uns so lange aufhalten wie möglich und alles in seiner Macht Stehende tun, damit wir das Flugzeug verpassen ...
Das ist der aufreibendste Tag meines ganzen Lebens. Ich halte diese Spannung nicht mehr aus. Ich bin kurz davor, alles hinzuschmeißen und aufzugeben, nur um dieser psychologischen Tortur zu entkommen, die mir jede Hoffnung auf einen glücklichen Ausgang geraubt hat.
Doch zum Glück behält Maryam die Nerven. Entschlossen, unsere Pässe zurückzubekommen, sieht sie dem Beamten direkt in die Augen – und gewinnt!
Von einer Frau mit Schleier besiegt, hält der Funktionär uns verächtlich unsere Pässe hin, und wir hasten zum Boardingbereich in der Hoffnung, daß das Flugzeug auf uns gewartet hat. Außer Atem werfe ich einen unruhigen Blick auf die Flughafenuhr: Es ist halb neun!
Mit hängenden Schultern bleibe ich abrupt stehen. Warum soll ich noch laufen, die Maschine ist weg... Wir sind verloren!

Maryam hat sich zu mir umgedreht und wirft mir einen verzweifelten Blick zu, als wolle sie sagen: „Ich habe alles getan, was ich konnte ...“ Plötzlich erklingt eine Stimme aus dem Lautsprecher: „Passagier Mohammed Fadel Ali für den Flug nach Paris bitte zum Gate 7 ...“ Es ist kaum zu glauben. Mir ist bis zum letzten Moment buchstäblich nichts erspart geblieben. Doch just in diesem Moment, als ich alles verloren glaube, klärt sich die Situation wie durch ein Wunder.

„FRANZÖSISCH, DIE SPRACHE GOTTES“

Flug Amman – Paris, 15. August 2001

Zum ersten Mal in meinem Leben sitze ich in einem Flugzeug. Nachdem ich meiner Frau und meinen Kindern geholfen habe, finde ich einen Platz neben ... einem syrischen Priester! Ich lächle über dieses neuerliche Augenzwinkern der Vorsehung und nehme es als ein gutes Vorzeichen für das, was uns in Europa erwartet.

Ich bitte ihn aber auch, für uns zu beten, und erkläre ihm in aller Kürze, was diese Ausreise für mich bedeutet: Trennung von meiner Familie, meiner Heimat, meinen Freunden in Jordanien ...

Außerdem werde ich all meinen Mut brauchen, um mir in einer unbekannten Welt ein neues Leben aufzubauen. Ab jetzt heiße ich nicht mehr Youssef, sondern Joseph, was, wie es scheint, französischer klingt.

Dort in Europa habe ich weder eine Adresse noch eine Telefonnummer. Nur einen Kontakt mit einem Franzosen, Thierry, der als Diplomagronom in Jordanien arbeitet. Er hat sich bereiterklärt, unsere Ankunft in Frankreich zu organisieren und bei der Botschaft für uns zu bürgen. Seine Eltern übernehmen die Rolle unserer Gastfamilie.

Da er eng mit Palästinensern zu tun hat, hat der Franzose es vorgezogen, ein anderes Flugzeug zu nehmen, und ist zwei Tage vor uns abgereist. Auf diese Weise kompromittiert er sich nicht dadurch, daß er einem Christen erkennbar Hilfe leistet, und hat außerdem mehr Zeit, um unsere Ankunft vor Ort vorzubereiten. Bei unserem überstürzten Aufbruch haben wir vereinbart, daß Schwester Maryam ihn informieren wird, wann unser Flugzeug landet.

Während des achtstündigen Flugs sehe ich in rascher Folge Szenen aus dem Leben, das ich verlasse, an mir vorüberziehen. Ohne die Hand Gottes hätte ich dieses Abenteuer niemals lebend überstanden. Sie war es, diese providentielle Macht, die den Mund meiner Frau versiegelt und sie daran gehindert hat, mich an ihre Familie zu verraten; ihr ist es zu verdanken, daß ein siebenjähriges Kind, Saids Sohn, seine Freundschaft zu meinem Sohn Azhar geleugnet hat; und sie hat uns durch die Anwesenheit von Oum Farah geholfen, den Polizisten im Kerak zu entkommen. Das Allerunglaublichste aber ist, daß der gezielte Schuß meines Onkels mich nicht getroffen hat. Diese Gedanken stimmen mich ernst: Was hat der Himmel noch mit uns vor, der uns auf so wundersame Weise beschützt hat?

Bei unserer Ankunft in Orly erwartet uns hinter den üblichen Kontrollen der Franzose, Thierry; er ist überglücklich, daß er uns nicht verpaßt hat, denn, so erklärt er mir, Schwester Maryam habe ihn nicht wie vereinbart informiert. Ich runzle die Stirn; das ist eine beunruhigende Nachricht. Ist ihr etwas passiert? Ich befürchte schon das Schlimmste und habe ein schlechtes Gewissen, weil ich das Leben der Ordensfrau in Gefahr gebracht habe. Doch Thierry meint, wir sollten uns nicht unnötig Sorgen machen. Dann bringt er uns zu seinen Eltern nach Paris, wo wir unser Gepäck abstellen können.

Auf der Fahrt dorthin bin ich sehr überrascht von den Farben in diesem Land, vor allem von den Bäumen, die die Autobahn säumen: Ihr saftstrotzendes Grün kommt mir beinahe künstlich vor. In meinem Land und auch in Jordanien sind die Sonne und das Licht so hell und stark, daß alle anderen Farben dagegen ganz matt und grau wirken. Und das spiegelt sich sogar in der Architektur wider. Hier dagegen springen mir die Vielfalt und der Nuancenreichtum der Farben ins Auge. Ich staune auch über die schrägen Dächer und über die behauenen Steine der Pariser Häuser; bei mir zu Hause sind die Fassaden glatt und reizlos und oft aus unverkleidetem Beton.

Thierrys Eltern servieren uns Tee; ihre Gastfreundlichkeit verschafft mir einen Moment der Ruhe. Seit unserer Ankunft habe ich eigentlich nur darauf gewartet, daß wir verhaftet werden. Ich habe die Worte der französischen Konsulin in Amman noch genau im Ohr: „Sie sind polizeilich registriert." Ich bin davon überzeugt, daß man uns auch hier weiterhin überwacht.

Daß wir noch immer nichts von Maryam gehört haben, verstärkt diese Überzeugung nur noch. Thierry hat mehrfach angerufen; doch niemand scheint zu wissen, wo die Schwester geblieben ist.

Trotz meiner Befürchtungen besteht Thierry mit seinen wenigen Worten Arabisch darauf, daß wir aus dem Haus gehen. Er will uns unverzüglich nach Notre-Dame mitnehmen, weil, so sagt er, heute der 15. August ist. Dieses schöne Fest der Himmelfahrt dürfen wir seiner Ansicht nach auf keinen Fall versäumen.

– Wir waren schon in der Messe, ganz früh heute morgen, entgegne ich und erzähle ihm von diesem einzigartigen Moment mit Bischof Rabah.

– Ja, aber hier gibt es eine Prozession, versetzt er. Wir sind in Frankreich, in einem Land, wo die Christen Prozessionen abhalten dürfen …

Dennoch braucht es seine Zeit, bis wir uns endgültig von der Furcht befreit haben, dieser zweiten Haut, die wir seit so vielen

Jahren mit uns herumtragen. Auch wenn ich während der ersten Tage in diesem Land einige ermutigende Signale empfangen habe – vor allem die Herzlichkeit unserer Gastfamilie, die uns so zuvorkommend umsorgt, ohne irgendeine Gegenleistung dafür zu erwarten, was Marie und mich sehr berührt. Es erinnert mich an den Empfang, den Oum Farah uns in Fouheis bereitet hat.

Zwei Tage nach unserer Ankunft hat Thierry endlich gute Neuigkeiten von Maryam, nachdem wir schon beinahe gestorben sind vor Angst. Beim Verlassen des Flughafengebäudes ist sie von zwei Polizisten in die Mitte genommen worden, die sie gefragt haben, in welcher Verbindung sie zu mir stehe. Sie hat ihnen geantwortet: „Ich habe die Frau weinen sehen, das ist alles!"

Vorsichtshalber ist sie nicht direkt in ihr Kloster zurückgekehrt, sondern in den Süden nach Kerak gereist. Nach einiger Zeit haben ihre Verfolger die Beschattung abgebrochen, und sie konnte endlich am Straßenrand anhalten, wo sie sofort einschlief, eine Hand am Steuer, die andere an ihrem angeschalteten Handy!

Nach dieser guten Neuigkeit habe ich endlich den Kopf frei, um mich für die Gebräuche in diesem Land zu interessieren – besonders natürlich für die religiösen. Am darauffolgenden Sonntag nimmt Thierry uns in die Kirche der Abtei Val-de-Grâce mit, wo er in einer Gregorianikschola mitsingt.

Ich bin ergriffen von diesen Klängen, die so viel feiner und musikalischer sind als das Arabische. Auch wenn ich kein Wort verstehe, fühle ich mich sofort zu dieser Sprache hingezogen.

Während ich der langsamen und innigen Musik lausche, spüre ich dieselbe Atmosphäre des Gebets, die ich aus den Kirchen des Orients kenne. Dieser Gesang berührt mich in meinem Innersten und schenkt mir einen Frieden, wie ich ihn mir noch vor wenigen Tagen nicht einmal in meinen kühnsten Wunschträumen hätte vorstellen können.

Vor allem beeindruckt mich das Schweigen nach der Psalmodie: Man kann es geradezu mit Händen greifen, und es scheint mir erfüllt von Gottes Gegenwart. Am Ausgang der Kirche sage ich lebhaft zu Thierry:

– Diese Gesänge sind wirklich sehr schön! Als wäre das Französische die Sprache Gottes ...

– Das war kein Französisch, das war Latein, antwortet Thierry lächelnd.

Was soll's, ich habe ohnehin nichts verstanden! Für mich ist es die Sprache der lateinischen Kirche und der westlichen Zivilisation. Doch seltsamerweise habe ich gerade darin etwas von meinem Glauben wiedergefunden, der doch im Orient geboren ist.

Epilog

Einen Monat nach meiner Ankunft in Frankreich ist mein Vater gestorben. Ich habe es erst zwei Jahre später von einem irakischen Freund erfahren, zu dem ich noch Kontakt hatte.

Einige Monate später sprach ich am Telefon mit meinem Bruder Hussein, einem der Männer, die auf mich geschossen hatten. Trotz allem spüre ich noch so etwas wie Zuneigung für ihn. Über das Attentat sprechen wir nie, dazu habe ich nicht die Kraft... Uns ist wohl beiden bewußt, daß das Risiko zu groß ist, diesen seidenen Faden, der uns noch verbindet, endgültig zu zerreißen. Eine offene Aussprache würde zu viele Emotionen freisetzen, als daß diese zerbrechliche Beziehung zu meiner Familie dem standhalten könnte.

Damit die Dämme nicht brechen, die die Wogen des Zorns zurückhalten, beschränken wir uns darauf, Neuigkeiten auszutauschen, und das ist schon gar nicht so schlecht. Manchmal spüre ich bei ihm sogar den Wunsch, mir zu helfen, mich aus dem Elend herauszuholen, in dem ich in Frankreich lebe; denn seit wir unsere Reserven aufgebraucht haben, leben wir von der öffentlichen Wohltätigkeit in diesem Land.

– Komm zurück in den Irak, hat mein Bruder Hussein zu mir gesagt, ich lasse dir weit weg von Bagdad ein Haus bauen...

Das rührt mich. Es ist, als hörte ich meinen Vater sprechen, der postum seinem Wunsch Ausdruck verleiht, mich in mein Heimatland und in den Schoß meiner Familie zurückkehren zu sehen. Doch ich traue dem Frieden nicht.

Aus dem, was Hussein mir erzählt, höre ich heraus, daß meine Mutter mir nicht vergeben hat. In ihren Augen bin ich für den Tod meines Vaters verantwortlich... Noch auf dem Sterbebett hat er nach mir gerufen: „Mohammed… Wo ist Mohammed…? Ich weiß, daß er nicht tot ist!"

Ich weine jedesmal, wenn ich daran denke. Es schmerzt mich, daß ich ihm das, was mich bewegt und was so weit von seiner Lebenswirklichkeit entfernt ist, nicht habe erklären können.

Im nachhinein glaube ich, daß er mich mit dem Gefängnis und der Fatwa nur hat erschrecken wollen, damit ich mir meine Bekehrung zum Christentum wieder aus dem Kopf schlage. Doch er hat nie meinen Tod gewollt, und er wollte auch keine endgültige Trennung.

Ich weiß nicht, weshalb, aber dieser Gedanke tröstet mich ein wenig. Vielleicht, weil er mir die Hoffnung gibt, daß zwischen uns trotz unserer radikal unterschiedlichen Wege dennoch ein Rest an Zuneigung und Wertschätzung besteht… Das lindert mein Heimweh und den Trennungsschmerz.

Hier in Frankreich finden wir nach und nach eine gewisse Sicherheit und einen gewissen Seelenfrieden zurück. Die Angst in Anouars und in meinem Herzen hat nachgelassen, und die Wunden sind nicht mehr so frisch.

Meine Frau, die schon immer sehr empfänglich für alles Poetische und Zeichenhafte gewesen ist, hat jenen Vogel als einen Hinweis auf Gottes Nähe gedeutet, der sich am Vorabend unserer Ausreise aus Jordanien auf ihr Fensterbrett gesetzt hat. In Paris hat sie ihn wiedergesehen, unmittelbar ehe wir in eine größere Wohnung gezogen sind. Sie hat in Wörterbüchern und Fachbüchern nach dem Namen dieses schönen Vogels mit den einzigartigen Farben gesucht, ihn aber nie gefunden.

Ein Schritt bleibt mir noch zu tun.

Ich werde Zeit, viel Zeit brauchen, um meiner Familie alles zu vergeben, was sie mir angetan hat: das Gefängnis, die Folter, die Mittellosigkeit… Wieder und wieder, bei jeder neuen Schwierigkeit, habe ich mir gesagt, daß es ihre Schuld ist.

Nicht Christus war die Ursache meiner Leiden, sondern die Unfreiheit in der muslimischen Gesellschaft und die Tatsache, daß meine Familie es aus Stolz und aus Angst um ihren guten Ruf nicht gewagt hat, sich darüber hinwegzusetzen. Christus dagegen hat mir geholfen, diese Schwierigkeiten zu überwinden. Seine Liebe hat in all diesen Jahren nicht einen einzigen Tag lang nachgelassen. Er hat mir den Mut und die Geduld geschenkt, immer weiterzugehen und nicht zu verzweifeln.

Ich bin sogar stolz darauf, daß ich durch die durchlittenen Verfolgungen und vor allem durch den Anschlag auf mein Leben Zeugnis für meinen christlichen Glauben habe ablegen können. Ich habe zumindest versucht, meinen Brüdern die Nichtigkeit ihres Glaubens aufzuzeigen.

Ich denke dabei vor allem an einen meiner vier Brüder, die an jenem Tag dabei waren, Haidar. Seit dieser Diskussion zwischen uns und der anschließenden Eskalation hat er seinen muslimischen Glauben verloren und lebt als Atheist. Ich denke jeden Tag an ihn und ebenso an alle meine Verwandten, die nach wie vor im Dunkel des Islams leben – wie die Söhne meines Onkels Karim, aus denen turbantragende Imame geworden sind.

Wie sehr wünsche ich ihnen, daß sie das Licht Christi finden – jedoch ohne die Qualen, die ich erlitten habe. Nach meiner Ankunft in Frankreich habe ich erfahren, daß ich nicht der einzige irakische Konvertit bin: Andere haben heimlich und unter Verfolgungen denselben Weg zurückgelegt wie ich. Ich träume davon, daß sich eines Tages der gesamte Moussaoui-Clan bekehrt… Dafür müßte sich die ganze Gesellschaft und dafür müßten sich auch die Gesetze verändern – was der Islam jedoch verhindert.

Davon abgesehen aber ist und bleibt meine Familie die Ursache all meines Unglücks. Und das zu akzeptieren, fällt mir am allerschwersten.

Tag für Tag kämpfe ich gegen diese Bitterkeit an, weil ich weiß, daß sie nicht christlich ist. Von allen Kämpfen, die ich bisher geführt habe, ist dieser ganz sicher der schwerste. Ich habe Freunde in meinem Umfeld und Priester, die ich getroffen habe, um ihr Gebet gebeten, damit ich die Willenskraft aufbringe, wirklich zu vergeben.

In gewisser Hinsicht war die Zeit im Gefängnis auch ein Segen: Ich habe über mich selbst und über diese Gewalt nachgedacht, die in meinem Innersten schlummert. Hätte ich das nicht getan, hätte ich womöglich selbst mit Brutalität auf das Verhalten meiner Familie reagiert; ich war sogar bereit gewesen, sie zu töten. Doch als ich aus dem Gefängnis herauskam, war ich dazu nicht mehr imstande: Gebet und Nachdenken hatten mich begreifen lassen, daß es mir nicht mehr möglich war, mich wie ein Nichtchrist zu verhalten.

Das ist wahrscheinlich das Schwierigste, was Christus heute von mir verlangt: meine Feinde zu lieben. Solange wir keine Feinde haben, kommt uns das ganz einfach vor. Doch sobald wir es mit Menschen zu tun haben, deren Aggression unseren Leib gezeichnet hat, wird dieses Gebot zur Feuerprobe für unseren Glauben: Hier können wir zeigen, ob wir wirklich Christen sind.

Zu spüren, daß ich diesen Haß noch immer in mir trage, stellt für mich ein echtes Leiden dar und ist wie ein Stachel in meinem Fleisch. Doch das ist der Preis, den ich inzwischen für meine Zugehörigkeit zu dieser Religion bezahle, die ich aus freien Stücken angenommen habe.

Für sie habe ich schon sehr viel von mir selbst aufgegeben. Eine Zeitlang dachte ich, ich hätte mir die Taufe verdient, weil ich einen hohen Preis dafür bezahlt hatte. Wenn ich heute Christ bin, dann nicht deshalb, weil ich es von meinen Eltern geerbt hätte.

Jetzt aber muß ich, wenn ich Christus wirklich ganz nahe sein will – inzwischen weiß ich, daß er es war, den ich in jener Nacht vor sechzehn Jahren gesehen habe –, einen weiteren Schritt tun, und dieser Schritt ist vermutlich der schwerste von allen: Ich muß gegen mich selber kämpfen.